个人品牌变现力

薇安　木兰子墨　程不困　主编

新女性创造社

PERSONAL BRAND
REALIZATION

华中科技大学出版社
http://press.hust.edu.cn
中国·武汉

图书在版编目(CIP)数据

个人品牌变现力/薇安,木兰子墨,程不困主编.—武汉:华中科技大学出版社,2022.12

ISBN 978-7-5680-8872-5

Ⅰ.①个… Ⅱ.①薇… ②木… ③程… Ⅲ.①品牌-企业管理 Ⅳ.①F273.2

中国版本图书馆 CIP 数据核字(2022)第 200749 号

个人品牌变现力　　　　　　　　　　　　　薇安　木兰子墨　程不困　主编
Geren Pinpai Bianxianli

策划编辑：沈　柳
责任编辑：沈　柳
装帧设计：琥珀视觉
责任校对：张会军
责任监印：朱　玢
出版发行：华中科技大学出版社(中国·武汉)　　电话：(027)81321913
　　　　　武汉市东湖新技术开发区华工科技园　　邮编：430223
录　　排：武汉蓝色匠心图文设计有限公司
印　　刷：湖北新华印务有限公司
开　　本：710mm×1000mm　1/16
印　　张：19
字　　数：279 千字
版　　次：2022 年 12 月第 1 版第 1 次印刷
定　　价：50.00 元

本书若有印装质量问题，请向出版社营销中心调换
全国免费服务热线：400-6679-118　竭诚为您服务
版权所有　侵权必究

这一次,我破解了变现的密码

老实说,我们这代人挺惨的,无知者无畏,有知者崩溃。

看看人均年薪百万元的互联网行业,看看自己微薄的薪水和一地鸡毛的生活,你开始纳闷,连当年隔壁班那个成绩倒数、连话都说不利索的张小四都穿金戴银、吃香喝辣,我爱岗敬业、踏实生活、爱家爱子,怎么不知不觉间就落后这么多呢?

如果只是能力有差距还好说,但最扎心的是,明明觉得自己能力出众,却依然"奋斗越努力,变现越吃力",问题到底出在哪里?

其实,很多人都不知道的一个真相是:不是所有能力最终都能变现,决定收入倍增的关键不是能力变现,而是变现能力。

获得百万元年薪没有那么容易,基石是你的专业能力,需要积累;但获得百万元年薪也没有那么困难,因为掌握了变现的路径和诀窍,你也可以一飞冲天。

见过足够多成功的样本,你才可以对自己的未来充满想象;加入一个高能的平台,你才能够明确自己的变现路径,坚定前行。你面前的这本书会带你穿越时光,找到答案。

在书里,你将看到新女性创造社的姐姐们如何乘风破浪,用梦想、用勇气、用坚持、用汗水、用真心,谱写出钻石般闪亮的人生。

职场遭遇天花板,晋级转型不顺? 在第二章中,职场榜样们教你如何打造核心竞争力,积累职场硬实力,实现主业变强、副业变现,用第二曲线对抗不确定的未来。

面对互联网大潮,你也想成为网红、知识IP,快速获取流量红利?在第三章中,品牌达人教你如何从0起步,从素人变身网红,用蜕变证明自我,弯道超车。

焦虑、烦躁、自我怀疑、否定自己……种种精神内耗像迷雾遮住前路,也遮住了幸福。第四章中的故事告诉你,对话内心,激发潜能,你就是财富、健康和一切美好的答案。

在世人口中,女性似乎只有两条路可走,要么是家庭不幸的女强人,要么是事业躺平的贤妻良母。对女性而言,家庭、事业真的不能兼得吗?第五章中的故事告诉你,掌握获得幸福的秘诀,女性一样可以左手家庭、右手事业,春风得意,双重丰收。

拒绝被定义最好的方式,就是为自己定义。女性不必贤良淑德,也可以无坚不摧;女性不必牺牲自我,也可以平衡生活;女性不必屈从于他人,也可以引领时代。

在新女性崛起的这个时代,愿你像书里的姐姐们一样,用变现的能力,见证自己的蜕变,活出自己的精彩,创造自己的未来。

薇安　木兰子墨　程不困
2022年11月

contents

第一章　解读个人品牌变现力 ………………………… 001

薇安说"个人品牌变现力" ……………………… 薇安/008

第二章　职场破局，向阳而生 ………………………… 019

真正的铁饭碗不在别处，而在自己手里…… 木兰子墨/022
30 岁，在深圳每月还贷上万，濒临失业，这个县城姑娘是这样挺过来的。

从心出发，重新设计你的人生 ………………… 王艺霖/038
如果生命是场意外，我们选择用成长修复，自我救赎，点亮心底的光。

离开奋斗了 10 年的职场，我靠这项技能华丽转身………
………………………………………………………… 晓月/054
从"菜鸟"到高管，打造职场核心竞争力，成就更好的自己。

用确定的成长，打败不确定的未来 …………… 大靓/070
35 岁前，思维认知攀升；35 岁后，利他共赢。年薪超百万的职场高管这样做。

从以个人事业为主，到与世界温柔相处……… 杨晓华/083

从年轻的法官新秀，到心想事成的律界精英。看我如何启智迭代，一路升级。

第三章　引爆品牌，加速成长 ········· 093

全网素人直播 IP 代言人是怎样炼成的 ········· 米霞/096
从网贷学习的素人，到月入 10 万元的直播女王，我经历了什么？

40 多岁裸辞，仅用 6 个月，我找到了人生方向 ············ 营莹/109
不必"白加黑""996"，不必委屈女儿，不必焦虑，弯道超车可以很容易。

从流水线女工到创业公司 CEO 之人生迭代的心法 ········ 莲月/123
走出舒适区，提升认知力，建立能量场，享受私域红利。

35 岁后放弃股权，毅然辞职，如何破圈，弯道超车？ ··· 飞河/136
女性为谁而活？为工作？为父母？为家庭？不，我们要为自己而活。

没有航向的船，任何风都不会是顺风 ·············· 茾鸿/151
海外追梦，现实造梦，助人圆梦，15 年逐梦路，让更多人看到目标的力量。

第四章　唤醒内在，激活自我 ········· 165

每个人都是宝藏，你也能闪闪发光 ········ 杨琴/168
谁说医生断言"要辞职保命"的女孩不能绝地反击，活出精彩？

淋过雨的我，为你打伞 ············· 雪儿/184
成长中的缺口是老天的安排，但从心开始，疗愈自己，温暖他人是我的选择。

人生下半场，平凡而后勇 ………………………… 静儿/200

从自救到救人，孤身走过暗巷的我知道：最高级的营养是生命滋养。

无医，找回生命的本能 ……………………………… 茯苓/210

"天下无医，生民无病。"我的梦想和宏愿，讲给你听，做给你看。

财富、美丽的转换器，原来在这里 ……………… 钟妍/224

体验、值得、爱自己，美人鱼姐姐通过这样成为"财富吸金体"，完美地生活。

第五章　有情有爱，温暖余生　238

从怨妇活成众多宝妈的偶像，我是如何改命的？ …………………………………………………………… 雪珺/241

从宝妈到个人品牌教练、静心智慧导师，通透的人生，你值得拥有。

中年叛逆后，我活成了一道风景 ………………… 王茹/254

做得了职场榜样，经得起重新出发，不要"剧透"的生命，我带万千家庭走出困境。

懂，才是最好的爱 …………………………………… 浅墨/268

曾为爱绝望，三年后，却活成了婚姻、情感咨询界的一道风景。

写给智慧妈妈的一封信 …………………………… 红英/282

6年全情陪伴，我学会爱孩子最好的方式：如其所是，非如我所愿。

结束语　293

第一章

解读个人品牌变现力

新女性创造社成立于2020年,由全球新女性IP创业导师薇安创立,隶属于薇安成长商学院。它是致力于多维度打造新时代女性的核心竞争力,赋能女性通过打造个人品牌,实现有钱、更值钱的线上商业教育平台。

新女性创造社诞生于中国女性力量崛起、线上经济蓬勃发展的互联网时代,聚合了全世界来自各行业的创业者、职场高管、团队队长、线上自由工作者等优秀女性。通过线上私域+社群+直播的形式,帮助用户解决在创业发展、业务增长上的难题。

新女性创造社不仅帮助女性打造个人品牌,还全力培养、孵化专业的个人品牌教练,为女性们提供在平台就业、创业的机会,被誉为个人品牌界的"西点军校"。

新女性创造社的使命:赋能全球一亿女性,成为有钱、更值钱的智慧新女性。

新女性创造社的愿景:成为全球第一的华人新女性IP共创平台。

新女性创造社的价值观:极致利他,彼此成就。

新女性创造社的宗旨:自信、独立、价值、智慧。

  自信:相信自己,勇于突破。

  独立:经济独立,赚钱能力。

  价值:自身价值,他人价值。

  智慧:智慧通透,幸福人生。

新女性创造社建立了完善的服务体系,并且拥有全网唯一的全部产品一对一陪跑服务。通过专业的个人品牌教练深度陪跑,帮助女性们打通线上商业思维,构建线上变现渠道,实现资源共享,共同打造一个有钱、更值钱的女性生态圈子。

新女性创造社的核心板块包括个人品牌核心能力升级、个人品牌私教陪跑赋能、全球个人品牌教练认证孵化、个人品牌事业合伙人、个人品牌流量资源。女性们不仅可以借助平台打造个人品牌,还可以直接在平台实现创业和就业。

个人品牌核心能力升级

新女性创造社拥有完善的线上教育知识体系,开设了"个人品牌创富营""百万营销成交私房大课""视频号年度直播营""知识IP导师创业营""全球个人品牌教练认证班"等多门百万级爆款课程,以及"销售演说大师班""高维智慧游学""私董会"等高端定制课。

全面提升女性在线上的商业思维、管理力、表达力、营销力、成交力等,全面提升女性的商业核心竞争力,激发女性内在潜能,才能打造出真正有市场商业价值的商业模式。

新女性创造社帮助个人放大自身的专业价值,从而创造更大的社会价值,推动企业发展,实现业绩倍增。

思维一变,市场一片。认知思维的提升,可以帮助女性实现从内到外的成长与突破。

个人品牌私教陪跑赋能

新女性创造社的会员体系分为创富学员、创富天使合伙人、超级天使合伙人、私董合伙人。

平台为所有会员都配备了专业的个人品牌教练，进行一对一陪跑赋能。

专业教练会因材施教，量身打造出最适合个人/企业的线上变现模式，并且督促其实操落地。

创富学员在课程学习期间，会有1名专业教练陪跑21天，赋能找到个人定位/产品，并且进行MVP实操。

创富天使合伙人会有专业教练深度赋能陪跑100天、线上陪伴式陪跑1年，辅导提升销售成交能力，实现可持续变现。

超级天使合伙人会有专业教练深度赋能陪跑1年，并且会有平台核心团队5对1专属赋能群来跟进指导。全方位量身打造个人品牌变现模式，并进行全网爆款产品的发售指导。

私董合伙人会由创始人薇安老师亲自赋能指导2年，平台核心团队贴心指导跟进。构建和优化顶层商业模式，并进行终身沟通。

全球个人品牌教练认证孵化

个人品牌创业是目前大势所趋的一种商业发展形式。想要帮助更多普通人打造个人品牌，那么就需要更多拥有专业能力的个人品牌教练。

新女性创造社投入大量的时间、资源，建立了一套通过国家知识版权认证的全球个人品牌教练认证体系，专门用来培育、孵化个人品牌教练。

女性们不仅可以学习最有效的个人品牌打造方法，还可以在平台上实现个人品牌教练创业与就业。

个人品牌事业合伙人

新女性创造社的使命与愿景是赋能全球一亿女性,成为有钱、更值钱的智慧新女性,成为全球第一的华人新女性 IP 共创平台。

个人的力量终究有限,因此我们吸引了全球有相同愿景、思维同频、认同教育的意义、坚持长期主义的优秀女性同行,共创教育事业,一起帮助更多的女性。

德国著名哲学家雅斯贝尔斯说:"教育的本质是一棵树摇动另一棵树,一朵云推动另一朵云,一个灵魂唤醒另一个灵魂。"

我们在一起,树立更多的自信、独立、有价值与智慧的新女性榜样。

个人品牌流量资源

新女性创造社有上百万名学员,主要是一二线城市 25~40 岁的优质都市女性,并且打通了社群、私域朋友圈、公众号、视频号、直播的流量闭环。

2022 年,新女性创造社成为微信视频号官方服务商,为我们的会员用户提供了最新的政策支持与最活跃的流量扶持。

所有的高端会员,也传承着"极致利他、彼此成就"的平台文化,真正实现了平台、企业、个体之间的资源扶持与共享。

新女性创造社 logo

新女性创造社的 logo 是字母 A 与 V 的结合。

A 与 V 取自创始人薇安老师的英文名 Viann，同时，A 代表头部、第一，V 代表胜利。

左下角的曲线有设计感，有女性气质，既代表自信上扬的嘴角，也代表新女性创造社一直在做正确、向上的事！

希望新女性创造社能吸引和影响越来越多的新女性，一起过有成果的一生。

薇安

全球新女性IP创业导师
10亿级商业模式营销专家
IP教练认证创始人

扫码加好友

薇安说"个人品牌变现力"

赚钱和变现,相信是大部分人最感兴趣的话题。打造个人品牌的目的是什么呢?就是通过自己的专业去赋能别人,从而实现个人价值最大化。

多年前,我有一个梦想,成为"四由青年",即财富自由、精神自由、健康自由、时间自由。我渴望拥有自由的人生,既能为社会创造价值、带来财富,又能做自己喜欢做的事;既有健康的体魄,也有时间陪伴家人。这原本看起来遥不可及的梦想,通过打造个人品牌,不到3年,我便实现了。

我是薇安,新女性创造社的创始人,你可以叫我薇安老师或者薇安姐。我曾经是一个世界500强公司的高管,每年掌管数10亿元的生意。为了追求人生更大的梦想,我辞职创业,成为一名赋能女性创业成长的教育导师。

通过个人品牌打造,我从传统领域成功转型到移动互联网领域,一年实现超八位数的营收;我创办了2家教育机构——薇安成长商学院和新女性创造社,也创办了自媒体矩阵大号"薇安说";我还出版了两本畅销书《迭代》和《线上赚钱》。关注我的粉丝和学员有上百万人,我也通过教育帮助了数十万名学员实现价值倍增。

现在是女性力量崛起的时代,我们拥有了更多的机会,但同时也面临着巨大的压力。我们既要照顾家庭,又要赚钱养家;我们渴望成功,更渴望成长。

在我看来,女性要活出底气,需要具备这四个特质:自信、独立、价值和智慧。我相信,只要我们一直在这四个方面不断地精进努力,我们就拥有选择的权利,就可以过上想要的生活。

成功人士必经三个阶段:从依赖他人,到独立自主,再到相互依赖。

从个体成功来看,独立最为重要。独立又分为经济独立和精神独立,经济独立是精神独立的前提,可以说没有经济独立就没有精神独立。经济独立是每个人在这个世界上活得有尊严和有底气的保障。所谓经济独立并不是指要赚多少钱,而是指要具有赚钱能力。即你不用依附任何人或者组织,靠自己也能活得不错的能力。只有这样,你才会有安全感和可控感,你会对自己的人生充满自信。

当下,我们最应该做的就是与趋势为伍。现在是什么趋势?最重要就是掌握移动互联网线上经营的思维方式和核心能力。我知道你向往过一种轻松赚钱、自由自在又有价值的人生,那么,学习打造个人品牌,充分利用时代赋予的移动互联网机会,将会是实现你梦想的最快途径。

如果你想增加财富,首先要明白的一个道理是**财富的本质是流通**。

都说水为财,水是什么?流动的液体。有收入,有支出,让财富流动起来,你才能财源广进。收入入口越多,财富就越多,如果你有多个收入入口,并且有些出口,那么你的财富就流转起来了。

为了增加财富,你需要思考一个问题:你有多少收入的入口,又有多少出口呢?

如果你是一个职场人员,你的收入入口只有一个,这是非常单一的。一旦你不工作了,你就没有收入了。而你的出口也只有一个,给自己或者给家人,这样就无法产生循环。

这就是为什么单凭打工很难积累财富的原因。

如果你有很多个财富入口,那就完全不一样了。举个例子,你有主业,还有其他的创业项目,或者有投资项目,或者有一些被动收入,比如书籍的版税,或者团队的提成,那么你的收入就会增加。

以创业为例。为什么创业能快速积累财富呢?因为创业者收入的入口来源除了自己的付出以外,还有团队的贡献、代理的贡献。也就是说,很多人在为你带来收益，入口有多个。同时，财富出口除了流向自己以外，还会流向员工的工资奖金，以及代理商的佣金。如果员工满意，就会为企业做出更大的贡献；如果客户满意，就会推荐别人购买。所以，出口多了，而出口又转向入口，财富就增加了。所以，我们要想办法增加财富入口，绝不能只有死工资一个入口，还要增加其他的入口。同时，**我们必须要有利他的心**，收入的一部分除了满足自己的需求外，也要学会分钱分利，学会给予他人。

利他是一切商业的根本。在得到之前，先想想如何给别人价值。无论你做什么，如果你愿意成就更多人，就有更多人帮你，你的财富就会增加。

有一句话说，你有多成功，取决于有多少人希望你成功。别人为什么希望你成功？答案只有一个，那就是你为他们创造了更大的价值。

想要财富增长，就得开源节流。开源是指增加收入，节流是指缩减开支。相比于节流，开源更重要。

那么，如何开源呢？我认为最符合我们普通人创富的方法，就是与趋势为伍，开启线上业务。这个成本最低，风险也最低，在自家客厅就可以启动。

为什么呢？有两个关键点：

第一，**移动互联网支付极为简单和便利**，而且移动支付普遍对价格不敏感。如果你从银行取 10000 元，那可是厚厚一沓，但是移动支付，10000 元只是数字而已。解决了支付问题，就跨越了最高的门槛。

第二，**人的网络是财富放大器**，这种放大器前所未有。你可以通过一部手机，连结全世界。连结力就是商业的核心所在，因为所有的业务都和人相关。你能连结到多少人，你就有多大的商业机会。我的粉丝、学员多达百万人，遍布全球各地，这是线下完全无法比拟的。

线上经营如此重要，尤其是在疫情时期。这几年，我看到太多人和公司因疫情走入困境，我们不知道疫情什么时候才能过去，但非常清楚地知道，如果学不会这套经营方法，在未来的很长时间里，我们将一直处于被动状态。

那么问题来了，你可能会说，很多人都在线上经营，但是想赚钱并不容易。的确如此，如果只是把线上当成一个卖货的渠道，那就大错特错了。

举个例子,如果一条街都是叫卖东西的,你会买谁的呢?你谁的也不会买,对不对?如果一个店铺的装修有特色又有格调,里面的服务人员个个热情且彬彬有礼,你是不是就会觉得这家店铺是品牌店,因此对它产生好印象。如果你有需要,是不是会向他们购买呢?这就是品牌的力量。

想要线上业务转动起来,你必须要学会的就是打造个人品牌。商品需要品牌,人更需要品牌。而且现在是个体崛起的时代,如果你没有打造个人品牌,你就无法很好地利用移动互联网给你的红利。

我帮助了上万人打造个人品牌,得出一个结论:只要你用心打造个人品牌,塑造出你的专业性和差异性,就一定会有人跟随你。每个人都可以通过提供价值,拥有自己的"铁粉"。

个人品牌自古就有,像王阳明,他一讲课,听课的人就已经人山人海了。而今天,个人品牌这种天时地利人和的趋势,让我们普通人并不需要多么牛的专业知识和技能,同样能打造个人品牌。在移动互联网时代,足不出户也能最大化地发挥自己的价值。

那么,打造个人品牌如何让自己的价值最大化呢?

我先跟你分享三个小故事:

第一个故事来自一位创业者、我的嫡传弟子碧云,她是一名传统服装连锁店的创始人。为了企业经营,她来向我系统地学习,能力得到了大幅提升,尤其是演讲口才和销售成交能力。

最初,由于她一直在线下深耕,对转型线上有点发怵。直到2021年上半年,疫情令她的线下生意遭到重创,我再次劝她致力于打造线上个人品牌,给她定位为"个人品牌教练"。

于是,她从2021年7月开始,正式转型线上。仅用了半年的时间,她就成为一个优秀的个人品牌教练,带教、赋能了很多学员。不仅如此,我还协助她成功地发售了私教产品,4个月获得营收119万元。曾经的她,连朋友圈都不发,更别说做直播和导师了,而现在的她成为一名个人品牌教练,一场直播就实现GMV 31万元。她先后帮助几十位私教学员做出成果,成为新女性平台优秀的个人品牌教练,并通过和我合作产品、发售产品以及管道收入实现转型。

第二个案例来自一名微商品牌创始人、团队队长,我的嫡传弟子柒月。过去,她的业务模式主要是在朋友圈销售产品,方式太过于单一,营收始终无法突破;后来,她跟我学习,打通了演讲的卡点,并掌握了社群发售和直播的能力,这些帮她获得了月入百万元的营收。

2021年,微商业务受到很大冲击,业务难以为继。我建议她转型知识付费赛道,并帮她找到了文案成交导师的定位。我协助她在2021年11月做了一场发售,营收突破了30万元。3个月后,她自己又做了一场活动,营收再次突破百万元。

第三个案例来自私董晓文医生。她行医多年,擅长中医。过去,她一直在线下深耕,想打造个人品牌,但是苦于不得法,迟迟找不到突破口;跟我学习后,我帮她找到精准定位,开了自己的训练营,又帮她优化商业模式,推出新产品,当月营收就高达58.8万元。曾经的她,对个人品牌一无所知,对线上经营方式更是从未触及过,但是现在的她,已经可以通过在线上打造个人品牌,打通直播和私域,成为圈内有名的专家,帮助很多人解决了他们的问题,具有强大的影响力。

在我们平台,这样成功的个人品牌案例还有很多。无论你是职场人士、传统创业者,还是微商团队队长、专业人士,个人品牌都可以帮助你的营收不断攀升,获得个人成长的突破。

什么叫个人品牌?个人品牌就是在大众当中有一定的知名度。因为你的专长、特色和个性被别人认可、被别人喜欢,别人不是因为你的公司、你的家庭,或者你销售的产品而喜欢你,他是因为你这个人而喜欢你。

如果你现在还活在公司、家庭、父母的光环里,或者活在某一个产品的光环里,那么你是没有个人品牌的。因为你离开了这些光环,谁也不会认可你,这就是很多人活得很没有安全感的原因。依托外在环境或者从他人那里获得价值,永远无法长久。

打造个人品牌,就是找到你的优势和特长。我常说每个人都是一颗钻石,只是你自己不知道。通过打造个人品牌,让你体现自身价值,从而产生聚合效应;当你在圈层里有一定的知名度时,你就不再依附外界了,你本人就具有无穷的价值。你有粉丝、有跟随者、有信赖的人,因此,你一个人就可以成为一支队伍、一家公司。因此,我们说打造个人品牌对每个人都具有重要意义,它是最深的商业护城河。

个人品牌的变现路径非常多,不同的人有不同的变现路径,不同阶段的变现路径也不一样。正是因为每个人的情况各有不同,需要量身定做,上课远远不够,必须帮扶和陪跑,我们平台从知识付费升级为知识服务。果然,当我们在服务体系上深耕后,学员所收获的成果如雨后春笋般出现。

个人品牌变现大体分为这几种路径:

第一类是知识付费产品。产品类型非常多,包括课程、咨询、教练和顾问产品。

第二类是社群产品。社群和训练营不一样,社群主要是运营一个圈子,强调同频,分享知识和信息。

第三类是电商。这是最常见的路径,主要通过销售产品来变现。

第四类是技能变现,即掌握一门技能,通过接单来变现,比如海报、视频剪辑、社群运营等等。

第五类是管道类产品。比如和平台合作,成为平台代理,通过推广平台产品来解决别人的问题,从而实现个人价值。

以上这些变现路径,无论采用哪一个,都要打造个人品牌。否则你不仅找不到客户,价格也上不去,就会做得很辛苦,却无人问津,赚不到钱,接着为了营收,你就会拼命刷朋友圈,直到被人拉黑……这些不仅是无用功,也会让你找不到价值感。

尽管每个人的情况不同,但如果你想让你的个人品牌价值最大化,我必须告诉你,有几个特别重要的关键点,或许会颠覆你的认知。

第一,你不得不知道的 ABC 理论。

财富的积累需要有多个管道,因此你要懂得 ABC 理论。这个理论是我们新女性平台的"王炸"模型。

A 指的是你的自有产品,比如你的课程或者实体产品。

B指的是我们平台的个人品牌教练。新女性平台是个人品牌教练孵化基地,我们不仅有专业的课程体系、严格的考核体系,还有实战晋升体系。如果能通过个人品牌教练考核,拿到授牌,在我们平台就能实现就业和创业。

C指的是管道产品。很多时候,赚钱是不需要靠自己死磕的,你可以找到一个好的平台,别人把系统和市场做好了,你不必自己生产产品,而是直接分销产品,然后和别人一起去把这个业务做大。比如樊登读书会,很多人最早就是通过和樊登合作,举办各地读书会,建立起自己的影响力和管道收入的。

如果你的知识体系比较成熟,你可以直接做A产品;如果你愿意通过赋能别人,放大自己的人生价值,可以选择B成为个人品牌教练;如果你暂时没有拿得出手的技能,那就用心做C管道产品。你把这三者一结合,就会看到出色的效果。

我们平台的子墨教练,B+C组合做得非常成功,仅靠这个模型,一年的收入就超过60万元。

第二,你需要提升自己的营销能力。

个人品牌就是超级产品,既然是超级产品,那么我们就要想办法把产品卖给更多的人,所以营销能力是你一定要具备的。

成交是个人品牌打造中最为关键的一环,再怎么强调其重要性都不为过。我见过很多有才华的人,他们考了无数证书,花了几十万、上百万元去学习,身怀绝技,但是无法变现,我称之为有才华的穷人,究其根源就是缺乏营销和成交能力。会成交的人,很少有穷人,但是讨厌成交的,通常状况都不理想。道理很简单,你讨厌成交,你又怎么会有收益呢?所以必须要把思维扭转过来,问自己,你有了好东西,为什么不去帮助别人呢?

商业由人、货、场组成。人,指客户在哪里;货,指你的产品是否有竞争性;而场,就是成交场。现在线上的主流成交场包括一对一成交、社群一对多成交、文案成交和直播带货。想要打造个人品牌,这些能力你都需要具备。

听起来好像很难,但其实你知道吗?能力都是一通百通的。我们平台就有一门超级重磅的课程,叫"百万营销成交课",专门打通成交卡点;还有一个视频号直播年度营,手把手带着大家走通直播变现路径。

人类最伟大的奇迹就是有学习力,我们所有的能力都是后天习得的,不会就去学,学了就去做,做了就去教,只要按照"学、做、教"这三步来进行,一定可以拿到结果。

我过去在职场中一直是营销老大,深知成交能力对于我们实现财富来说太重要了。不会营销,你就只能在朋友圈发广告,最终被人屏蔽;而懂得营销,才能帮助我们快速将产品和服务变现。

第三,要做高价产品。

我看见很多人打造个人品牌都会陷入一个误区,就是卖的产品很廉价。刚开始起步时,价格低一点,完全可以理解,可是做了很多年还很低,那就有问题了。比如,有人一个小时的咨询费一直是199元,这个费用比钟点工还要低啊,你还有必要做个人品牌吗?

你必须要鼓起勇气,敢于给自己定高价。当然,这需要一个过程,我通常的做法就是做市场测试,先用一个低价产品打开市场,然后帮学员做结果,等验证出来这个产品可以为学员创造更大的价值,我就会逐步涨价。所以,我的产品永远越来越贵,任何时候加入都会比未来更便宜。

我们平台的口号是"有钱、更值钱",所以你得让自己值钱,这件事才有意义。

我的私董晶晶在跟我学习之前,跟不少人学习过个人品牌。当时的她左右为难,一方面是产品价格低,赚不到钱,另一方面是过于忙碌,无法照顾家庭,得不到家人的支持。我一眼就看出了她产品的问题所在,并很快帮她调整了商业模式,协助她进行发售。经过指导,她一场发售就成交15万元,这是她之前辛苦一年营收的7.5倍。随后,我又协助她做了两场直播活动,24小时的营收高达40万元。

在学会做高价值产品的同时,也要学会借力。

我的很多教练都有自己的主业,日常工作很忙,没有太多精力做自己的产品,所以我就把我的产品开源出来,给教练们共享。他们通过和我合作做产品,就能身价倍增。比如,我的私董晓月教练做了一场12小时的直播,推出了自己的私教产品,定价为19800元,创造了10多万元的营收,这个产品就是和我合作的。商华教练也是如此。她是职场高管,平时非常忙碌。5月,她参加我们平台的直播狂欢月,做了一场12小时的直播,当时创造了实收35万元的辉煌业绩,销售的所有产品也都是和我合作的。

第四,学会抱团合作。

打造个人品牌绝对不是单打独斗。个人品牌是什么?是做商业啊!就像一个人开公司,又做总经理,又做前台,怎么可能忙得过来?虽然你不一定开公司,但是记住,这是商业行为,面临着复杂和多变的环境,如果只有一个人,当遇到困难时,孤立无援,就很容易放弃;而抱团合作,彼此成就,才有未来。

想要抱团合作,首先得找到一个优秀的团队。这个团队要有极致利他的文化,否则人人自私自利,你想抱团也没机会。在优秀的团队中,你要主动去连结并提供帮助给别人,慢慢地扩大自己在团队中的个人影响力。

我们个体的力量是很弱的,很多时候你想突破也没有办法,有团队合作就不一样了。在新女性平台,极致利他、彼此成就的文化非常突出。我们隔一段时间就会组织平台活动,每次做活动都是抱团前进。比如,2022年5月,我举办了一个"敢死队"直播活动,12个素人,每个人直播12小时,原定目标是GMV100万元,最后竟然做出280万元的业绩,完全就是依靠团队的力量。在这个过程中,有100多个运营人员无私地赋能"敢死队"成员,也有人在自己做完直播后,马上去帮助另一个人做直播。大家互为嘉宾,互相站台。7月举办的直播擂台赛也是如此。在晶晶的主场,米霞亲自飞到西安去操盘。米霞要做大直播,我也直接让她来我办公室做,我的同事芳莹和牛老师在周末一直陪她直播到晚上12点。小鱼儿做直播,她的队长语晞教练从头跟到尾,直到午夜12点还在督战。这些帮扶,没有任何利益关系,完全是极致利他。所以,在新女性平台,永远不会只有一个人在战斗,而是一群人托举一个人。

我非常强调极致利他,只有这个文化刻在骨子里,我们才能得到真正的成长和蜕变。一个人走得快,一群人走得远。成功不是看谁快,而是看谁能走得远。

另外,在一个优秀的群体里,你很有可能找到同频的贵人,创造出新的商业机会。私董晓文老师和碧云老师一起来上我的导师课,为了考核过关,她们合作的商业产品,我协助她们发售,仅仅用了 8 个月时间,营收就已经过百万元。

这样的商业合作,在我们平台已经有很多成功案例了。

做教育,尤其是做女性教育,要考虑的因素真的不是只有课程。女性不是没有能力,不是没有渴望,只是被牵扯太多,来自孩子的、老公的、公婆的……每件事都很重要,都需要平衡,这些都会产生内耗。所以,2021 年我成立新女性创造社后,将文化定为极致利他、彼此成就,并将平台从知识付费升级为知识服务,唯一的目的就是希望女人更好地支撑女人。我懂你的倔强,也懂你的不甘心,更懂你的苦。

我虽然教的是商业,但是我知道真正要帮人出结果,必须要从内心的底层重新构建。要培养出勇敢和自信,就要带着大家不断突破自我。在这个过程中,每个人都需要被看见、被鼓励、被支撑,需要爱的滋养。

极致利他的源头是爱,发自真心地爱人,希望对方好。彼此成就的本质是力量,你努力成为我的骄傲,我努力成为你的荣光。正是这种文化的影响,让我们平台的学员一次又一次地突破自我,活出高价值的人生。

做服务很累,很耗时间和心力,因为不仅要教授知识,还要陪跑;不仅要帮学员学会做商业,更要提升他们内在的力量,但是我觉得很值得,因为我亲眼见证了无数个黯淡无光的灵魂,在我的陪伴下绽放光芒,从寻找光,到成为灯塔;从寻找爱,到成为爱的源泉。

在本书中,你会看到新女性平台的这些优秀女性,如何通过打造个人品牌蜕变、成长的故事。我们都很普通,都经历过低谷和人生的至暗时刻;我们又都不普通,都从低谷崛起,立志成为更好的自己,去照亮更多人。

希望你能从每个人的故事中汲取力量,看到光,看到希望。如果你愿意,也欢迎正在看此书的你加入我们。如果可能,希望你能将这本书介绍给更多人,他们也许正处于迷茫和困顿中,也许正在黑暗中苦苦摸索。你的这一善举,将犹如茫茫大海中的灯塔,照亮他们的路。

让我们一起极致利他,彼此成就。

第二章

职场破局,向阳而生

木兰子墨

个人品牌商业教练

职场女性轻创导师

千亿级上市房企投资总监

扫码加好友

木兰子墨 BESTdisc 行为特征分析报告

SC 型

0级 无压力 行为风格差异等级

新女性创造社

报告日期：2022年06月27日
测评用时：12分46秒（建议用时：8分钟）

BESTdisc曲线

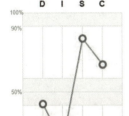

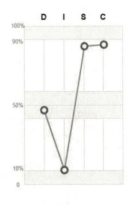

D-Dominance(掌控支配型)　　I-Influence(社交影响型)　　S-Steadiness(稳健支持型)　　C-Compliance(谨慎分析型)

  木兰子墨友善、亲切，是一个很好的倾听者。她有耐心、可靠、稳重、忠诚、真诚、细致、周到，是一个很好的伙伴；她工作努力、好探究、理智而冷静，是一个很好的战友。

  在工作中，她追求完美，在知识和能力方面，严格要求自己，又有非常高的水准，重视自己和别人的知识和专业能力，但也不乏宽容，常常为他人打气。

真正的铁饭碗不在别处,而在自己手里

30岁,在深圳每月还贷上万,濒临失业,这个县城姑娘是这样挺过来的。

天有不测风云,工作发生巨大变故

我来自湖南的一个小县城。

2010年,我大学毕业。1年后,带着对未来的憧憬和希望,我只身一人来到深圳,进入了房地产行业。在房地产行业这些年,由于我比较勤奋,一路都有领导帮扶,不用通过简历找工作。在职场上,一切都非常顺风顺水,我还在深圳买了房。

你是否也有这样的体验?当工作顺利、生活四平八稳的时候,会以为这种状态会持续一辈子。

当我还沉浸在安逸、舒适的幻想中时,我一直跟随的领导突然被召回上海总部,随后辞职。随着领导的离开,常驻深圳的部门开始土崩瓦解。

我眼睁睁地看着身边的同事陆陆续续离开,直到部门只剩下我一个人。在走廊上,我遇到其他部门的同事,他们时不时会投来异样的眼光,仿佛在说:他们部门的人都被集团裁光了,这个人怎么还不走呀?

但是,我又能怎么办呢?主动向公司申请离职吗?当时的我,真的很害

怕离开,这里早已成了我的舒适区,我根本没有勇气踏出离开这一步。主动提离职吧,我并没有信心能够快速找到一份新工作,如果三五个月都找不到工作,就算不吃不喝,我也还不起每月上万的房贷。

我只能选择等待,等待公司对我的判决。我每天一边如行尸走肉般地打卡上下班,一边战战兢兢地坐等被公司无情地遣散。那段时间,是我人生三十年以来最焦虑的一段日子。我至少有 5 年没有通过投简历去找工作了,我甚至忘记了简历该怎么去撰写。

我时常想象,一位 30 多岁的大龄剩女,背着背包,穿梭在各大写字楼,很多 HR 都摇摇头,对我说:对不起,我们给不起够你还房贷的工资。频频被拒的我,欲哭无泪。这样的情景,上百次地出现在我的脑海里。有时候,虽然心里能想明白,但就是接受不了。

在深圳工作接近 10 年了,你以为你很勤奋,你很优秀,你一直能受到好领导的赏识,这一生就稳当了吗?我整晚整晚地失眠,后来终于明白了:我曾经自以为的稳定,都是领导给的,而领导的发展决定着我的去留,我没有自主和独立,所以才深感无力。

人生哪有什么铁饭碗?在这个社会上,没有稳定的工作,只有稳定的能力!我知道,此时的我,迫切需要改变。

最差的时刻,也许就是最好的时机

在一个迷茫、焦虑的黑夜里,我刷着朋友圈,在一位老师的分享中,我看见了我生命中的贵人、教练和榜样——薇安老师。

到现在,我都还记得她点醒我的那句话:"如果你离开了公司,你还有什么能力在这个社会上立足呢?"我第一次开始思考自己的人生,我发现,工作的这近 10 年,我都在原地踏步,没有任何突破,才导致现在如此被动的局面。

我渴望改变,渴望重生,正是因为这种紧迫感,我开始跟着有结果的薇安老师学习。

那个时候,整个部门虽然只有我一个人,我还是正常工作,帮公司处理一些项目收尾的事务,总部所有的工作,我都尽我所能做好。在业余时间,我努力学习,这是解决焦虑的灵丹妙药,让我忘却了所有的烦恼。

那个时候的我,只有一个坚定的信念,我以后不想依赖任何人,我要掌控自己未来的人生。刚开始学习的时候,我无从下手。薇安老师没有给我任何迟疑的机会,根据我的情况,她指导我挖掘自身的优势,走上打造个人品牌之路。

于是我梳理自己以往的工作经历,一边做主业,一边找定位,开启了第二事业——成为房产咨询师,提供一对一房产咨询服务。

这个并非易事。每天下班回到家,已经8点了,匆匆忙忙吃完晚饭,马上做学习实操的准备,几乎每天凌晨一两点才上床睡觉。日复一日,我脑海中时常冒出无数个想退缩的念头,时常感到力不从心、筋疲力尽。

然而,是什么支撑我坚持下来呢?其实是因为薇安老师对我说过一句话:"不是别人需要你,而是你需要被人需要。"听到这句话时,我潸然泪下。

每当我听到小伙伴们称呼我为"子墨老师"时,每当我收到学员小伙伴们发来的感谢信息时,我就打心底儿地感到快乐和幸福。因为我不再是一个透明人,我感受到了被人需要的那种成就感。当别人需要你的时候,你帮助他解决了某个问题,他会很感谢你,甚至一辈子记住你。这是我第一次真正感受到了自己的价值。

个人品牌从 0 到 1,不断突破

在 2020 年,我从一个可能被解雇的个人品牌"小白",一步一个脚印地获得了一些实打实的成绩:

6 月,开通"子墨说房"视频号,一周吸引上百名粉丝;

7月,在"薇安演讲训练营"获得"销售实战PK王"的称号;

10月,参加薇安老师的"导师创业营",在老师的指导和推动下,做了第1期"刚需买房赚钱训练营"精品班,获得100%课程好评,有一半以上的小伙伴在学习期间,买到了有价值的房子;

大大小小的房产一对一咨询已经超过200次,帮助学员提升了买房认知与技能,接近一半学员买了房,房产增值总计上千万元。

渐渐地,随着各方面能力的提升,我的房产一对一咨询收费也从69.9元/时提价为1599元/时了。**仅用一年时间,个人品牌从0到1,变现超过6位数。**

上面这些小小的成绩,虽然看起来不够耀眼,但对于我的人生来说,是最最重要的里程碑。

你以为就这些了吗?更精彩的还在后面。

万万没想到,主业开始乘风破浪

万万没有想到的是,在我的个人品牌事业全面开花的同时,主业也开始乘风破浪。2020年疫情期间,很多人面对裁员降薪的悲剧,尤其是房地产行业。原本也会被解雇的我,却因开始打造个人品牌,积累了非常多的商业实战经验以及创业必备的人脉资源和沟通方法。我把这些统统用到了主业上,吸引了所有人的关注。

我个人的蜕变和所创造的成就,公司有目共睹。2020年春节过后,公司不但没有解雇我,还给我涨薪20%。随着公司业务的转型,那一年的10月份,我升职了,成为公司最年轻的投资总监,掌管区域内上亿元项目的投资评估。

凡是过往,皆为序章。感谢过去,让我彻底觉醒,意识到要跳出来改变自己，让自己不再被动。如果没有那次可能被解雇的黑天鹅事件，我依然是那个没有思想的"工作机器"，困在自己的小世界里，直到无法挽回的事情发生。

个人品牌事业升级，人生不设限

2020年，我经历了人生一次脱胎换骨的变化。我也深深地明白了，人生不设限，我们每个人都是一座宝藏，都有无限的可能。

除了房产咨询师这个身份之外，我现在还是一名有丰富带教经验的个人品牌教练。

时间回到2021年5月，一个温暖的午后，薇安老师如一盏阿拉丁神灯般，奇迹般地出现在我身旁，她说，你自己成功地打造了个人品牌，你可以复制你的成功经验，去帮助更多人。

此时的我，顿时豁然开朗，心头悬着的那块大石头瞬间落地。那时，一边忙着主业工作，一边在线上经营着副业的我，一度焦虑，由于受国家楼市政策调控的影响，各大城市的房产咨询量急剧下降，线上引流也大受影响。

关于房产咨询师这份个人品牌事业，我时常问自己，我要一直扎根在房产这一行业吗？做房产咨询和课程过于单一，以前的学员不可能一直跟我咨询买卖房子那些事。那么，除了帮助大家解决买房子的困惑，我身上还有什么价值呢？

我想破脑袋都没想明白的事情，就在那一天，薇安老师帮我想明白了！我开始一路跟随老师，在新女性平台开始了历练。功夫不负有心人。从学姐，到教练，再到如今的金牌总教练，一路走来，很充实，可以说，没有任何的成长比我当个人品牌教练这一年的成长速度更快的了！

如果说2020年是我从0到1、脱胎换骨的一年，那么2021年绝对是我从1到n、火箭式成长的一年。

这一年,我成为新女性创造社平台合作的个人品牌金牌教练,助力、辅导学员商业变现,营收月入4～6位数;

这一年,我晋升为全网最火爆课程"薇安个人品牌创富营"的总教练,咨询个案超过250个,好评率100%;

这一年,我多次获得新女性创造社平台管道业绩月度销售冠军称号,每次都不低于10万元的业绩;

这一年,我获得2021～2022年度房地产产业链优秀讲师称号,我的原创知识付费房产投资课在平台上的影响力高居第3;

这一年,我实现了大学毕业后一直想自己创办一家文化传播公司的梦想;

更重要的是,在这一年里,我的人生第二事业越来越清晰,通过不断的学习与实践,修建了自己的人生"护城河"——A+B+C多管道收入模型(A是房产咨询师,B是个人品牌教练,C是平台分销课程的管道收入)。

我的内心更加笃定,不再担心自己被裁员,导致经济状况朝不保夕;不再迫于生存压力,而坚守着一份自己不喜欢做的工作;不再担心升职加薪难,而找不到人生的方向……

在我的学员和粉丝中,职场人士占据了相当大的一部分。我也发现,很多职场人一旦满了30岁,都会开始有危机感,害怕自己因为缺乏竞争力而被淘汰,尤其是这几年的疫情,让很多原本安稳的行业不再景气、每况愈下,公司领导被迫降薪裁员。也正因为这样,职场人已经意识并感受到了互联网的强大力量,10个人中有9个都想开展互联网线上业务,打造自己的多管道收入。

那什么叫管道收入?简而言之,就是前期有一定的投入,花时间和精力铺好水管,后期即使不在工作岗位上,也能源源不断地产生收益。

有一个关于管道收入的故事:两个年轻人通过帮人提水获得收入,其中,一个年轻人在提水的过程中,想到每天提水非常辛苦,而一旦停下来,就没有收入。那为什么不能直接把水引到村子里呢?于是他想了一个办法,自己开挖管道，引水到村庄，之后他不用提水也有源源不断的收入，只需要维护管道正常运转即可。

像上面这个年轻人一样，作为职场人，这三年，我也一直在构建自己的多管道收入，即除了自己的主业工作之外，搭建了自己持续、稳定、年入6位数的 A＋B＋C 管道收入模型。不仅如此，我还帮助很多学员通过打造个人品牌获得了多管道收入。一旦拥有了多管道收入，就意味着我们把主动权牢牢掌握在了自己的手中。

如何一步一步地获得适合自己的多管道收入？首先，我们来了解 A＋B＋C 管道。

A 即原创知识付费类

我的学员墨玲，是大洋洲墨尔本时装周一位资深彩妆造型总监。这几年，受疫情的影响，她的线下彩妆业务受到了很大的影响。2021年9月，她来参加"个人品牌创富营"，很忧愁地对我说："子墨老师，我不熟悉线上模式，也不懂线上的运营，我觉得自己的专业在线上没有机会。"我对她说："为什么你会觉得彩妆在线上没有机会呢？我们调研一下，尝试做一个MVP（最小可行性产品），怎么样？"于是，她在创富营里按照我的方法，通过小规模测试的方式，找到了第一批愿意为她付费的100多个客户。

出乎意料的成绩，颠覆了她的认知，也让她信心倍增。随后，她不断打磨、升级课程，坚持开直播、开训练营、带私教，日常也不断在朋友圈和社群里输出干货，招募有需求的学员。前段时间，她向我报喜，全新设计商业模式5个月，即变现84000元，并成为视频号扶持的带货主播。令人欣喜的是，2022年5月，她在我的赋能下，做了一场9小时的直播，GMV 实收突破了10万元。所以，如果你是在某个领域一直深耕的专业人士，你在某一个点上较为专业，那开发原创知识付费类产品，是最容易切入与变现的方式。

以我本人为例，我的本职工作是做房地产投资，我在房地产行业有10年的从业经验。在打造个人品牌的起步阶段，我充分利用了自己在房地产评估项目投资方面的优势与专长,以房产咨询师作为定位,不断学习与实践,通过一对一咨询产品和房地产训练营课程,一年变现 6 位数。

B 即个人品牌教练

我赋能的职场学员,她们心目中理想的事业基本上都是活得有价值,又能轻松赚钱,还能保证时间自由。那有没有这样的事业呢?答案是肯定有,而打造个人品牌是必经之路。

你只要有知识、有技能、会营销,仅凭一台手机,就可以实现全球办公的梦想。2020 年疫情暴发后,我通过帮助学员打造个人品牌,解决了他们因为疫情在线下无法开展业务的困扰,如前面提及的国际彩妆导师墨玲,如果她在半年前没有线上转型,现在不可能把事业扩展到全球。

太多传统行业的人需要转型线上,但是仅把线上理解为在朋友圈发布信息的简单、粗暴的方法早已过时。转型线上势在必行,而要想做好线上业务,首先必须打造个人品牌,然后结合私域、直播等进行。我发现身边的大部分人对个人品牌一无所知,对商业模式更是一窍不通,空有一腔才华和热情,却让自己的生活过得很窘迫,看不到出路。

2021 年 5 月,以房产咨询师作为专业定位的我,已然意识到了成为一名个人品牌教练的价值与前景,也意识到可以把打造个人品牌的能力进行迁移,去帮助那些有专业知识却没有营销体系的人打造个人品牌,于是我果断加入了薇安老师的教练团,与薇安新女性创造社一起,开始推动个人品牌的普及,并有幸成为薇安老师培养出来的第一位个人品牌教练。

截至目前,我在平台辅导过 200 多名学员走上了打造个人品牌之路,我越发坚定地认为,个人品牌在未来 10～20 年里,只会越来越重要。因为这个时代人在前,货在后。每个人无论你在做什么,都应该打造个人品牌。打造个人品牌,不仅专业人士需要、创始人需要,职场人也需要。一旦你能成为个人品牌教练,你就会非常值钱,因为你已经有能力去帮助世界上众多有知识、有能力的人活出自身的价值。

除此之外,教是最好的学,通过教别人,自己在打造个人品牌这条路上也走得越来越顺。成为个人品牌教练的这一年,我收获了很多感恩,收获了内心的丰盈,收获了让我满心欢喜的财富,既可以赋能,让他人有钱,又能让自己值钱。

这一年,我把个人品牌教练这件事当成我最重要的事业管道,我深深体会到,其实任何生意,都可以用打造个人品牌的方法做一遍;任何能力,也都可以在打造个人品牌的过程中得到历练。这一年,我的演讲、销售成交、写作能力都得到爆发式的提高,5月21日"木兰子墨"直播间第一次超长直播的GMV突破了32.66万元的成绩,前所未有。

C 即管道类产品

管道类产品分为虚拟类管道产品以及实体类管道产品。

虚拟类产品,常见的是课程分销。互联网上有大量的销售课程,几乎所有的课程都有一定比例的分销提成,从10%~50%不等,有的甚至更高。

分销课程做得好,也可以成为有影响力的IP。我的学员小雪,她非常喜欢学习,报了很多线上课程,有几十元的音频课,也有上千元的训练营。她只要觉得课程好,就会在朋友圈进行推广,因为推广得多了,她研究出了很多课程转化、分销、成交的方法。

之后,她的课程转化也越来越好,她自己在圈子里也建立起了影响力。现在,很多大的平台推广课程都会来找她,她只是通过分销课程就可以月入4~5位数。我自己在C管道收入这一块,主要是分享薇安新女性创造平台的课程所获得的收入,从去年6月平台上线到今年的6月,已经突破了20万元。

另一类管道产品是实体类产品。这类以微商产品居多,根据代理层级的不同,可以获得15%~50%的提成,甚至更高。我的学员当中有些是做微商的,我会向他们购买产品,这些产品使用起来感觉都很不错,复购率高。

这里需要强调的是,无论是虚拟类的课程,还是实体类的管道收入类产品,在选品的时候,要额外注意:产品应该是你自己亲自用过并觉得好的产品,因为市面上很多微商产品没有品牌背书,互联网时代太多割韭菜的课程,一旦选择了,就是在用自己的信用做背书,信用是人生最大的资产,每个人必须珍惜。只要这个产品足够好,公司与团队足够正规,你的销售能力又很强,那么分销实体产品的收入也会非常可观。

上面提及的A+B+C多管道收入模型,是作为职场人的我这三年来躬身入局、亲证有效的收入模型,也是经过无数学员实践的结果,是薇安新女性创造社独创的打造个人品牌的模型体系。运用这个模型,无论你处于人生的哪一个阶段,只要你用心去耕耘,都可以获得不错的收入。

了解A+B+C的多管道收入模型后,你可能会有疑问,平时没有专业的积累、没有人脉、没有特别擅长的兴趣爱好,那么应该怎么启动呢?

个人品牌有两大体系:知识体系与营销体系。按照专业程度与营销能力的不同,可以将人划分为以下四种不同类型的人群。根据人群的不同,变现路径的组合方式也会有所不同。

第一类,有专业知识体系,有营销能力。

我的私教学员霞霞,她曾是上海一家大宗商品贸易公司的高级交易顾问,私域粉丝有8000人。在加入薇安新女性平台前,她是一位资深知识付费用户,学了很多却迟迟无法变现,她既有专业,又有人脉,那是什么原因导致无法变现呢?究其根源,是没有清晰的定位、变现路径和方法。

我问她有什么特长或者兴趣爱好,刚开始,她也不知道自己擅长什么。她告诉我,她已经直播了400场,对直播私域成交颇有研究,这应该是她的专长。于是,我鼓励她将直播私域成交教练作为自己的主标签,一边做自己原创的直播IP私域成交私教咨询;一边利用自己的成交优势,通过分销课程来获得C收入;一边坚持长期主义,在平台深耕,提升个人品牌的专业能力,未来还可以成为与平台合作的个人品牌教练,获得B合作项目的收入。

从设计产品、变现路径到产品销售,她的产品发售不到一个月,实现营收突破1万元,3个月变现突破10万元,不到1年,成为平台带教学员的个人品牌教练,获得了A+B+C的多管道收入。

第二类，有专业知识体系，无营销能力。

这个世界上有很多"有才华的穷人"。"有才华的穷人"指的就是有非常专业的知识体系，但是空有一肚子墨水，没有商业思维，不知道怎么把自己的专业价值发挥出来、传播出去，更不用说在帮助更多人的同时，让自己的生活质量变得越来越好。

对于这一类人，毫无疑问，一旦确定了定位，把自己的专业 IP 产品打磨出来前，要马上去学习如何营销，边学边用。学习营销的技法有很多，首先记住这四个字："为爱成交"。爱是一切问题的答案，如果初心不是为了爱，让别人因为你而变得更好，仅仅是为了赚到多少钱，那这不是营销，只是推销，推销只会让人反感，切忌一添加上微信，就拼命地推销广告。

这一类人，可以从 A+C 入手，一边做自己的 IP 产品，一边通过销售产品来锻炼营销能力。一旦推出自己的产品，就可以利用学到的互联网营销方法，比如直播带货、群开售、文案成交、一对一成交等等，让自己的产品一炮而红。

第三类，无专业知识体系，有营销能力。

有营销能力的人，无论互联网社会发展到了哪一个阶段，都掌握了商业竞争中核心、必备的能力。

我的学员小翠，是广州一家科技公司的销售讲师。在刚认识我的时候，她忧心忡忡地对我说，她很担心未来，虽然她在公司每年都是销售冠军，但升职加薪与她无缘，而且常年在外出差，照顾不了家庭，这一直令她十分苦恼。她想通过打造个人品牌来获得职场更多的选择权，想在做事业的同时，能兼顾家庭。

由于擅长一对多演讲销售，我鼓励她将演讲销售作为自己的定位标签，短期内，一边利用自己的销售优势，分销课程以获得 C 收入；一边完善自己一对多演讲销售的知识体系，在朋友圈、直播、短视频等阵地进行输出。长期深耕，在自己打造个人品牌的过程中，提升专业能力，未来还可以成为与平台合作的个人品牌教练，获得 B 合作项目的收入。

现在的她，非常喜欢这样的状态，也不再焦虑和苦恼。人生 30 年来，她第一次有了目标和方向。

第四类,无专业知识体系,无营销能力。

如果你属于这类人群,我建议你把主要精力放在个人成长上,从 C 入手,在分销产品中锻炼自己的销售能力,一边学习,一边实践,一边找自己喜欢的定位。

我的学员周周,是一位 40 来岁的财务岗位的基层职员。她刚来平台时,非常不自信,她并不想以从事财税相关的线上业务作为其个人品牌定位,她非常想在职场外增加一份收入,但自己的基础薄弱,人脉也少。

于是,我让她从分销平台课程切入,边学习销售成交的课程,边分享课程给身边有需求的姐妹们,从一对一成交、文案成交,到一对多直播带货。现在的她,完全绽放,前不久还在 PK 赛中成为排名领先的佼佼者,打破了一天成交 5 单的纪录,她在成交当中找到了成就感,也因此找到了自己喜欢的定位:销售成交导师。未来,她也能成为一名个人品牌教练,去赋能更多的女性,打造个人品牌。

对照上面想一想,你现在处在哪个阶段呢?无论现在的你处于哪个阶段,都可以找到相对应的增加收入的方式。A + B + C 的收入模型是可以灵活变通的,诚实面对自己,不要想着眉毛胡子一把抓,先从一个渠道开始,不断地积累,慢慢再扩展到其他渠道。

很多职场人在打造个人品牌、拓展自己的多管道收入中,常常会问这个问题:"子墨老师,白天上班已经很累了,我回到家里就想躺平,晚上还要带孩子、做家务,时不时还得加班,哪有那么多精力做个人品牌?"

如果你想在个人品牌上有更大的发展,想在职场获得更多的选择权,主副业双开花,我分享给你"两做好",即做好心态管理、做好时间管理。

保持良好的心态是一个人成事的关键所在。我的一位前同事,职场发展非常不顺利,出去创业也屡遭失败。她一旦觉得工作不开心,与老板一言不合就会辞职,然后到处找项目做,看到别人赚钱,不管自己了不了解,就一头扎下去。由于没有太多的积蓄,急于变现,她每天都很焦虑,越焦虑就越无法做好事情,如此恶性循环,每次都以失败告终。

打造个人品牌是一个长期的过程,需要你有足够的耐心去浇水、施肥、静待花开。良好状态的背后,是要有一定资金和时间的支持的。我曾在线下听过薇安老师分享她的创业经历,她在业余的时间做副业,直到"薇安说"公众号的粉丝达到20万,她才辞职。好的状态带来好的结果,如果你总是很焦虑、缺乏自信、急于求成,那么注定无法取得预期的结果。

再来看看第二个做好,做好时间管理。分享一个特别有效的时间管理的方法,叫见缝插针法。想做好一件事情,能拿出一两个小时的时间,当然是最好的。如果无法做到,就要学会见缝插针的方法。比如,你从家里到办公室的路上有30分钟的时间,那这30分钟的时间,你是不是可以利用起来?听一节音频课,跟客户打个电话,编辑一两条朋友圈文案呢?这也是我宁愿每天出门花钱打滴滴,也不愿意开车的原因,因为时间是比金钱更重要的东西。

2021年年中,我成为薇安老师平台授牌合作的个人品牌金牌教练,截至目前,带教近30个私教学员,每天的工作堆积如山,实在是没有完整的时间,怎么办?我就开始使用见缝插针的方法,充分利用整段时间里可以利用的碎片时间。比如集团开会,流程表上显示开会中途会有25分钟的茶歇时间,那我就会利用好这段时间,比如给一个学员指导一下产品发售,了解一下学员的进展,茶歇开始,会给自己定一个20分钟的番茄钟,在这有限的时间里,极度专注地做事,留最后5分钟的时间跟同事们交流、休息。

所以,做好心态管理,让每天的自己保持良好的心态;做好时间管理,见缝插针,充分利用一切可以利用的碎片时间。这样良性循环,你就有足够好的状态和足够多时间去经营自己的主副业,在个人品牌的道路上越走越远、越走越顺。

我昨天收到一份特别的礼物,纸片上写着:"子墨老师,你是我心目中最亮的星星,温暖而坚定,没有特别耀眼的光芒,却一直在默默发光……你身上有一种吸引力,吸引我想一直跟你在一起,谢谢你!我爱你!"

成为平台个人品牌教练这一年,我收获了太多像这样的来自学员们的感恩,收获了内心的丰盈,收获了令我满心欢喜的财富。跟随薇安老师整整三年,我在这个圈子里,每一年都被倒逼着突破……

2019年,聚焦成长,学习了演讲、销售成交、高情商沟通等等课程;

2020年,在主业外,开始从0到1打造个人品牌,成为一名资深的房产咨询师;

2021年,找到了自己想终身从事的事业,成为一名个人品牌教练;

2022年,我勇敢地从私域慢慢走到公域,短视频直播打卡100天,首场12小时直播GMV突破32.66万元……

我很清楚,自己必须不断提升影响力,才有机会像我的老师一样,帮助到更多的人,成为别人眼中的贵人。虽然我的影响力有限,但是能帮一个是一个,余生尽我所能,赋能更多女性走上打造个人品牌之路,掌握职场的选择权,做自己人生的CEO,成为有钱、更值钱的新女性。

我希望,我拥有饱满淋漓的能力,撑得起朋友们对我的期待;

我希望,你不是一个工作的"机器",在自己的人生管理上多一点有趣的灵魂与色彩;

我希望,你不再因为受市场环境的影响而焦虑、迷茫,给自己的人生增加更多选择;

我希望,有更多人因为我的存在而变得更好,我能成为别人眼中的一束光、一座灯塔、一个轮椅……

王艺霖

互联网公司副总裁
最懂心理的个人品牌教练
职场沟通导师

扫码加好友

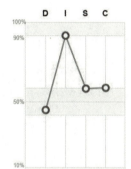
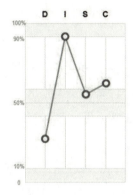
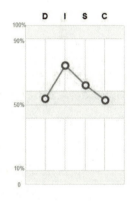

王艺霖天性友好、乐观，散发出热情和动力，适应性强，能坦然接受变化。她热情的天性，加上灵活婉转的沟通方式，通常能够使人打开心扉和积极投入。在工作中，她以身作则，重视并表现出技术性的专长。她充满热忱，能灵活地调整步调，敏锐地察觉到不同的挑战并做出相应的改变。即使是以前从未做过的事情，她也非常愿意去冒险尝试。

从心出发，重新设计你的人生

如果生命是场意外，我们选择用成长修复，自我救赎，点亮心底的光。

"每个人都有两次人生，第一次是活给别人看的，第二次是活给自己看的。"这是心理学大师卡尔·荣格说过的一句话。第一次人生是由成长环境决定的，它是你人生的底色；第二次人生是你自己选择的，它是一种你向往的人生状态。我们不能选择人生底色，但我们可以用努力为自己的第二次人生增彩！

你好，我是 Cindy（王艺霖）。现在是一家大型互联网公司的副总裁，同时也是新女性创造社的私董、国际注册心理咨询师、个人品牌教练、职场晋升导师，时常被励媖中国、北京趁早读书等社群邀请，也为金融机构和大学生群体做过课程培训。我还是一个 14 岁男孩的妈妈，是我妈妈的孝顺女儿，是员工的知心姐姐，是老板最信任的下属。总之，我跟身边的人都能相处融洽，人际关系非常和谐。

在线上、线下多个场合，经常有学员对我说：

Cindy 老师，你好厉害！我将来也想成为你这样的人！

Cindy 老师，你是我的榜样，我要向你看齐！

Cindy 姐，你站在台上分享的时候，闪闪发光！

Cindy 姐，你活成了我想要的样子！

但更多学员就像问题宝宝，想要获得以下问题的答案：

老师，为什么你的状态一直保持得这么好？脸上永远笑容满满，有什么秘诀吗？

老师,我已经在这个岗位兢兢业业地干了好多年,就是没办法再进一步,怎样才可以升职加薪呢?

老师,你的主业已经这么忙了,副业还能做得这么好,你是怎么管理时间和精力的?

老师,怎么管理比自己年龄大、资历老的员工呢?

老师,你的娃为什么那么暖,还那么独立?你是怎么教育孩子的?

老师,我跟家人的关系不好,总吵架,心情也不好,怎么办?

老师,为什么我那么努力,生活还是没有改变,也赚不到钱?

我很想告诉你,亲爱的,你看到的现在的我——智慧、独立、优雅、自信,状态好、能量高,主业副业齐开花,但你并不知道,曾经的我,工作、生活一团糟;你并不知道,在我取得一点成就、人生稍微顺遂的时候,会在某个夜晚,突然被打回原形,掉入情绪陷阱,反反复复;你并不知道,我的那些不幸、痛苦和失败的过往……

我的人生底色是灰色的

我,其实是个意外

20世纪80年代初,计划生育国策已经颁布,即使远在东北偏远的农村,即将实施的国策也传遍了家家户户。

彼时姐姐刚出生不久,原本的家庭计划中没有我,但是意外出现了,我战胜了节育环,突然来到了这个世界。想要抱孙子的奶奶一下子兴奋起来,苦口婆心地劝妈妈一定要留下我,并许诺会帮忙带孩子。

当我还在妈妈肚子里的时候,爷爷突发疾病,不到一天的时间,人就不在了。奶奶受到打击,便把希望全部寄托在未出世的我身上,希望妈妈生个男孩,给老王家添丁。

几个月后,我的出生,让奶奶的希望破灭。她对妈妈和我立刻改变了态度,不仅不帮忙照顾,还冷嘲热讽、指桑骂槐。妈妈在月子里用井水给我洗洗涮涮,几个月后,只能背着我去上班,落下了一身毛病。

我仿佛从那时起,就知道自己不受欢迎,所以一向少言寡语,甚至妈妈的同事以为我是哑巴,不会说话。

"不祥之人,滚出王家。"

我6岁那年冬天,厄运再一次降临。我的父亲因为车祸,在一个雪夜突然离世,连一句话都没有留下。

妈妈受到巨大的打击,只能依靠安眠药才能睡着,还要坚强地照顾我和姐姐,而此时,奶奶突然提出分家,指责我们是克夫、克父的不祥之人,让我们母女三人滚出王家。甚至当着我们的面,找工人将家中值钱的物件都搬走了。

天无绝人之路。后来妈妈毅然地把家里的房子卖了,带着我和姐姐回到了她的故乡——北京。

小学六年,我上了四所学校

从东北偏远农村,来到首都北京,是我第一次转学。开学后,因为浓重的东北口音,我受到同学们无情的嘲笑和排挤。很多同学模仿我说话,然后哈哈大笑。一年级,本就寡言的我,更加自卑,愈发沉默。

在我终于改变了乡音、逐渐适应了北京的生活和学习之后,四年级结束的那个暑假,我突然被安排转学,甚至来不及对同学们说再见。

五年级这一年,我第一次跟妈妈、姐姐分开,与姥姥、姥爷住在一起。我焦虑到身上长了巨大的火疖子,又红又肿,严重到左边的肩膀不能动。姥姥说,这孩子太听话了,心思重,有话也不说,都憋在心里。

五年级结束的那个暑假,我刚将班里同学认全,并一一对上号,毫无征兆地,我又转学了。这一次,我面对的不仅是新学校、新老师和新同学,还有突然出现的爸爸、哥哥和新家。

一次又一次,刚建立起来的关系被硬生生地掐断,幼小的我再也无法承受这样突如其来的改变。于是,我将自己的心封闭起来,对什么事都不再关心,对别人也不会敞开心扉,切断了与外界的联系,避免自己受伤害。

人生的美好是人情的美好,人生的丰富是人际关系的丰富。

我的生活里只有妈妈和姐姐,非常害怕她们把我丢下,我的内心一片荒芜。

著名心理学家弗洛伊德说,童年时期的情绪、经验会影响一个人的一生。我完全想不到,这些经历,影响我不是一年、两年,而是几十年。

幸运的人用童年治愈一生,不幸的人用一生治愈童年。

有了新家以后,我的生活终于稳定下来,不用再转学,不用与妈妈、姐姐分开,一切开始慢慢好起来,我也有了所谓的朋友。我按部就班地读完初中、高中,稀里糊涂地考上一所市属本科院校,学了一个万金油的企业管理专业。

现实是最生动的心理学案例课

2002年,我毕业了。我以为我会拥有美好的未来,但现实给我上了一堂生动的心理学案例课。

性格原因导致我处理不好职场中的人际关系

经历了两次失业以及考编失败后，2004年，在一位朋友的推荐下，我进入一家杂志社做实习编辑。我无比珍惜这份来之不易的工作，从头开始学习专业知识和技能，每天认认真真、勤勤恳恳，却因为性格原因，吃了几次亏。

有一位资历比较老的同事，与我同为编辑，经常在快下班或者已经下班的时候，把一沓手稿放到我面前，让我打字录入，还美其名曰"锻炼我，帮助我成长"。不懂拒绝、不愿产生冲突的我，只能默默地加班，"哑巴吃黄连，有苦说不出"。

直到编辑部主任知道这些事情之后，教我如何拒绝，我才从"打字员"的工作和莫名其妙的加班中解脱出来。

2006年，我的顶头上司离职了。有一次，社领导单独找我谈话，而我因为性格内向，只知道埋头干活，平时跟领导没有额外的交流，不理解领导找我谈话背后的意图，我失去了一次非常宝贵的晋升机会，最终是一位到单位比我晚、年龄比我小、行业资历比我浅的人成为我的新上司。

2009年，同样是因为没有和领导搞好关系，在我休完产假、回到单位的时候，我经历了进入职场以来最大的危机。

为了逼我主动离职，且拿不到哺乳期间的补偿金，领导给我调岗、降薪，把我的办公桌安排到没有人办公的储藏室，授意同事们联合起来，排挤我、打压我、孤立我、不跟我说话，而我完全不知道如何处理。

我只知道这份工作对我来说很重要，不可以轻易离职。足足有半年的时间，我默默地承受这一切。每天一个人工作，一个人吃午饭，常常一整天不说一句话，偶尔和同事们交流，都是使用QQ。哪怕在办公室或者楼道里遇到领导，也当作没有看见对方，不会打招呼。

那半年，我成了职场中的透明人，每个月拿着不到两千块钱的固定工资，度日如年。直到另外一位同事怀孕，空出一个位置，我的危机才解除。

内心的封闭，让我对亲密关系无所适从

在我的成长关键期，父亲这个角色一直是缺失的。虽然六年级有了继父，但是他当时为了多挣钱，选择出国参加援建项目，一走就是两三年。

等他回国后，我早就度过了成长关键期，错过了学习与异性相处最重要的时期，更不知道良好的亲密关系是什么样的、遇到问题又该如何解决。

从小到大，我习惯沉默、隐忍，被动接受家里的安排，很少大声讲话，没与人吵过架，完全不会处理矛盾和冲突。要命的是，我不会主动争取自己想要的东西，更不会说"不"！

逃避和隐忍是我面对问题时的解决方案，我的心门一直紧闭，这也为我的婚姻埋下了隐患。

2005年，我结婚了。我突然发现，夫妻之间有分歧时，会争论、吵架，甚至动手！

在婚姻中，出了问题，我不会主动沟通、解决；有了分歧，我更不知道如何处理，只会沉默、隐忍，把一切情绪都憋在心里；我也不会提要求，明确地告诉对方，希望他如何，而他也始终走不进我的心里。

一地鸡毛的婚姻生活，让我的心上仿佛被压了一块大石头，我暴躁得像一头愤怒的狮子，甚至开始对无辜的孩子大吼大叫。生活中的柴米油盐、芝麻绿豆大小的事情，都成为压在我身上的稻草。终于有一天，最后一根稻草落下，我凭着残存的理性，提出离婚，态度决绝。我甚至没有和家人商量，便一个人默默地签了离婚协议，办手续，找房子，搬家，开始另一个阶段的生活。

这是我有生以来第一次一个人独自生活。

有了大把独处的时间，才发现我一直不会处理与自己的关系

结束了十年的婚姻，外人从我的状态中看不出我离婚了。我照常上班、

下班、开会、出差……只有自己知道,心里有着怎样的惊涛骇浪。

　　时间是最好的良药,我用了几年的时间,才逐渐平复婚姻所带给我的负面情绪。但是,我还是没学会如何与自己相处,仍然活在自我封闭的状态中,拒绝敞开心扉。

　　疼吗?特别疼,疼到麻木,疼到连一滴眼泪都没有了。有多少个夜晚,我辗转反侧,思考为什么会这样?我明明想做好,结果却如此失败,我苦于找不到答案。

无论黑夜怎样漫长,白昼总会到来

　　痛苦的人才会积极寻求改变,找不到答案的事情就先放下。人生最低谷的那几年,我只剩下两件事:工作和学习。

　　此时,我在互联网公司做部门主管,这半年对我来说,太重要了。我付出了全部心力,和年轻人一起加班,什么事情都做,不懂就学,不会就问,我期望在职场中能更进一步。

　　我深知,持续学习对个人成长有多重要,尤其是已经毕业多年、在职场遇到瓶颈的时候,向外学习就显得更加有必要。

　　2017年年底,我在刷朋友圈的时候,无意中看到一篇写职场的文章,干货满满。我断定,这一定是在职场上经过千锤百炼的人所写出来的文章!我翻看了她往期所有的文章,给我非常大的启发,于是,我关注了"薇安说"公众号。

　　2018年,我看到"薇安说"的创办人薇安老师推出了一个线上训练营——"高效能行动营",我毫不犹豫地报名参加了。这一次付费,正式拉开了我知识付费的大幕,也是这一次课程,让我发现了人生的另一种可能性。

课上,薇安老师对我们讲积极主动、以终为始、要事第一、双赢思维、知彼知己、统合综效、不断更新。每一个词都冲击着我的大脑,不断提升我的认知和思维,改变了我以往错误的想法。在训练营结束的时候,我写下了学习心得:听完课程,感觉自己前半生白活了!

薇安老师在课上说过一句话,让我记忆犹新,即使到现在这句话也对我起着振聋发聩的作用:这一生,你究竟要成为什么样的人?

这是我从来都没有想过的问题。

从小到大,一直盘旋在我脑海中的问题都是:我为什么会来到这个世界,来受苦吗?我一直怨恨我的奶奶和亲生父亲,为什么不喜欢我?为什么抛下我不管?你们都不爱我……都是因为你们,才造成我失败的人生!

我一味地寻找外界的原因,却始终不愿承认:我已经是成年人了,要为自己的人生负责。

参加"高效能行动营",认识薇安老师,改变了我的后半生。

课程结束后,我用了不到半年的时间,从部门总监晋升为公司副总裁。我是公司成立以来第一个从基层打工者一路晋升到核心管理层的员工。

与此同时,我找到了人生使命——专注女性成长,帮助更多的人,重新设计人生。

个人品牌为我打开一扇窗

说干就干!我马上开始梳理我以往的人生经历,总结对人有帮助的经验,推出了我的第一门线上训练营——"打造职场核心竞争力",并且连开两期,招收了几十名学员。

课程结束后,学员们反馈受益匪浅。接下来做什么?没有系统学习过的我懵了。

祸不单行,就在我迷茫的时候,新冠肺炎疫情暴发,人们的工作、生活节奏一下子被打乱了。我们开始居家办公,很多人因此而焦虑、迷茫、恐惧。

我暂时放下继续开线下训练营的打算,一方面在线上开设"积极希望"

沙龙,帮助周围的朋友缓解紧张、焦虑的情绪,提升信心;另一方面,我报名"薇安爆款导师创业营",系统地学习如何打造个人品牌。

虽然我身处互联网行业,对互联网并不陌生,但打造个人品牌依然为我打开了一扇窗。

我像海绵一样,努力学习新知识,探索一个个未知的领域。薇安老师将她自己打造个人品牌的方法,总结成一套课程,从寻找定位,到开发产品、引流、拓客、交付,再到产品体系设计、落地执行方案,毫无保留地教给我们。

在课程学习期间,我推出了 MVP 产品,三天的公开分享,有一百多人报名。自此,我又有了一个新身份——职场晋升导师。

不怕慢,就怕站。再长的路,一步步走,也能走完;再短的路,不迈开双脚,也无法到达。

由于主业繁忙,我的业余时间有限,与一些同学相比,我明显落后,但我从未停止学习和打造个人品牌,从未停止投资自己的大脑。

从 2018 年开启副业至今,我累计投入六位数来学习、提升;同时,我开设过五期训练营,直播四十多场,为上百位学员提供一对一咨询,参加线下活动十余场,全网上万名学员听过我线上、线下的分享,微信好友数从零增长到一千多;我还做了一场 12 小时的大直播,累计变现达到六位数。

学员捷报频传,迎来职场外的高光时刻

三年多的积累,让我收获了很多学员的捷报。

学员小婷是一名体制内的员工,曾经因为害怕参加职场聚餐,每次单位有聚餐时,她都会千方百计地推脱、逃避,慢慢地淡出了领导的视线,成为部门的边缘人。

在参加了训练营之后,她意识到,原来职场聚餐不只是喝酒、吹牛,而是重要的交流场所,是被领导看见的关键场合。她转变了想法,开始陆续参加一些聚餐,并且使用我在课程中讲的六大关键环节的技巧,逐渐获得领导的认可。

一次高质量的聚餐并不是单纯地吃一顿饭,而是对组织者综合能力的考验。邀约、选址、点餐、正餐、买单、跟进,六大关键环节一个都不能少。将组织一次聚餐当作一个工程项目,把每一个环节中涉及的细节一一落实,亲自参与实践,提升沟通能力、协调能力和管理能力。

比如选址,就要根据参加聚餐的来宾身份、人数、距离、口味等因素,选取不同档次的餐厅,做好预约包间、预留停车位等多项准备工作。

后来,领导把她调到关键岗位,每次重要活动、应酬一定会带着她参加,她成了领导身边的红人,在职场中如鱼得水。

学员小芸,曾经也是职场骨干,在同期员工中最早得到晋升,但是因为工作太拼,没日没夜,导致身体出了问题,患上一种需要终身治疗的疾病。她只能暂时离开工作岗位,回家治疗、休养。这一休就是八年。

八年后,当她的身体条件允许她回到职场时,单位的情况早已发生巨大变化。与她同期入职的同事,都已成为中层领导。到底要不要回职场,她纠结了很久。害怕回去,不敢面对曾经的同事,担心自己的身体承受不住重回职场的压力,焦虑到失眠。

在我做了三次一对一的咨询后,她拿着我给她的"锦囊",不焦虑,不害怕,也不慌了,坦然地回到阔别八年的原单位,开始崭新的职场生涯。

第一个锦囊——摆正心态、从零开始

不管你以前在单位取得过怎样的成绩、担任过什么职位,八年之后再次回到原单位,就是一个从头开始的新人。戒掉"玻璃心",忘记过去,不要关注别人怎么看你,做好自己的工作,在保证身体能够承受的情况下,适应职场节奏是首要任务。

第二个锦囊——让领导放心

站在领导的角度,一位老员工突然回归,领导有很多担心。比如,担心

你的身体受不了,干不了几天又休假;担心你有心理落差,不能适应新的工作岗位,产生不满情绪;担心你不能接受单位给你的安排……所以,你要特意去找领导汇报你的决心,让领导放心。

第三个锦囊——让同事安心

你的突然回归,会让同事们产生紧张情绪,尤其是与你一起进入单位的老同事。他们已经成为各部门的管理者,不知该如何面对你这位"新人",所以,你要先去展示你的善意,传递出你完全可以接受目前这个局面的想法,让同事们可以放下顾虑,与你和谐相处。

现在,她跟领导、同事们相处融洽,并且被调到新成立的业务部门,准备大干一场!好的情绪对她的身体恢复也起到了促进作用,回到职场,她的身体反而越来越健康。

年度私教学员小娜,她是私企公司的财务人员,曾经是职场中的"透明人",直属领导已经流露出要辞退她的想法,她和其他同事在工作上几乎没有交集,连帮她说话的人都没有。

她找到我的时候,已经在考虑万一被辞退,很没面子,要不跳槽算了。我根据她的实际情况,梳理了她在职场中的关系网,明确了她在职场中的定位,并根据她的个人能力和水平,给她定制了一套自我提升的方案。

在授课过程中,我还发现她和大女儿的关系不好,导致女儿学习成绩不理想,明明很努力,却看不到效果。我明确指出问题出在哪里,要怎么做才能改善母女关系。

她在给我写半年学习复盘的时候,说 2021 年做得最有眼光的投资,就是报名了 Cindy 老师的私教课程,让她在工作、生活、能力等方面都有了巨大的改变!

这样的成功案例太多了,三天三夜也说不完。看到学员们纷纷拿到想要的结果,我比他们还高兴!

一个反复影响我三十年的噩梦，让我再次掉入黑暗的世界

在我享受成绩、想在职场晋升导师领域持续发力的时候，一个很久以前的噩梦再次出现。过往的种种再一次跳出来，清晰地浮现在我眼前，我的心态受到了极大的影响，我再一次掉入了黑暗的世界里，爬不出来。

从十几岁起，一个高度相似、反复出现的噩梦整整影响了我三十年！它有时很多年都不出现，有时在某一年内多次出现。这个梦境一出现，就会严重影响我的情绪。这个梦，我从未对任何人说起过，因为它曾经是我不能触碰的禁忌，我连想都不敢想，更不想去复述这个梦境。

这是我第一次，也应该是最后一次提到这个梦。自从我学习了心理学，接受了多次的疗愈之后，这个梦境就被打碎了，再也没出现过。

梦中，只有奶奶和我。我是十来岁的年纪，周围一片黑暗，没有人，也没有声音。我的身体被禁锢住，完全动不了，说不出话，喊不出声。奶奶就站在我的对面，近在咫尺，她的手中总是拿着一把异常锋利的刀具，有时是刀片，有时是小剪刀，有时是水果刀，有时是美工刀……她拿着刀，面向我，有时嘴里念叨着什么，我听不清楚；有时她不说话，只是用恶狠狠的眼神盯着我，然后将刀子慢慢靠近我的嘴巴，割下去，鲜血顺着嘴角流下。我不能动，不能说话，不能喊，只能一边挣扎，一边哭，直到从噩梦中惊醒。

每每醒来，枕头已经被泪水打湿。我还在哭，一抽一抽的，脸上全是眼泪，心脏"砰砰砰"地跳。只要一闭上眼睛，又立刻回到那个梦境中。我必须干点儿别的事情，转移注意力，比如，喝杯水、洗把脸、上洗手间、看看熟睡的儿子、刷刷手机……直到不再抽泣，心情平复，才能睡着。有时候，天已经蒙蒙亮了。

都说梦是潜意识的呈现，我不知道为什么会做这样的梦，并且这个梦会反复出现。每每在我已经把它慢慢遗忘的时候，它又突然跳出来，把我打回原形——那个自闭、懦弱、敏感、脆弱、逃避、逆来顺受的我。

人的自我成长与修复，就是一条自我救赎之路

当我再一次做这个梦的时候，我告诉自己，不行，不能再这样下去，我必须解决这个问题，于是我开始向外寻找解决办法，学习心理学、情绪疗愈。

我接触了市面上的多个心理学流派，参加了好几门课程的学习和体验，做过很多场疗愈，经过一年多的学习，我考取了国际注册心理咨询师、心理测评辅导师的证书。在一次线下体验课上，老师的一番话将我点醒。

做完家庭成员之间的关系梳理之后，老师对我说："你的亲生父亲一直在你心里占据着非常重要的位置，虽然他不在了，但你从未让他离开。你渴望了解他、接近他，你很爱他，却又怨恨他。你有没有想过，他给你的，已经是他能给你的最好的一切。他的离世，也许是另一种爱你的方式。如果不是发生这个变故，你会回到北京吗？你有机会考上大学吗？你会拥有现在的人生吗？"

那一刻，我的眼泪夺眶而出，放声大哭。终于，我从心底里原谅了他。原来我的父亲一直深深地爱着我，用他的生命在爱我！也是在那一刻，我身上的层层保护膜，终于裂开了一个口子，有光和温暖一点点渗入进来。

在经过很多次的疗愈之后，我的内心终于不再是一片荒芜，那里充满了阳光、红花和绿草。我通过学习心理学，通过疗愈，完成了自我救赎。

过去的人生已不可改变，现在的每一步，都是你对未来人生的谱写。

每个阶段的人生，都有特殊的意义。尽管我们会有一些艰难的历程，但那些熬过去的苦和夜，流过的泪和汗，都会铺成一条宽阔的路，通向未来你想去的地方。

也许你一生都有无法摆脱的恐惧，但你至少要知道，黑暗中还有心底的那束光。过去的都已经过去，且无法改变，我们能做的，就是把握现在。

现在的我，想要在心理学领域持续深耕，去帮助更多的人。

未来的我，想成为职场晋升导师中最懂心理学的、心理学老师中个人品牌打造得最成功的、个人品牌商业教练中最懂职场的。

所有过往，皆为序章。

我希望我从现在开始,活出更好的自己、真实的自己。

过真正的生活,不管从什么时候开始,都不会太晚。跳出命运,才是命运赋予我们的意义。如果你的前半生为别人而活,请把后半辈子还给自己。从心出发,重新设计你的人生!

你愿意和我一起成长,活出精彩淋漓的人生吗?

我在这里等你。

晓月

个人品牌商业教练
知识IP创业导师
国际注册管理咨询顾问

扫码加好友

晓月 BESTdisc 行为特征分析报告

ICDS 型

8级　工作压力　行为风格差异等级

新女性创造社

报告日期：2022年06月26日
测评用时：06分47秒（建议用时：8分钟）

BESTdisc曲线

自然状态下的晓月

工作场景中的晓月

晓月在压力下的行为变化

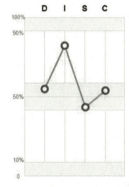

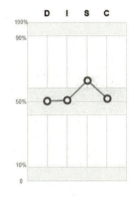

D-Dominance(掌控支配型)　I-Influence(社交影响型)　S-Steadiness(稳健支持型)　C-Compliance(谨慎分析型)

　　晓月注重事实，讲求实际，留意和记得具体细节，小心、深入地逐步迈向结论。她积极向上，喜欢追求知识，又能传递知识，经常提出有力的主张，赢得别人的尊敬。晓月工作时，以身作则，重视并表现出技术性的专长。充满活力的她，喜欢主动与人交往，也不乏沉静、友好。

离开奋斗了10年的职场，我靠这项技能华丽转身

从"菜鸟"到高管，打造职场核心竞争力，成就更好的自己。

西湖的夜色真美，尤其是那一轮皎洁的中秋月。我穿上新买的旗袍，摇着苏扇，听着软糯的评弹，开启我裸辞后为期10天的旅行。这10天，是我送给自己过往10年职业生涯的完美句号。

10年间，我从一个刚出校门的大学生，成长为带团队、扛业绩的事业部总经理；从一名咨询顾问，成长为高级工程师；从一个涉世未深的小姑娘，嫁为人妻，如今是两个女孩的母亲。

工作第3年，我结束产假，升职加薪；第7年，在产假期间晋升；第8年，我选择放下过去的成绩，从0开始，到一家新型创业公司任职。历时3年，我从一个人，做到一个部门，再做到一个事业部。

我曾在孕期连轴加班，准备项目验收资料；怀孕5个月的时候，出长差交付项目；怀孕第8个月离开项目现场时，客户才知道我怀孕了；我曾同时交付5个百万级的IT项目，压力最大的时候，深夜赶完方案，只身一人淋雨走回酒店，甚至没有吃饭的力气。尽管彻夜无眠，第二天依旧化好妆容、元气满满地解决工作难题。

35岁前，我全力以赴拼事业，收获颇丰。到了35岁的关卡，我开始焦虑：多年来，事业与家庭始终无法平衡。

我不是称职的女儿，尽管父母在身边，但是被工作填满的我，就连陪他们吃顿饭的时间都没有，母亲曾对弟弟说："你姐姐太忙了，忙到似乎忘了这个家。"

我不是合格的母亲。大女儿上幼儿园 3 年,我只接送过三四次;上小学后,班级经常组织活动,女儿每次都会兴冲冲地邀请我参加,可我一直抽不开身。女儿们的成长,我总是无暇参与。她们是我生命中如此重要的一部分,可为什么所有事情都优先排在她们前面?每当我深夜回家,看到为了等我而熬得双眼通红的女儿,我的心里五味杂陈,对孩子的亏欠,让我陷入深深的自责。

这是我想过的人生吗?这是我努力奋斗多年,想要给孩子的生活吗?我对工作忠诚,追求职场成就感、掌控感,这些对我的家人来说,意味着什么呢?未来即使我进入企业的管理层,饭局上的虚与委蛇、企业里的钩心斗角,这些是我想要的吗?不是。生命短暂,继续在企业打拼,是保守的选项,而跳出来,走一条向往已久的路,是我给自己的勇气。我希望通过言传身教,让女儿看到,在任何年纪,都可以勇敢逐梦。我坚信,即便离开职场,我依然可以闯出一片自由的天地。

前奏:未来,开始行动就好

辞职后的日子,我经历了一段摸索期。我只是确定要自主创业,但具体要做什么,没有想好。

库克曾说:"对未来之事,你无法真正准备好。"就像备考的学生,如果高考不来,就会一直准备,永远不会真正准备好。于我而言,做一件事情,最重要的不是万事俱备,而是开始去做,并做好攻坚克难、坚持到底的心理准备。

我探索了 3 个月,考察了三四个项目,直到遇见薇安老师,参加"21 天个人品牌创富营"之后,才意识到:这是我想走的路。

我选择打造个人品牌,主要有三个原因:

第一，这是时代要求

经济形势已经逐渐发生变化，从最初的产品时代（有产品，就有机会），过渡到质量时代（产品质量好，才有机会），再到现在的品牌时代（有品牌，才有机会）。对于个人而言，再小的个体，都可以是一个品牌。

第二，这是深耕方法论

我曾经接触过近200个想要转型的同学，真正跳出来的不足10%，其中有身居高位、管理大型企业的高管，也有专业能力极强、有丰富经验的专家……一身才华，却无处发力，百般摸索而不得法，无法通过专业能力变现，最后感叹，人很难用热爱赚钱。事实真的如此吗？

在"21天个人品牌创富营"中，我看到那么多把热爱做成事业的成功案例，实现自身价值倍增，收入远超职场。不是事情本身不行，而是需要掌握正确的方法。

第三，这是个人成长必修课

做个人品牌是一场修行。过去，我只是认同要成为一个长期主义者，但并没有深刻的感受。当我真正开始深入学习并努力践行的时候，才发现，长期主义是个体价值的根基。

打造个人品牌需要专业的知识体系做支撑。如果没有长期主义思维，便难有深厚的积累。要想在这条路上有成果，则必须夯实自己的知识体系，持续、系统地输出，用知识和经验帮助他人有效地解决问题。

互联网时代带给我们的除了商业环境的变化、技术的改变，还有极度的透明，这要求每一个做品牌的人，都必须诚意正心。因此，在个人品牌这条路上,在完善知识体系和营销体系的同时,需要做真实的自己,以极致利他之心,帮助真正有需要的人。

三个原因,成为我选择做这份事业的初心。让自己正向成长,用我的专业,帮助身陷迷茫、找不到方向的人。

确定了目标,我便开始行动。我有 10 年 IT 项目管理咨询经验,其中,带教能力、知识体系搭建、沟通方法等均可以迁移,同时,我在薇安成长商学院一边学习,一边实践,一个月左右便开始有收益,并招收了私教学员。

现在的我,注册了自己的公司,同步开展企业和个人业务。我有足够的时间留给家人,每天陪他们吃早餐,关注女儿的饮食起居;关注父母的健康,鼓励他们做喜欢的事情,寻找自己的价值;我每天运动、读书、听课,观照自己的内心,冲一杯咖啡,写一点文字,陪伴学员成长,见证他们的蜕变……我发自内心地觉得,这份事业任重而道远,值得我全力以赴。

知识体系,是人生进阶的必备要素

相信很多人都在践行自我精进这件事,可是,怎样做更有效呢?为什么有的人自律了很久,却一直没有突破呢?这要从知识体系说起。我较强的学习能力和较高的工作效率,正是得益于知识体系。在学习任何东西的时候,优先关注它的知识体系,就会达到事半功倍的效果。

拥有知识体系,让我在职场快速进阶

我 2011 年参加工作,最初做项目管理咨询。3 年后,就开始独立带团队做项目,并为客户快速撰写百万解决方案,这源于我对项目管理体系和咨询方法知识体系的系统化梳理。

我参加的第一个项目是为一个百亿级大型国企做咨询,自此接触了咨询方法论。后来陆续参与百万、千万级的咨询项目,我发现,无论规模大小,咨询流程和交付流程用的方法都可以概括为一套方法论。想要快速成长,首先应该熟悉项目流程,然后逐一击破,就会更容易、更高效。

知识体系,通俗地讲,就是解决一类问题的方法。有了这套方法,你就能够稳定、有效、系统地提升效能。当积累到一定程度时,你会发现,那些棘手的问题,会因为你提炼的方法,迎刃而解。

知识体系是习惯的基础。例如,有的人做事毫无章法,而有的人做事井井有条,区别就在于是否掌握了知识体系。由于在知识体系上深耕,我脱颖而出,实现在职场快速进阶。

掌握知识体系,助我轻松转型

掌握不同的知识体系,便可以轻松转型。你所做的事情、学的知识、掌握的技能,背后都有知识体系作为支撑。它可以让你快速适应某项工作,当然,你也可以把它做成产品。当今,拥有知识服务的能力,便拥有了知识迁移和轻创业的能力。

在职场中,我除了研究咨询的知识体系之外,还深度钻研了项目管理的知识体系、解决方案式产品的知识体系。

在服务客户的时候,我的主要工作是,深入了解客户的项目管理现状和预期、调研客户的情况、梳理解决方案。项目管理是横跨多个部门的业务,要梳理的业务通常比较复杂,要沟通较多部门,涉及的数据量较大。长期的积累,锻炼了我总结、提炼的能力,让我能够从复杂的信息中抽丝剥茧,找到问题的关键,梳理成有条理的解决方案,提供给客户,这其实就是知识提炼的过程。

我在与合作伙伴的沟通中,得到最多的评价是"清晰"。决定转型后,我认真梳理了自己过往的技能,发现"清晰"来源于我的知识体系梳理能力。知识体系梳理能力,是每个人都需要的,却不是每个人都具备的。

发挥自己的强项,帮助他人,助力我在裸辞后3个月找到转型方向,并在短时间内成为一名能够为学员赋能的个人品牌商业教练。

知识体系助力我完成个人品牌打造的闭环

打造个人品牌是一个综合性的命题,在摸索的过程中,我发现以下这几点极为重要:

第一,有帮助客户的能力。这是我们安身立命的根本。稳定的帮助客户的能力,需要知识体系作为支撑。

第二,有销售产品的能力。产品销售出去,才有现金流,品牌才能持续生存。

第三,值得信任。它决定了品牌的生命周期。真正的长期主义者,都是持续经营自己口碑的人。

如何打造知识体系(个人品牌打造知识树)

凭借多年梳理知识体系的经验,我整理了一套可直接落地使用的模型。

QMSHE 知识体系梳理模型

 第一步,找到问题

学员在这部分经常遇到的困难是,想要解决多个问题,反而无法着眼于一点,拖延行动。在找目标的时候,我们先将已知的内容梳理成一套知识体系,逐步迭代。"不积跬步,无以至千里。"可以构想蓝图,但一定要先从小处行动,避免大而全的完美主义,迟迟不开始。

第二步,梳理动机

想清楚你为什么想要解决这个问题,解决这个问题的好处和不解决这个问题的坏处分别是什么。比如,有人说,我不够自律,总是坚持不下去,但其实,自律的根源是动机,想明白你真正想要的是什么,坚持就是自然而然的。

第三步,明晰步骤

梳理解决问题的流程,写清楚具体步骤。一方面,梳理自己的工作;另一方面,积累素材,借由素材,给客户讲清楚,你将如何帮助他。

第四步,确认操作

通过并清楚每一步骤具体要做的内容,对每一步进行拆解,可以将服务做到标准化。技能型服务(如美容、摄影)相对容易拆解,但销售类、管理类技能则很难提炼具体的操作步骤,这也是这类内容需要梳理知识体系的原因。

第五步,找出例外

除了上述四步,还会有一些例外的情况,如突发情况、特殊情况等,统一在例外中进行归类。

不同人群如何搭建知识体系呢?

如果你是健身教练，拥有指导和帮助学员健身、塑形的技能，就可以将技能细化，拆解成微小的知识体系。例如，马甲线养成的知识体系，便可以做"XX天教你练出马甲线"的产品。

如果你是职场人士，工作汇报是你的强项，你可以梳理出如何做高效汇报的知识体系，便可以做"教你有效汇报工作"的产品。

如果你是全职妈妈，经过多年实践，能快速做出美味、营养、高颜值的早餐，那你可以将如何做出孩子爱吃的营养早餐作为知识体系，做出"教你做营养、美味的快手早餐"的产品。

如果你的沟通能力很强，那你可以梳理出如何进行高情商沟通的知识体系，便可以做"如何提升沟通能力"的产品。

……

现在是市场对服务要求非常精细化的时代，只要深耕，处处有空白。如果你有转型的想法，那么认真梳理知识体系，你也可以轻松做出自己的知识产品，找到新赛道。

问题导向，梳理个人品牌打造知识体系

2021年，我开始接触个人品牌，转型成为一名个人品牌教练。我在学习和实践的过程中，整理了一套个人品牌打造系统。我通过这套系统，帮助学员梳理定位、产品、成交、交付等内容，细化个人品牌，更好、更高效地帮助学员收获成果。

我搭建的这套系统，也是在带教的过程中，根据学员的问题，进行总结和提炼的，可以帮助大家解决难题。

 第一，明确定位

不少综合能力强的学员，反而难出成绩，原因在于不够聚焦。简而言

之,是没有建立完备的知识体系思路,觉得自己什么都可以做。用知识体系来梳理思路,去做能力盘点,可以看见自己的知识地图,定位难这个问题能够很好地解决。

第二,专业提升

有的学员在打造个人品牌的过程中,一开始有很强的爆发力,但是,势能没有递增,反而减弱。运用这套体系进行梳理,能够让你目标清晰,专业得到稳步提升,不会时常感到能量不足。

第三,顾问式营销

先解决问题,再营销,即先取得信任,再成交。那么,如何取得信任呢?就是客户或学员相信我们能够为他解决问题。和客户彼此看到,建立信任基础,而后成交。顾问式营销的前提是,需要具备足够的专业能力,聚焦于自我精进,从而打造增长闭环。

第四,高质量交付

在交付过程中,通常有两类问题,即咨询问题和项目管理问题。

对于咨询问题,在教练和学员沟通的过程中,会出现问题发散、不够聚焦的情况,浪费了时间,却没有找到问题,导致交付不精准、质量下降。咨询体系能够给我们一套诊断问题的标准方法,通过这套方法,更精准地发现问题,快速积累经验,实现高质量交付。

对于项目管理问题,带教的过程等同于项目管理,但由于教练缺乏相关经验或能力,不能很好地进行目标管理,导致带教效果大打折扣;而通过项目管理,搭建陪跑体系,规划目标和行动,从而提升带教能力。

第五，突破卡点，建立成长思维

无论是决策卡点、心理卡点，还是行动卡点，突破卡点是成长的重要步骤。我在带学员成长的过程中，深深地受益于这一思维。通过突破卡点，我戒掉了内耗，不断向内修炼，赋能他人，从而发生了真正的改变。

如何通过梳理知识体系，助力个人成长

通过梳理知识体系，我帮助了许多人成长。

案例一：知识体系助力产品孵化

D总是一位优秀的创业女性，互联网商业做得风生水起。她帮助以前工作过的企业的新品做线上推广，成绩斐然。后来，她自己创业，想做这个方向，又觉得行业涉及面广，不好聚焦，所以一直做不出自己的产品。

经过我的分析，D总有两个问题：

第一，没有从自己能够解决的问题的角度出发。对细分行业的选择，需要更深层次的思考，除了市场需求和兴趣之外，最重要的是自己能够提供什么价值。

第二，梳理知识体系的能力较弱。不能将自己的知识结构体系化，不具备做产品的能力。

于是，我使用QMSHE知识体系梳理模型，重点帮助她梳理了步骤、操作和例外部分，这几个部分组合起来，就是她帮助用户解决问题的实际应用，她可以用来做成服务产品，帮助客户通过线上渠道推广产品，还可以将

思路和方法复制给学员,赋能更多学员成为线上品牌营销专家。

老子说:"天下难事,必作于易;天下大事,必作于细。"把要做的事情拆解到位,把每一个细节做好,才能把整体做到位。

案例二:梳理知识体系,助力专业升级

小 A 是一个美容工作室老板,从事美容行业 10 多年,服务一些老客户。她的业务种类繁多,为了更好地服务客户,她从头到脚学了很多知识:徒手整形、问题皮肤护理、推拿、艾灸……每一项都没少花钱,但是生意始终不见起色,基本只有稳定的老客户。到底怎样才能引流、拓客呢?

在使用 QMSHE 知识体系梳理模型帮她梳理完毕后,我们达成一致意见,在她的业务里做了以下三个方面的调整:

第一,让专业更专业,提升服务品质

我帮她用能力盘点表做了知识体系梳理,她确认帮助客户改善问题皮肤、打造素颜美肌是自己擅长的专业领域,于是,我建议她勇敢地断舍离,聚焦在专长上,强化专业度。专业的第一要求就是解决具体问题,不能宽泛,不能什么问题都想解决。

第二,让解决方案成为产品,提高交付价值

确定方向后,我建议她提升专业度,为客户提供高价值服务。很多时候,商家卖的是单个产品,但对于客户而言,需要的并不是产品功能,而是解决方案。例如,我不是想买保湿产品,而是希望我的皮肤润泽、亮白。因此,我帮她制订了素颜美肌解决方案,让产品不是简单地为客户提供保湿或祛斑服务,而是为客户提供个性化定制方案,为结果负责。

第三，交付流程标准化，一份时间销售多次

将交付流程标准化，不仅提高服务质量，还让更多的人学会技能，一份时间，多次销售。

第四，知识体系搭建示例

从问题入手。通过对小A掌握的多种知识进行分析，选出她深耕最久也最专业的解决问题皮肤的主题，确定研究方向——帮助客户解决问题肌，实现素颜美。

从动机切入。分析为什么素颜美重要？让皮肤变美的方式有两种：疏和堵。疏是通过调整皮肤代谢，让皮肤逐渐自我调节，实现较为良性的循环。即使素颜，皮肤依旧通透、干净。堵是通过遮盖的方式，让肌肤看上去很美。例如化浓妆，缺点是皮肤老化较快，日常操作复杂。作为一名资深美容师，她希望帮助每一位女性拥有素颜美。

从步骤落实。区分重要与次要事件，将步骤排序做好，打造循序渐进、有逻辑、严谨的体系。

我和小A深度沟通了她日常的工作方式，梳理了服务步骤。例如，客户基本情况收集、皮肤诊断、目标确定、解决方案、状态监督等，并为她梳理了每一阶段应该配好的工具，提高效率和专业度，有助于她带教学员。

从操作细化。服务型工作的实操指导，是保证服务质量的重要因素。梳理操作细节，以实现在实操过程中，客户体验差异最小化。例如，将皮肤诊断分为皮肤类型诊断、问题肌诊断等。

从例外补充。除此之外，在实操的过程中，会遇到其他情况，另作补充。

案例三：知识体系+个人品牌，助力学员搭建商业闭环

小G是一名IT工程师，即将35岁的她，不甘于平平淡淡地过一生，她

希望能够做些什么,去帮助更多人,进而实现自己的价值。

曾经,她的体质很差,常年生病,经过多年求医问药,找到了调理身体的产品和方法。当下,很多人深受亚健康状况的困扰,所以,她想将自己多年积累的经验分享出去,让更多人受益,于是,她开始深入地学习健康方面的专业知识,同时开始做副业。在这个过程中,她不清楚如何精准定位,不知道如何获客,也不了解开课的流程……

我通过以下三个步骤,帮小G在一个月内推出了MVP产品,搭建了产品闭环体系,并且实现变现。

第一步,聚焦定位。小G最初的定位是亚健康方向,但是,亚健康是一个深且广的领域,如果要专业地服务客户,掌握全面的知识体系是一件高难度的事情。从知识体系梳理的角度,我建议她聚焦女性亚健康调理,优先做好这一部分,再逐步完善。

很多时候,从教练的角度看,聚焦定位是一件简单的事情,难的是学员需要取舍,聚焦才能专业,专业才有价值。

第二步,梳理产品。我帮她一对一梳理MVP产品。从产品名称,到课程框架,再到课程内容,我们经过反复沟通,逐一拆解、细化,最终敲定训练营课程的各项内容。产品一出,就成交20多单,小G实现了第一步突破,信心倍增。

第三步,赋能顾问式营销,搭建商业闭环。MVP课程是学员认识你、信任你的基础。课程是标准化的,而交付是多样性的。我用咨询经验帮小G设计了顾问式交付和营销,赋能学员,有针对性地解决学员的问题,并在这一步成交了高级课程。

有了MVP作为基础,才有高级课程,高级课程还能继续引流到MVP,一个完整的闭环,变现持续增长,结果喜人。小G在我的指引下,顺利完成了从0到1的商业闭环尝试。

结语：成长是不断迭代的过程

那个在 20 岁以前，连北京天安门都没见过的山村姑娘，如今载着梦想，带着使命，一路前行，一路突破，拥有了崭新的人生。

梳理知识体系，过有积累的人生

25 岁时，我希望工作顺利，在积累中成长。经过长期摸索和实践，我意识到，有成果的人相较于职场普通人，更善于搭建知识体系。搭建知识体系，让知识系统化，能够提高学习和工作的效率；搭建知识体系，做事有章法、更专业，可以实现自我增长。

打造个人品牌，过有使命的人生

30 岁时，我希望成为一个更有价值的人。在成长和探索的过程中，我找到了深耕的方向——帮助他人打造个人品牌。我深刻地意识到，个人品牌是一个承诺，是我人生的灯塔，它赋予我重大的使命感。我会整合我的优势，将知识体系梳理和个人品牌打造有机结合，希望每一个愿意潜心深耕的人都善用这套方法，以匠人之心，积累式成长，创造更多价值。

成为光，成就更多人

自我探索和成长的过程，实属不易。如果你找不到自己的核心竞争力，如果你没有方向，不懂方法，或者有技能，变现难，像曾经的我一样，迷茫、不知所措……我会用我的经验和专业，陪伴你走过一段旅程，助你提炼你的知识体系，帮你找到你的使命和价值，建立个人品牌，成为更好的自己。

大靓

服务过多家行业排名全球第一的企业
职场类公众号"大靓的雪球"主理人
中国科学院硕士

扫码加好友

大靓 BESTdisc 行为特征分析报告　　　新女性创造社

DC 型

0级　无压力　行为风格差异等级

报告日期：2022年06月26日
测评用时：03分59秒（建议用时：8分钟）

BESTdisc曲线

自然状态下的大靓　　　工作场景中的大靓　　　大靓在压力下的行为变化

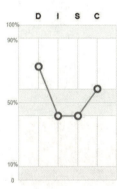 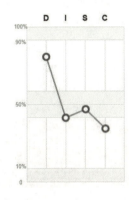 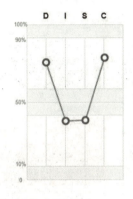

D-Dominance(掌控支配型)　　I-Influence(社交影响型)　　S-Steadiness(稳健支持型)　　C-Compliance(谨慎分析型)

　　大靓是个当机立断而且强势的主动开拓者。竞争、行动自由的环境很适合她，她会坚定不移地推动自己和他人为取得成效而努力。大靓警觉性高，善于洞察和分析出现问题和麻烦的可能性。她通常会表现得有自信，而且相当有组织性，她能胜任要求苛刻、具有挑战性的事情。

用确定的成长，打败不确定的未来

35岁前,思维认知攀升;35岁后,利他共赢。年薪超百万的职场高管这样做。

35岁前，快速成为职场精英；35岁后，要为下半生打算

我叫大靓，是一名年薪过百万元的职场高管。

在中科院硕士毕业之后，我以5000进1的概率，进入全球排名第一的日化品公司，成为管理培训生。后来，我转型加入一个国内排名前三的互联网大厂，职场角色先后经历了销售、运营、战略、数字信息等，凭借优异的业绩和行业浪潮，工作10年，年入超百万元。

我操盘过数亿元的项目，发布过零售科技前沿的智能产品，从0到1，推动百年企业数字化转型。我也帮助过很多下属和朋友，在职场不断地成长进阶，他们有的跳槽到了更好的行业，工资翻倍，有的连升几级，收入节节高。

我认为,35岁是重要的分水岭。35岁之前，思维和认知要持续攀升，不论是职级，还是收入，都要尽可能取得更高的成就;35岁之后，在职场上

必定会出现艰难的考验和重大转折,要为人生的下半场提前铺路。

因为读研究生,我比一些同龄人晚3年进入职场。30岁那年,我虽然在一家不错的公司工作,但是职级和收入都不算领先。为了寻求财富翻倍和个人跃迁的可能性,我从传统公司跳槽到更前沿的互联网大厂。

跳槽前,我特别担心。一方面,身边很少有朋友去互联网公司,不清楚里面究竟怎么样;另一方面,听说工作内容全新,强度极大,淘汰很无情,不知道自己能否坚持下来;再有就是,这份工作需要长期异地,而孩子当时才一岁多……尽管我不确定之后的回报能否覆盖这些代价,但我还是坚定地迈出了这一步。

很快,我的担心成了现实。入职没多久,我接到了3000万元的招商指标,且限于40天内完成,不然过不了试用期。我之前没有做过陌拜招商,手上一个客户也没有,业务从0开始学起,一只脚就踩在团队末位淘汰线上。

来不及慌张,棘手的问题来了,迎难而上就是。我冷静地坐在桌前,制定目标,做出一份破釜沉舟式的拜访计划。那段日子,我想尽各种方法,找到200个目标客户。通过电话沟通和实地拜访,约见了80多个陌生客户。每天连续讲8～10个小时,修改、优化20多遍方案,准确地把握重点客户的需求,力求一击即中。最后竟然在40天之内,超额完成指标,很多客户成为我长期的合作伙伴。

后来,我的业绩年年排名前列,管理的业务范围越来越大,陆续负责了商务、运营甚至策划智能产品,很快实现收入翻倍。经过这些事以后,我不再惧怕那些看起来如山般大的压力,也不担心行业和岗位变化,更加敢于追求自己理想的行业和角色。

我逐渐拥有了让职场人选择自由的思维和方法,按照自己追求的,跨行业加入理想的公司,并从事过去从未接触过的战略和数字信息等岗位,收入持续增长。

我本以为职场生涯可以一直这么顺利下去。直到过了35岁,我才明白职场中年人要面对更加现实的挑战。

当来到更高位置、拥有更高收入时,我突然发现,这时,职场的结果,取决于个体努力的部分在变少,而人和运气的因素在变多,向外选择的机会骤减。与此同时,身边多位优秀的同事和朋友遭遇裁员,他们中不乏百万年薪、为公司贡献过杰出战绩的人,却无一不超过35岁。

我突然惶恐,不像以前那样,有确定的把握,能在这样的级别和位置上拥有持续工作的机会。

经过冷静的观察和分析,我意识到后浪替代前浪是企业用人的必然规律。对于35岁、40岁甚至更大年龄的人,被公司边缘化和冷处理,是常见的现象。对35岁后的职场人来说,最大的确定就是不确定性。而在家庭上,我也面临着重大考验。孩子开始上小学,需要花精力辅导,帮助他养成良好的学习习惯;家人突然查出重症,需要休养和悉心照顾。我很想腾出一些时间来关注和陪伴他们,但是高压的任务和激烈的竞争,让我不得不长时间工作,以保住我的职位和收入。这样的矛盾,让我长期陷入自责。

面对职场的压力、家庭的问题,我严重焦虑,一度失眠,身体敲响了警钟。

我反复问自己一个问题:如果真有一天,我因为年龄大、市场变化等原因失去工作,我该如何保障家庭的生活质量,如何体现自己的生命价值?

归根结底,问题的实质是:职场人的收入单一,一旦失去工作,就什么都没有了。

直觉告诉我,如果要拥有持续赚钱的能力,拥有持续选择的自由,就必须尽早寻找职场外的收入方式,以应对单一收入所带来的断崖式风险,为下半生的家庭生活和人生发展做充分的准备。

为了找到职场人的第二种收入解法,寻找成功的榜样,我报名学习了很多课程。由于一个特别的机缘,我结识了新女性创造社的创始人薇安老师,了解到个人品牌这个赛道。我惊喜地发现,这里有我追求的靠谱的方法。

首先,打造个人品牌可以在职场外的时间进行,有体系化的实现方法,甚至还会辅助主业;其次,可以充分利用自己过往的经验,打造并销售差异化的产品和服务,起步成本低;再次,只要用正确的方法,十几亿人中总有一群人会成为自己的用户,这种工作方式,不会受限于年龄或者雇佣关系,可以做很久；最后，也是最重要的，每个人都希望对社会有价值，而建立个人品牌，可以让普通人力所能及地帮助和影响更多人。

薇安老师曾经是年薪百万元的职场高管。她利用业余时间，进行个人品牌方向的探索。几年后，她的学员遍布全国各地，甚至海外，副业变现远超过职场收入，于是，她全职创业，创造了不菲的价值，还拥有可自由支配的时间。

我追求的，就是这样的结果。

我立刻行动，在职场时间之外，开始规划第二曲线，建立个人品牌。没想到，我的生活状态因此发生了巨大变化。

第一个改变，停止内耗，不再焦虑，取而代之的是具体行动。在职场上，我运用在个人品牌课程上学到的知识，思维得到升华，收获了优异的业务成绩和良好的人际关系；在职场外，每天坚持实践。比如，每天至少发布6条原创朋友圈，至少和30个新朋友交流，坚持写一个高质量的职场成长脚本，进行一场直播，写一篇公众号文章等。

第二个改变，养成健康、高质量的生活习惯。以前，每当压力大的时候，我便晚上睡不着，早上睡不醒。现在，为了高效地利用业余时间、有饱满的精神状态，我早上6点准时起床，晚上定时锻炼；为了良好的个人形象，我改变了饮食习惯，一个月减重10斤；我学会了科学分配时间，利用番茄工作法，不断地优化职场内外的产出效率，不舍得浪费一分钟，反而工作、学习、陪娃都没耽误。

第三个改变，我完成了职场外第二曲线的模型设计，并专注于自己的强项，发挥价值。

陪伴职场年轻人成长，提升思维，实现高效晋升

我在职场一路飞速成长，拥有不错的级别和收入，关键是进入了一家好公司，朝夕相处的同事足够优秀，并得到厉害的老板的赏识，对我悉心地指导。从他们身上，我学到了高效能的思维和方法。

因此，我想用我的经验，手把手帮助职场年轻人调整思维、扎实落地。比如，怎样设定目标，取得卓有成效的结果，产生影响力，进而顺利晋升，向上管理，抓住跳槽的关键机会，收入翻倍，完美地转行、换岗等。毫无保留地助力他们顺利度过每一个关键节点，让他们在职场尽早掌握选择的自由，一年顶三年。

帮助职场中年人平衡主业、副业，制订个性化方法，建立个人品牌

我经过长时间实践，摸索出一条职场以外的可持续的收入路径。因为深刻理解职场中年人的不易，所以，我更想帮助像曾经的我一样迷茫、无助的你。

无论你是销售员、人事专员、培训师，还是设计师、产品经理、老师、医生……只要你需要第二收入，就一定要掌握分配主副业时间的管理法，分隔人脉圈，在零基础的情况下，快速启动。我可以身体力行地带你起步，助力你在个人品牌事业的道路上，滚出大大的雪球。

积极成事，追求卓越，获得更好的个人结果

在职场上，个人贡献者和管理者的花期，都不算长。在个人贡献者阶段，要尽快形成积极成事、追求卓越的思维习惯，充分利用好一到两次的跳槽机会，快速超越身边人，到达更高的层级。

我的下属 Fanny，在工作第 8 年时，收入是同期伙伴的两倍，带十几人的团队。在这个过程中，Fanny 的两个工作习惯和一次关键跳槽，是在我的指导下形成和完成的。

Fanny 和同期伙伴小 K 都是我的下属。Fanny 对待业务积极正向，行动力强，始终专注于如何把事情做成；小 K 则容易看到困难，陷入纠结中。

有一年冬天，公司计划打一场大促。目标定得高，准备周期短，资源有限，尤其是系统后台的营销工具简陋，运营又策划了很多营销玩法，导致产品研发的压力巨大。

Fanny 和小 K 也投入到了紧锣密鼓的规划中，分别交给我两份汇报。

Fanny 对问题做了简单罗列，就奔着解决方案去。强调当下关键是用最短的时间完成产品开发，达到大促目标，所以不宜大动架构，而是要投入优势研发力量，攻克重要需求。次要功能可能对大促结果起到黑马作用，同时因为研发人员跟不上，她就主动联系了外部机构，补充外包研发人员。她还做了两份风险预案，并规定了压力测试的时间，以确保大促的系统稳定。

小 K 的汇报大量篇幅在描述困难。比如，后台有很多不稳定的地方，要解决就要推翻过去的架构重来，至少需要 3 个月；营销需求有诸多不合理之处，会导致重复开发；研发人员少，无法完成这么多任务，因此，必须砍掉一部分需求。

通过这两份报告，Fanny 对比小 K 在思考方式和行事方法上的差异立刻显现：一个专注于成事，有明确的优先级，高效行动；另一个着眼于困难，缺乏目标感，容易陷入内耗。最终，我采纳了 Fanny 的方案，让小 K 和产研团队全力配合她。这场大促虽说过程很吃力，但我们顶住多方高压，最终捏着一把汗完成，销售业绩可喜。

Fanny 一贯"追求卓越的结果"，小 K 则是"完成老板交办的任务"。

有一段时间，公司出台了一系列扩大外部商家规模的政策。这些政策的落实，既需要业务人员与商家宣传、沟通，还需要产品人员开放后台工具，要确保操作简单，商家易上手。

Fanny 和小 K 快速开发了各自的产品模块。出乎意料的是，产品上线后，外部商家没有出现预想中的"不会用、不愿意用"的问题。直到后来，我看到商家端流传的一份画册，才明白 Fanny 在背后下了多少功夫。

Fanny 预测产品上线后，最大的卡点就是外部商家操作难，于是，她一方面培训内部业务人员，由他们负责教会外部商家；另一方面，她花了几天时间制作产品画册和短视频，分发到每一位商家手上，方便他们在遇到问题的时候，能够找到解决方法。相比之下，小 K 只做了分内工作——完成产品开发。

从 98 分到 100 分，小小的 2 分之差，背后则是用心和有效的付出，这恰恰也是决定成败的关键因素。

以积极的心态看待问题，专注成事和行动，追求卓越的好习惯，让 Fanny 的业绩一直优于其他同事。

第二年，Fanny 面临职场生涯中最关键的一次跳槽。她想在 3 年内实现工资翻倍，晋升两级。她来找我，想听听我的建议。

综合考虑 Fanny 的情况，我建议她下一步应该选择大厂的核心业务，并争取带团队的机会；必须专注于主流核心业务，在以后的市场上，才有更多的选择机会；要实现工资的翻倍，依靠个人贡献远远不够，必须尽快进入管理层；趁年轻，去优秀人才密度大的平台，拓宽视野，不能过早地成为经验输出者。

按照我的建议，Fanny 找到一家大厂，做核心业务，带三个人，但是因为之前没有管理经验，薪资只是略微增长，Fanny 一时间犹豫了。我分析后，认为："公司一线，业务好，团队拔尖，还能做管理，唯一的代价是薪资涨幅不大。这个机会要抓住，薪资以后有机会涨上去。"

Fanny 听从我的建议，选择了这个机会。如我所说，核心业务团队就像一个"大牛棚"，周围的每一位产品和研发同事都非常厉害，她在耳濡目染中，学到了很多技能。这个核心产品在公司内部的业绩很好，团队成员的收入涨幅很快，达到了公司前 30% 的水平。

两年后，一家创业公司招聘产品总监。Fanny 凭借在大厂核心业务的工作与管理经验,应聘成功。现阶段,她带领十几人的团队,收入对比3年前,何止是翻倍。

激励人心,利他共赢,成为拔尖的管理者

从个人贡献者成为管理者,继续向上攀爬并持续站稳,不仅要靠个人业绩,更要尽快学会激励人心,建立利他共赢的思维。向上管理者的位子稀少,必须做到拔尖,才可能拥有先人一步的势能和选择权。

首先,激励人心是在向管理者进阶的过程中必须学会的。

我的一位下属小Q,个人业务能力强,年纪轻轻就升为主管,但是,她刚晋升,我就发现了两个典型问题。

第一,她认为当上领导就是"媳妇熬成婆",高高在上地指挥下属干活;第二,对于效率低、业绩不佳的下属,她经常直接强行干预。新官上任,小Q团队的士气低落,大家普遍不认可她。

我果断和她沟通,并梳理了以下三件事:

第一,调整她对管理者的认知。管理者要承担责任,躬身入局,以身作则,下属做不到的,她要带头做出成果;还要肯受委屈,帮团队扛事,而不是给团队找事;最重要的是,要和团队一起建立愿景和目标,树立共同的价值观,体验并肩奋斗的意义。

第二,制止她不断插手下属做事的行为。事无巨细、大包大揽的主管,会深深地伤害团队——让团队成员无法获得锻炼和展示的机会,更无法激发齐心协力的集体意识。优秀的管理者不仅要聚焦"定准目标、追透过程、拿好结果",还需要主动后退,留出充足的时间和空间,让团队成长。

第三,视人为人。好的管理者不把下属当"工具人",而要善于发现每个人的优势,合理分工,有序安排工作内容,激发成就感,让下属通过工作实

实在在地成长。留心表现优异的员工,以及员工遇到的困难,经常肯定其付出,及时出手相助,让每个员工被尊重、被信任。这样的管理者,团队成员会更加信任她,更愿意追随她。

小Q听进去了,开始改变做事行为和用人态度。慢慢地,她从不被团队接受,到全员力挺;团队从业绩垫底,到成为公司当年的增长"黑马"。

除了激励人心、拥有格局和利他思维,总能从高层视角看待问题,力所能及地帮助领导和协作部门成事,是打开进阶大门的助推器。

H工作10年后,跳槽到一家公司担任中层管理,负责核心业务,带领50多人的团队。"空降"不容易,业务一时陌生,团队成员对他不信任,让他难以站稳脚跟。

他向我咨询,我建议:

首先,放平心态,接纳现状,顺势而为。放下不愉快、不顺畅的情绪,正视现状。冷静地思考和清醒地观察,是解决所有问题的基础。在这期间,抓紧一切时间熟悉业务,通过数据、资料,与各部门聊天等方式,迅速建立对公司业务、组织架构、流程链路的深度了解。

其次,毕竟H是总经理招进来的,我建议他优先分析总经理目前最需要解决的问题,应该如何尽力帮助总经理。H了解到,总经理不喜欢太软的管理风格,导致团队缺乏斗志和狼性。公司正需要尽快转型,发起第二次创业,需要H的团队尽快调整状态,挑起大梁,那么就把尽快解决总经理的问题作为第一要务,安排接下来的业务和组织调整工作。

再次,提拔有自驱力、正面价值观的下属。迅速从团队中挑选态度积极、肯做事的年轻人,大胆地安排他们牵头重点项目。在背后努力给这些人争取资源,创造向总经理汇报工作、展示成绩的机会,成就他们。带大家打几场胜仗,激发团队信心和凝聚力。

通过快速建立与公司权威领导层的信任,力所能及地协助上下游部门负责人,帮助和成就更多下属,做成人达己的事情。就这样,H在新公司很快站稳脚跟,逐渐掌握主动权;一年后,他再次晋升,同时管理3条业务线和百人团队,发挥出更大的价值。

追求优秀的职场结果，绘出人生第二事业曲线

我总结了身边30岁出头做到总监级别、年薪领跑同龄人的朋友，得出一个结论：在职场上，不论是做好个人业绩，还是当好管理者，都有相通的思维习惯、清晰的路径。而这些，是完全可以通过训练和实践来掌握的。

过去几年里，我手把手辅导过很多下属和朋友。

有人目标激进，希望35岁前达到年薪百万元。按照我给出的"一线平台＋规模团队＋快速带人＋不计城市"策略，30岁时，连升两级，管理几十人以上的团队，后来跳到中型公司，年入80万元起，团队规模近百人，百万元年薪指日可待。

有人希望循序渐进地成长和快速涨薪。根据我建议的"新行业、新公司、新岗位"常新策略，他们主动加入传统公司新设立的数字营销、O2O、信息化等部门，按照自己的兴趣，从渠道管理转做内容编辑、在线运营、数据分析，不惜从零开始学习。后来，靠复合背景，被其他传统公司的数字部门、新锐品牌公司的运营部门，以翻倍的工资挖走。

还有一位朋友，起步只是一名销售助理，根据我教她的"利他共赢思维"，以及向领导汇报工作的具体方法，得到新任领导的赏识，成为其左膀右臂。这位领导跳槽时，带她去了新公司，她一跃成为新部门的销售副总监。

我还给很多下属、同事做过跳槽咨询，帮助他们在职场转型的关键节点选对公司和岗位，并通过简历包装、面试模拟和巧妙谈薪，拿到理想的offer。时至今日，他们有的已经第二次、第三次跳槽，职级和薪资均胜过大部分同龄人。

对于职场年轻人来说，拥有职场成功者的思维和认知，已然成功了四成，剩下的六成，则依赖于可落地的实践。如果你身边有一位经历过这些实战、获得了职场优异结果的教练，能够实时帮助你、指导你，那么，你一定会比同龄人更快速地晋升，取得好结果，实现一年顶三年的职场飞跃。

我就是这样的职场教练，是职场年轻人身边的高能隐形导师，在你需要的时候，给予点拨，陪伴模拟实战，助力你职场进阶，绘出人生第二事业曲线。

我希望年轻的职场人，可以拥有燃情岁月，快乐工作，更希望你在人生下半程，仍保留尊严，续写价值，过自己能把握的生活。

杨晓华

10余年法官经验、20余年律师经验
公司重组并购破产管理律师
律师成长教练、NLP导师

扫码加好友

杨晓华 BESTdisc 行为特征分析报告

SC 型

0级 无压力 行为风格差异等级

新女性创造社

报告日期：2022年06月27日
测评用时：13分53秒（建议用时：8分钟）

BESTdisc曲线

自然状态下的杨晓华　　工作场景中的杨晓华　　杨晓华在压力下的行为变化

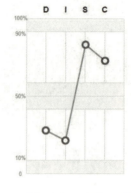
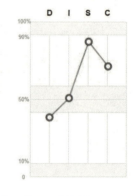

D-Dominance(掌控支配型)　I-Influence(社交影响型)　S-Steadiness(稳健支持型)　C-Compliance(谨慎分析型)

  杨晓华友善包容、谦恭谨慎、温和亲切。她努力工作，追求做事有条理。她愿意倾听别人的想法，会主动适应环境。她对所负责的工作表现出高度的责任心和忠诚度，做事有韧劲，不管多苦，都贯彻始终，确保完成。她有很强的团队合作精神，因此别人会很自然地信赖她。

从以个人事业为主,到与世界温柔相处

从年轻的法官新秀,到心想事成的律界精英。看我如何启智迭代,一路升级。

我是四川瀛络律师事务所主任杨晓华律师。

我出生在四川省广安市岳池县,因一场严重的感冒,导致高考落榜。

17岁考入法院,一边工作,一边学习。历修西南政法大学法律专科、本科,四川大学法律硕士,北京师范大学经济学院应用心理学在职博士。

27岁走上法院审判管理岗位,是本院最年轻的民事审判庭庭长,提名"全国百名优秀女法官"。其间,我曾兼任法院续职教育本科生导师,成为副院长候选人。

本以为一切会朝着理想的状态行进,却事与愿违。

我庭办理的鱼塘承包纠纷案,由我亲自协调领导小组前往执行诉讼保全,现场共同决策,对鱼塘蓄水降位打捞。就在保全执行结束的第三年,鱼塘被洪水破坏,被执行人以法院执行措施不当为由上访,致使我的副院长候选人考察终止。我在上挂中级人民法院工作期间,辞去法官职务,离开工作了16年的法官岗位,成为专职律师。

大多法律人认为,担任法官的法律人所受约束太多,而律师要自由许多。但是,在越来越内卷的社会大环境下,律师这个职业,看起来很美,听起来很阔,说起来很烦,做起来很难。压力大、节奏快,事情多,工作杂,身累,心也累。对于女律师来说,要保证事业、家庭的平衡,取得"双丰收",更加不容易。

11年前,我没日没夜地将全身心扑在法律服务工作上,为社会、为家庭全力付出。寻找案源、接受委托、查阅卷宗、忙于沟通、参加诉讼……像一个孤独的斗士,成了专注法律服务的"机器人",不是在办案,就是在办案的路上,成天精神不振、满面倦容、头发干枯。

可没想到的是,2008年腊月二十八,在处理农民工蒋某某班组劳务费纠纷执行案过程中,我陪委托人前往银行,提取执行案款。从银行出来后,我突然被来路不明的人暴力殴打,导致头皮出现血肿。经群众报案,我被送入成都市第六人民医院。那年春节,我是在医院度过的,虽然省公安厅列为专案办理,但至今仍未破案。直到现在,我对被害过程依旧失忆。

那些年,我和父母、兄弟姐妹等家人沟通不畅,联系不多。在母亲节,我曾经感悟:母亲的世界很小,装满了我;我的世界很好,常忽略她,她好像忘了我们已经长大,就像我们经常忘记她已经变老。我告诉自己,别再嫌她唠叨,多给她一点耐心、时间和爱。与此同时,我和爱人的夫妻关系紧张,生活、工作各忙各的,在各自的世界里野蛮生长,没有交集,由于彼此心有怨气,误解不断加深,裂痕逐渐扩大,最后不得不一拍两散。

人到中年,恢复单身,别有一番滋味在心头。我几乎把所有的时间都给了工作。

子女教育没有效果,儿子正值青春期、叛逆期,面对学业选择反反复复,既拿不定主意,也听不进父母的建议;养女带着原生家庭的不良习惯,我多次和她谈话,苦口婆心,希望她有所改变,但收效甚微;我除了带徒弟,与个别律师有业务合作之外,跟其他同事几乎没有来往。

我的生活里,有一大堆令我焦头烂额的事情,感觉自己和这个世界有点格格不入。那时,我想,这样的生活是我想要的吗?我真正想要的生活是什么样的?有什么办法可以实现呢?

有人说,人最大的自由就是选择的自由,而最大的不自由,是要承受选择的结果。我意识到,如果我不努力改变现状,就得一直忍受痛苦。

十年启智路，一朝心愿成

2012年，我在北京师范大学在职攻读心理学博士期间，无意间接触了NLP（神经语言程序学）。NLP是人类了解自己、超越自己、把握人生的理论与工具，被《时代周刊》誉为"当代最有效的人生管理工具"。通过10多年不间断地学习与实践NLP课程，我战胜了心魔，学会了与周围的人和事温柔、和谐地相处，创造了良好的个人生态环境，活出了内心想要的样子。

现在的我，拥有18岁的身材、30岁的面容、60岁的智慧，浑身洋溢着青年律师的蓬勃朝气：一颦一笑充满青春活力，举手投足间散发出强大的气场，语言表达体现出思辨的智慧。

现在的我，家庭幸福美满。父母均已87岁高龄，身体健康，状态良好，自得其乐，安享晚年。他们不仅能够照顾好自己，还常常帮子女买菜做饭，照顾子子孙孙；家里兄弟姊妹手足情深，团结友爱。

遇到问题时，有钱出钱，有力出力，有智出智，时常相约在父母家团聚，或在餐厅小聚，其乐融融；和现在的先生爱情甜蜜、琴瑟和鸣，在各自的事业上相互启发，在各自家族之间相互扶持；大儿子已经成家立业，可爱的小孙女一岁多了，正健康无忧地成长；小儿子研究生在读，一边专心于学业，一边规划未来；养女笃定于从事医护行业，已经大学毕业，参加工作，在自食其力的同时，也乐于援助他人；我的法律服务事业蒸蒸日上。

我在金融和民间借贷、房地产建筑工程、公司法务等法律服务领域卓有建树，开辟了破产非诉讼领域的新天地，并在事务所组建了房地产建筑工程领域诉讼法律服务核心团队、稳定的破产事务领域的核心专业团队。

2014年，我被聘为广安市政府法律顾问，组建广安市律师协会民商事专业委员会。2017年，被选为广安市第五届人大代表、监察司法委员会委员。现任广安市律协副会长等多种社会职务。

李开复说："用勇气改变可以改变的事情，用胸怀接受不能改变的事情，用智慧分辨两者的不同。"10年来，我在启智的路上，持续突破，迭代升级，平衡身心灵，遇见了心想事成的自己。

活出生命的深度,坚定进取之心

2021年冬天的一个凌晨,我4点多醒来,起床整理深夜写完的材料,简单梳洗后,与先生5:00准时出发。他开车送我到重庆江北机场,乘8:30的飞机前往广州增城,去NLP执行师训练营跟班做助教。这个场景,是我10年来坚持学习的一个缩影。

我本是一个好学的人,通过学习NLP,我越来越清楚地认识到,要保持终身学习的习惯。有问题,更要用学习来解决。学习的动力来源于人生的困境,痛楚越深切,需求越强烈。

2011年,我的法律服务工作顺风顺水,事业小有成就,收入达到金领阶层水平,在法律服务专业领域也有了一定的名气和影响力。与事业成功形成鲜明对比的是,我与丈夫、儿女、同事等人的关系存在种种问题。究竟是谁的问题,应该怎样解决,这个困惑终日萦绕在我的心头,我急切地寻找解决难题的办法。

可能是命运的安排,冥冥之中,我与NLP不期而遇。博士班同学张翔老师仔细诊断了我的问题,建议我学习并践行NLP理论,处理人生的各种困局,突破发展瓶颈。带着强烈的好奇心,怀着改善关系的渴望,我开始了解NLP(Neuro-Linguistic Programming,中文译为神经语言程序学),它是一门研究思维和情绪的规律,知道如何让人的理性与感性协调一致、身心合一,引领人走向正面、阳光、积极、和谐的学问。它能够提高我们的思考力,协助处理情绪困扰,消除心理障碍,提高情感平衡能力,从而掌控自己的人生,建立和谐与良好的人际关系。

想,都是问题;学,就有答案。心动不如行动,我带着家人,直飞山东济南,从亲子关系课程入手,系统学习NLP课程,践行NLP理论。同时,动员身边有同样困惑的亲人和朋友报名 NLP 课程，共同学习、探讨、进步。

我平衡工学矛盾，留出时间，定期去济南、广州、重庆等地学习。越学越有劲头，越学越清醒。我先后学习了专业执行师、高级执行师、萨提亚模式、NLP 导师等课程，跟班当了 3 期助教，通过一系列的考试、考核，逐步成长为 NLP 执行师、高级执行师、导师。不知不觉间，我将个人成长、两性关系、管理能力、沟通力等学了个遍。前前后后 10 年的时间，大约行程 20 万千米，花费 60 万元。

在学习过程中，我有目的、有意识地阅读了《萨提亚家庭治疗模式》《从教练到唤醒者》《非暴力沟通》《自控力》《爱的艺术》等书籍，丰富灵魂，提升心智。通过不断学习与实践，自我提升非常明显，我变得大气、理性、睿智、宽容，内心越来越强大。同时，我建立了良好的人际沟通模式、理解他人的思维模式，富有同理心，善于换位思考，快速建立亲和力和说服力；形成了支持他人的模式，找到引导各方走出困境的途径，特别是在法律服务实务中，非常实用、好用、管用；形成了激励他人的模式，用工具激励同事、家人等设定目标，达到想要的效果。

10 年来，我深切地体会到：突破自己，平衡身心灵，重构个人生态环境系统，遇见心想事成的自己，就是要以上进之心，保持开放的心态，找到适合自己的理论，深入、系统地学习，运用到实践中，拆除思维里的墙。

活出生命的高度，保持敬畏之心

每天早上 7:00，伴随着优美的起床音乐，先生准备营养早餐。洗净紫甘蓝、西蓝花、芹菜、西红柿、胡萝卜、苹果、枸杞等，按照一定比例，放入高速破壁机中，加入净化水，搅拌 120 秒，营养瘦身、清肠排毒的营养早餐就这样新鲜出炉了。

上班时,带一壶净化水,开启元气满满的一天。10年来,我坚持这样的生活,到目前为止,没有生过病,不仅体态苗条,每年体检时,各项指标均正常。我本是一个智慧的人,通过学习NLP理论,我越来越清楚地认识到,身心必须平衡发展,缺一不可。

毛主席曾说,身体是革命的本钱。这是多么朴实的真理。没有了健康的身体,亲情、爱情、友情,无论多么美好,又有什么意义呢?"皮之不存,毛将焉附。"一定要以敬畏之心,对待自己的身体;用科学之道,管理自己的身体。

多年来,我运用NLP理论,用信念引领行为,影响人生。坚持学习适合自己的健康生活新理念,运用科学的方法,养成良好的生活习惯。在管理早餐饮食的同时,晚餐尽量早吃,多吃生的蔬菜和水果,养成了良好的饮食习惯。

同时,我加入了当地的游泳队、登山队。只要有时间、气温合适,我会早起到渠江游泳;气温不适宜的时候,我在室内恒温游泳。通过运动,不仅结识了新朋友,减轻了工作压力,还磨炼了意志,养成了良好的习惯。

10年来,我深切地体会到:突破自己,平衡身心灵,重构个人生态环境系统,遇见心想事成的自己,就是要怀着敬畏之心,守护健康的身体,改变不良的生活习惯,以适合自己的健康理念,管理饮食和运动,雕刻从内而外健康的身体。

活出生命的温度,保持奉献之心

下班回家,停好车,走出车库,信步来到小区花园。沿着蜿蜒的小路,穿过花径,打开木栅栏门,还没有敲门,就听见宠物狗Lover警觉地"汪汪"叫。母亲打开门,看见我,拍着手说:"华儿来了,吃饭了吗?让童儿给你做。"

这是一套一楼带花园的房子，紧邻我的住房，只有2分钟步行路程，是我出资给母亲买的，不动产证上登记的是母亲的名字。童儿是我代养的女儿，10多年前，她还是一个留守儿童，家里只有年迈的爷爷和奶奶，生活非常困难，已经到了失学的地步。我把她带回家，慢慢地陪她成长，看着她长大、成人、立业。吃晚餐时，我陪父母看电视，和女儿交流学习、生活、工作上的事情。此情此景，如此温情、温馨。送一套房，安一颗心，联一份情。

我本是一个善良的人，通过学习NLP理论，越来越清楚地认识到，自己在成长的过程中，得到了很多人无私的帮助和支持。人生在世，吃不过三餐，睡不过三尺，但有一种爱，不是建立在利益、情义和血缘关系上，而是基于没有任何关系。

希望在这个社会里，我们彼此之间的爱，可以超越世俗的关系之爱。我的一个愿望越来越强烈，就是在个人能力范围内，尽量帮助他人，这种给予和付出让我有一种幸福感、满足感，也是我自身的迫切需要。尊重个性，容纳差异化，提供力所能及的帮助。我践行多元化思维，和兄弟姊妹、先生、儿女们和谐相处。

担当履职，不问回报。我当选广安市第五届人大代表，被聘为广安市政府法律顾问、市电视台阳光问廉嘉宾等。我积极主动参政议政，不仅从工作的角度提出建议，还开展调查研究，吃透民情，对群众急难愁盼的事情提出意见，为广安的高质量发展贡献自己的绵薄之力。

主动捐款，奉献爱心。湖北武汉新冠肺炎疫情、广安邻水"509"新冠肺炎疫情，我个人捐款21166元，并组织律师事务所的律师和行政人员捐款、捐物、捐服务。利用业余时间，积极参加广安市义工组织的活动：关爱服刑人员家属、抗战老兵、留守儿童，看望敬老院孤寡老人，组建爱心法律援助团，为广安援鄂的10名医护人员提供终身法律咨询服务，组织开展送法进乡村、进社区、进学校、进企业、进机关、进寺庙等活动。

10年来，我深切地体会到：**突破自己，平衡身心灵，重构个人生态环境系统，遇见心想事成的自己，就是要怀着感恩之心、奉献之心，尽力回报社会，不问回报**。人生的价值，不取决于收获了什么，而取决于给予了什么。

因为感恩,我和周围环境的联系更加紧密;因为奉献,大家快乐,我幸福。

活出生命的广度,保持奋斗之心

前不久,我带领我们律师事务所的房地产建工领域的律师团队,代理一个土地整理施工合同纠纷案,出庭诉讼。法院交给我们一个补充鉴定意见,开展质证,同时,通知我们质证结束5分钟后,该案开庭审理,质证与开庭间隔5分钟。

当时,我们的诉讼请求需要根据补充鉴定意见的具体结果予以明确,涉及本金、质保金分期支付额度及各期利息的计算和调整,A4纸写满了一整页。时间紧,我们团队分头开展工作:质证、计算、输入、排版、打印……质证一结束,最新诉讼请求明细当即呈交法庭和对方律师。

对方律师接过明细,脱口而出:"这么快!?"休庭后,委托人对我们团队的工作效率非常满意,发自内心地说:"我们的律师团队分工明确、条理清晰、论辩有力。"并对我们团队成员说:"你们配合得真好!我们找对人了,这个案件2.3亿元,下个案件4.3亿元,期望继续与你们合作。"

在该案中,我们分工合作,工作轻松愉快,结果很好,这是我带领团队专业化建设取得成效的一个例子。同时,我带领的破产团队历练了6年,已经成为一支稳定的由年轻人组成的主力军。看到团队专业化建设渐入佳境,我倍感欣慰。律师团队化、专业化建设,包括破产管理工作,是我多年以前一直想干而没有干成的事情。

我本是一个要强的人,通过学习NLP理论,我越来越清楚地认识到,要突破自己的短板,打造自己的长板,要善于整合资源,才能更好地迎接事业上的挑战。

借助团队化建设理论,我搭建团队,建设包含老中青三个层面的律师队伍,通过师带徒的方式,打造"和谐型"团队;加大投入、陪伴保障,通过律师事务所垫支经费,解除专业团队成员的后顾之忧,确保团员安心工作,打造"无忧型"团队。学习培养,茁壮成长。

通过组织培训、外出参训、专题讲座等常态化的学习方式,组织团队学习专业知识和技能,开展理论研讨并持续输出,共同成长,打造"专家型"团队。梯次建设,接力传承。

通过核心律师的带动,给青年律师压担子,让他们挑担子,用"诚信睿智温暖担当,做值得信赖的法律人"的企业文化,传承核心价值观,打造"文化型"团队。我付出大量的时间和精力,专注在事务所的团队专业化建设上,不仅提升自己的专业知识水平,还学习了管理知识。

同时,我找到了工作的接班人,因为专业分工、团队运作,虽然工作越来越多,使命越来越重,但感觉越来越快乐与满足。

10年来,我深切地体会到:**突破自己,平衡身心灵,重构个人生态环境系统,遇见心想事成的自己,就是要怀着奋斗之心,敢于相信自己,挑战自己,向认准的目标进发**。人生的路,虽然难走,但是没有绝境,只要寻找,总有路可走;人生的事,虽然难做,但是总有办法,只要敢突破、善实施,一切困难都不是问题!

人生在世,每个人都在探寻如何让自己的人生有意义。有人追求金钱,有人追求权力……不一而足,没有对错之分,只有合适与不合适的区别。在人生路上,每个人都有自己的生活方式。大家都有自己追求的梦想和目标,知易行难,真正按照原则去坚持实践的并不多。

有些人不思进取、碌碌无为,不愿采取行动;有些人热衷应酬、忙于事务,不勤于行动;有些人装点门面、走走形式,不实实在在采取行动;有些人心浮气躁、浅尝辄止,不深入采取行动;有些人食而不化、学用脱节,不善于采取行动……结果,很多人都是空有理想,而实现人生梦想之路,有它根本的、内在的底层逻辑。

正如教育学所指出的,学习和运用,是输入与输出的关系,只学不用是输入,"纸上得来终觉浅",是一知半解;只用不学是输出,终究是无源之水,无本之木，上不了台阶；只有学以致用，知行合一，才能真正将输入转化为输出，靠近心中的目标。"知"是基础，是前提；"行"是重点，是关键。必须以知促行，以行促知，才能知行合一，实现心中的梦想。

当年，王阳明在经历了当众廷杖的奇耻、下狱等死的恐惧、流放南蛮的绝望、瘟疫肆虐的危险、荒山野岭的孤寂、无人问津的落寞，直至悟道的狂喜、得道的平静后，不但求得了内心的安宁，而且逐渐通过知行合一，拥有了改变的力量，成为著名的心学大师。

知行合一注定是一次艰苦的旅程，既要唤醒自己的觉悟，找到并遵循内心的良知，又要一步一个脚印，运用智慧和方法，花费大量的时间和精力，遵循信念与信仰的引领，让其落地，变成现实。

第三章

引爆品牌，加速成长

米霞

直播IP商业教练
直播全案操盘手

扫码加好友

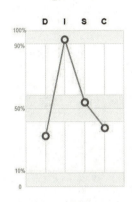 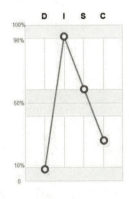 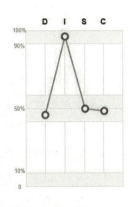

  米霞性格开朗,亲切热情,善于社交,随和的她也有坚韧独立的一面。通常,她表现得并不咄咄逼人,但对自己内心的判断和想法非常坚持。她能真诚而坚定地影响和说服别人,也能温和地指导别人,营造出一种让别人愿意做到最好的氛围。她言行一致,做事公正,通常会给人留下友善、热忱、愿意合作和善解人意的印象。

全网素人直播IP代言人是怎样炼成的

从网贷学习的素人,到月入10万元的直播女王,我经历了什么?

我是米霞,出生在一个连水都喝不起的穷山村,祖祖辈辈都是面朝黄土背朝天的农民。

由于父母一心想要男孩,我和妹妹一出生,就分别被送走了。幸运的是,善良的外婆节衣缩食,把我养在身边。我从小吃遍了百家饭。

我们村没有小学,每天要翻山越岭两个小时去上学。放学后,还要先帮大人干农活,才能写作业,数年如一日。一定要走出大山!我暗下决心。

还算争气的是,我考上了市里最好的高中,离走出山村近了一步。然而,高考落榜给了我当头一棒,家里决定不再继续供我读书。按理说,我只能去工厂打工,但我不甘心,鼓足勇气,拜访了一位大学校长。

回想起来,真感谢当年有勇无畏的自己,还有那位愿意破格录取我的校长。

在大学,我不曾松懈,赢得了认可。在毕业前夕,校长将我推荐到上海的一家公司,我也在那里开启了沪漂生涯。直到五年后,我在大上海安家。

原本以为,我会在职场上一路披荆斩棘,没想到,由于长期熬夜、加班,身体严重透支,健康状况终于亮起了红灯。我不得不重视,尽管百般不舍,还是裸辞回到老公的家乡,一边调养身体,一边开实体店,一干就是七年。这期间,我借助互联网品牌营销思维,将店铺年营收做到了近七位数。正感觉一切向好,生活却再次和我开了玩笑。

疫情来势汹汹,实体业倍受打击,我的店也被要求关门。那段时间,我身心疲惫,生活失去了方向,心脏疼得整宿睡不着。有时候,躺在床上,眼泪止不住地流,头发大把大把地掉,身体像被掏空了一样,无力透顶,就像栽进了一个暗无天日的黑洞,看不到一丝光亮。

找寻生命中的那束光

在人生的至暗时刻,我收到视频号内测的信息,似乎看到了希望,隐约感觉这是一个机会。在家人的反对中,我开始付费学习拍视频、写文案、练演讲、做社群……那段时间,我像着魔了一样,整天活跃在各种有大咖的社群里,曝光自己,主动联系,花了很多时间、精力和钱。

大家都知道"米霞人很好,懂得多,热情,努力,也爱助人",但仅限于此。我看上去认识很多人,但我没有清晰的定位,很迷茫,找不到出路。

2020年年底,视频号开通直播功能。当时没有美颜,几乎没有女生开播,而我,毫无顾忌,果断开通直播,并积极地和别人连麦。就这样,我连续直播200多场,曾播到咳血,在直播间晕倒过。欣慰的是,我的私域涨了8000多个粉丝,然而还是无法变现。

我徒有一身的力气,却不知该往哪儿使;从早到晚,又忙又累,一直在付费学习,收入却寥寥无几。一家老小在上海的支出都靠借款维持,我心急如焚,可是,时间不会因为我的原地踏步而停滞不前。我焦灼、无助,还要宽慰自己:眼前只是遇到了难题,没有找到解决方法。我一遍一遍地告诉自己:必须振作,不能放弃。

我虚心地向那些进步很快、取得了成绩的伙伴请教,得出了一个结论:进入一个愿意托举和成就学员的平台,向一位"有成果、有方法、愿意教"的私教导师学习。

与此同时,声音教练晶晶也建议我学习打造个人品牌,并向我推荐了她的创业导师薇安老师。她跟随薇安老师学习,仅用两三个月的时间,就变现10多万元,成长飞速,并且具备了持续、稳定的变现能力。我当即开始考察,才发现,原来薇安老师在个人品牌领域声名显赫,助力上万学员做出成果,其中不乏我熟识的人。

晶晶也从客观的角度,给了我中肯的建议:虽然我有丰富的直播经验,但缺乏商业模型和营销体系,可以先学习薇安老师的"个人品牌创富营"。尽管当时的我是典型的"知识付费难民",但我决定试试,再给自己一次机会。

21天的"创富营"开营后,我发现,它有别于我之前学过的所有课程和训练营。不仅内容可以落地,理论与实操环环相扣,还为每一位学员配备了一对一的专属教练和学姐(学长)。每节课后,有教练和学姐跟进,有什么问题,都会得到有效的解答。

我意识到,过去付费学习没有解决的问题,居然这一次都被解决了。直觉告诉我,这位有经验、有智慧、有成果的薇安老师,能帮我走出困境,能够为我迷茫的人生指明方向,成为我的领路人。

尽管我的经济状况很糟糕,可相比短期的经济压力,长期的迷茫和困顿更让人绝望,于是,我做了一件几近疯狂的事:借助网贷,升级为薇安老师的高端合伙人,一门心思跟她学习。没想到,这个决定,彻底改变了我的生活……

在定位升级时,薇安老师坚定地支持我成为直播私域教练。她的建议,基于以下几个方面:一方面,我热爱直播,而且市场需求大;另一方面,我累计直播400场,有落地的经验和实操方法,可以帮助别人;同时,我通过直播,3个月涨粉8000多人,可以将直播和私域相结合,两者相组合的打法很有价值。

薇安老师的分析一气呵成,让我的内心激动不已,不仅是因为老师真的了解我,还让我如拨云见日般豁然开朗。

短短3个月的时间,我在薇安老师和教练团队的助力下,推出了两个高端直播私教产品。一场群发售,让我月入10多万元,成功从线下转型到线上。

我从一个没有定位、对未来感到迷茫的"小透明",一路跟着老师学习,成长为可以为学员赋能、给别人带去力量和希望的直播IP商业教练。

我受邀与薇安老师直播连麦,为我的影响力不断助力,并成为视频号官方服务商的签约主播。我的老公,在我正向的影响下,开始自主学习新媒体,日更短视频,在我忙碌的时候还主动分担家务;我5岁的儿子,在我日播的影响下,拿平板电脑自导自演录视频,还时不时地蹦出一些直播专用术语,俨然一个小主播。他们因为我的蜕变,更爱我了,家庭氛围更和谐了。而这一切,归功于薇安老师和她的教练团队,让我重拾自信,找准方向,用对方法,成为左手带娃、右手干事业的自由创业者。

实现梦想的我,立志要像薇安老师一样去帮助别人,通过直播出圈,实现商业价值。于是,我聚焦自身的基本功迭代,操盘薇安老师的百万直播间,与薇安老师合开课程,多次受邀参加平台大型的商业直播,帮助每一位参赛主播。我实现了单场12小时直播营收26万元,帮助参赛团队达成280万元的总业绩。通过一次次堡垒型事件,我被大家称为全网素人直播IP代言人。

从追光者到打光人

我的400场直播的故事,打动了很多素不相识的人。截至目前,我累计影响了1000多名学员,从恐播,到爱上直播;帮助100多名零基础学员,通过直播变现5~8位数;我还收到了来自全球各地的学员写给我的感恩信。

学员小路来找我时,是一个完全没有定位的素人。她综合能力尚可,但是没有出彩的点,没有聚焦的方向,有严重的营销卡点,不敢收费。

我发现她深耕社群很久,而且想直播。结合她的实际情况,我给她建议:"直播是风口,是市场刚需,每个主播都需要搭建自己的专属直播群,可是很多人不知道如何搭建,更不清楚搭建以后如何运营,你可以定位为直播社群搭建运营教练。"她听完频频点头。我建议她至少坚持直播100场,只有亲自直播,才能更懂主播想要什么,进而不断地强化直播和社群这两个标签。

我还开始带她设计MVP产品,通过直播搭配私域的组合打法,吸引了很多学员,她的超值交付,也为自己积累了不少铁粉,逐渐在社群运营圈里有了名气。

当商业直播节活动兴起后,我建议小路升级迭代定位——直播发售操盘手,专攻直播发售大事件操盘。定位升级后,她更加懂得聚焦了。

我为她梳理了服务体系和变现路径:首先,为中大咖做服务,积累经验和背书;其次,体验长时间直播节的感受,从用户思维理解主播;再次,从与别人合作操盘,到最后独立操盘,一步步夯实基础,打通壁垒。

小路按照我的建议,不打折扣地执行了,成果如约而至。跟我学习的6个月里,她稳扎稳打,一步一个脚印。最近一个月,在产品服务海报都还没设计出来的情况下,她已经吸引了6位年度私教学员主动付费,实现月入10多万元。

小路给我发来感恩信:

不知不觉,6月已接近尾声。

首先,感恩米霞老师。自从跟着米霞老师踏上直播这条路,就一直在前进。从最初定位为直播社群搭建运营教练,到现在的直播发售操盘手;从最初聊天式直播,到现在每次直播融入销讲,把销这个技能真正地融入直播,融入日常。

6月做了2次直播发售,2次发售的金额共75万多元,且助力2次12小时直播的发售现场,迭代现场跟进流程。

3—6月,我一共做了10场直播发售操盘,累计GMV近千万元。

通过不断地做直播发售操盘,我总结了一套系统的方法,培养了近百人的运营团,吸引了6位年度私教学员。

目前每天仍在直播,到今天,已经连续直播143天,直播是我的日课,日日精进。每日练习销讲,把销练到炉火纯青。

总结:最近1个月,通过直播+私域+操盘直播发售,总营收破10万元,个人微信新增人数150多个,其中有几位大咖主动找我。

感恩米霞老师为我做全新定位,指明方向。我的成长,离不开米霞老师的指导和帮助。昨天,我们又打了一次胜仗,帮助客户拿到好成绩,特别开心,未来可期。

看完小路的感恩信,我热泪盈眶。这半年来,一起并肩作战的场景,一幕幕浮现在眼前,我终于明白了薇安老师常说的一句话:"做教育,赚钱是其次,更重要的是,为学员赋能成长后的能量回流,真的很滋养。"如今,我也切身体会到这种回流所带来的滋养,更加坚定了脚下的路。

我的另一位企业客户姚总,他是实体教培老板,一个连话都说不利索的IT理工男。姚总做过180多场直播,但直播销讲能力依旧很弱。他花了不少钱混圈子,却始终没有变现。疫情和双减政策的双重冲击,令他一筹莫展。他看到我的蜕变后,主动来找我,想请我帮他做直播大事件。

我带着小路和他沟通,当我俩听完他的介绍后,一致觉得以他目前的情况,不适合做长直播发售。因为我们发现,虽然他已经直播了180多场,但是完全没有商业直播的必备思维,产品结构不完善,于是,我们建议他回去复盘,长直播从长计议。

我以为姚总会打退堂鼓,然而,他并没有因为我们的婉拒而灰心,反而在朋友圈认真复盘了收获和感想,写得很真诚。几天后,他再次来找我,态度坚定,表示必须抓住机会奋力一搏,挽救深陷困境中的公司。他说:"米霞老师,请你对我提出严格的要求,一切困难和障碍,我都会尽全力突破。"这种迎难而上的勇气,令我动容,他的决心,像极了当初孤注一掷的我。思考再三,我决定和团队一起助力他做好这场直播发售。

想做就做,立马开干。我和小路给姚总及他的团队开会,梳理商业模式,盘点、整合所有的线上、线下资源。我发现,他们的产品分层做得不合理,没有适合直播发售的产品,而提前准备的一款千元产品,其实很单薄,不足以支撑 GMV 目标。我看到他线下有 100 多家门店,基础很好,建议他设计一款面对小企业客户的核心产品,因为 10 万元以上的大企业客户产品不适合在直播节成交。我们多次开会,反复沟通并确认产品名称、交付内容、成交主张、海报设计、渠道分解等。

我们找到对标账号,我清晰地记得,姚总做的第一版线上城市合伙人,直接把多门线上课打包组合,没有任何权益和服务。面对毫无经验的他,我一点一点地抠细节,姚总豁然开朗:"原来这些都可以作为交付内容啊!我之前的思维太局限了。"

海报即门面,无论是品牌色,还是排版、关键词,都要充分体现品牌优势。我给姚总的设计师团队开会,更改近 10 版海报,最后达到了我们想要的效果。海报定稿后,他和团队都惊呆了。

接下来就是布局、统筹、营销和运营。我建议姚总请专业的人写营销文、销售信和商业文案,他认为公司内部的人可以完成,其实,销售信是专业的营销文案,需要具备大事件营销思维,我建议专业的事交给专业的人去做。海报和营销文案是保证 GMV 的关键环节,这个成本省不得。果然,专业营销文案写好后,姚总看完以后感叹道:"我对自己的创业故事和品牌故事都产生了浓厚的兴趣。"

因为所有的重点客户都在他的个人微信上,所以意向客户一对一私聊的任务,全部落在他一个人身上。我告诉他,别在意外界的繁杂、喧闹,要保证 GMV,最重要的一步就是要提前锁定意向客户。我指导他掌握私聊话术,确保每天至少沟通 100 人,在直播节前完成。我担心姚总忙,顾不上,于是安排团队伙伴每天盯他的进度。姚总被我们周全的服务感动了,他意识到这件事的重要性,全力投入,不到一周就完成了意向客户预定,团队配合得非常漂亮。

回忆对姚总的直播销讲指导、产品海报设计、营销文案梳理以及一对一私聊客户,每一步事无巨细,我们都给予了切实可行的指导方案。尽管姚总是从一个世界 500 强企业走出来的 CEO,但他一点儿架子都没有,谦逊、随和,对于我提出的建议和要求,都积极地配合,这是商业直播节发售成功的重要前提。得益于团队的无摩擦、默契配合,姚总实现单场直播营收30万元的好成绩,并且势能承接得很好,还陆续吸引了不少加盟商、合作商,品牌实力直逼市场前三。

姚总给我们发来感谢信:

非常感谢米霞老师和团队的操盘,因为你们的倾力相助,让我在直播节当天取得了理想的成绩。

你们的专业和负责让我感动。你们一遍一遍地帮我梳理直播峰会的产品,搭配合理的产品矩阵;每天晨会梳理一个个事项,提供可落地的意见;直播现场跟单、推进,一刻都不停歇,你们是最辛苦的。

昨晚,我手捧的花束和庆功蛋糕,是米霞老师的团队用心准备的。

没有人可以随随便便成功,米霞老师和团队取得今天的成绩,是你们的用心、负责、专业所换来的。

衷心感谢大家,我的下一个目标是百万直播间,期待我们再次合作。

当初连话都说不利索的IP直男,发来这样一段走心的文字,我感受到了这次商业直播大事件给这位创始人和品牌所带来的影响和价值。我坚信,姚总和他的品牌未来会成功上市。这股能量的回流,让我深深地觉得,人生没有白走的路,每一步都算数。

写到这儿,我的眼眶湿润了。加入新女性平台8个月,我从网贷学习的负债者,成长为直播IP商业教练,帮助我的学员、客户变现5~8位数,我从到处寻找光,到变成了光。

愿做灯塔,照亮你的路

现在的我,一边旅行办公,一边照顾家人,走到哪儿,播到哪儿。如果你正迷茫,没有明确的方向,想突破卡点,我建议你抓住直播的风口,像我一样,通过直播打造个人品牌,实现商业变现。我想对你说以下四点:

谁都阻挡不了你成为超级主播,除了你自己

我发现很多人认同视频号直播的趋势红利,兴奋了很久,但迟迟不敢开播,不是因为能力不行,而是内心被限制性的想法卡住了,看到勇敢开播的人陆续取得好成绩,心里既羡慕,又纠结,一直在内耗。在过去辅导过的1000多个直播案例中,我发现大家主要有这几类卡点:第一,怕面对镜头,怕不好看,怕遇到熟人尴尬,怕表情僵硬,怕声音难听;第二,怕说得不好,怕无从讲起,怕卡壳,怕播不到2小时,怕讲得不好而丢人;第三,怕场观低,唱独角戏,玻璃心。

针对以上卡点,送你三个心法锦囊,让你破除卡点:

怕面对镜头:大胆点,其实你没那么多观众,根本没有那么多人关注你、在意你;美颜下,人人都是俊男靓女,从展示自身优点开播。

怕说得不好:直播就是从有准备的聊天开始的,讲自己经历过的事情,直播间最重要的产品就是你自己,讲和你本人相关的故事、三观、心态等。

怕场观很低:场观压根不重要,留人成交才重要。外行看场观,内行看停留时长和转化。

我用自己做过400场直播以及看过上千个主播做直播的经验告诉你,场观的高低,基本不会改变在线人数和成交量,更多的是增加主播的势能和面子。试问,你觉得"100人场观,10人在线,成交2单"与"1000人场观,100人在线,成交2单",哪个更厉害?

每个新主播刚开始都会经历一段"冷板凳"期,就连李佳琦在成名前,也是在格子间刻苦直播,就算没人看,他依旧坚持,日复一日地刻意练习,只有这样,当大量粉丝涌来的时候,才能接得住。我经常和我的学员讲,没有直播100场,拿不到成果是正常的。用100场普通直播,换1场高光直播,是一个超级主播的必经之路。

直播生活化，生活直播化

经常有人问我,连续直播400多场,是如何坚持下来的?每天播什么内容呢?我的答案是,日常生活的方方面面都是我的直播素材。我当初是直播吃麻辣烫,不经意间出圈的。当时的目标是连续播100天,我只有午饭时间才有空,刚好我楼下有一家我特别喜欢的麻辣烫,于是,我一边吃麻辣烫,一边聊线上赚钱的干货,聊吃喝玩乐、日常琐碎,还时不时地唱唱歌。

我记得有一场直播的在线率特别高,还有品牌方找我合作,喜欢我这种真诚、自然、接地气的直播方式,认为我的直播容易引起观众共鸣。没错,我就是最懂娱乐的知识IP主播。后来,我总结:别人未必记得你说的道理和干货,但一定会记得你带给他的感觉。如果你把这句话用在直播中,一定会有成绩。

直播是素人成功的最佳路径之一

在没有定位、没有内容时,我没有纠结、没有内耗,而是埋头先干,坚持每天直播,锻炼基本功,练习口才和耐力,输出价值,积累用户和直播经验……这样坚持下来,身边的人不约而同地说:"有直播问题,找米霞。"

直播是现阶段最方便的多维度触达用户的方式之一,让人快速认识你、了解你、喜欢你,甚至为你付费。我作为一个素人,如果没有"死磕"400场直播,很多人不可能认识我,也就没有后续的一切。

打造个人品牌,让你越来越贵

现在是企业品牌向个人品牌转型的时代,而个人品牌最重要的就是人。人在前,货在后,只要用户了解你、喜欢你、信任你,就会不断地为你付费。

打造个人品牌的你，就像商场里的精致品牌，别人会主动来找你，因为你值钱；没打造个人品牌的你，就像路边的地摊货，无人问津，卖不出价格。

过去的我，在没建立个人品牌时，手里有很多项目，但别人对我是做什么的并不清楚。好不容易谈下订单，价格只能在"浅水区"打转，没有竞争力，也没有价值感。打造 IP 后，我学会做减法、做聚焦、一针捅破天。凭借连续直播 400 场的经验，让别人一提到直播就想到米霞，一想到米霞就想到直播 IP 商业教练。有段时间，我的几十个学员、客户，都是转介绍来的。有的人没和我学过直播，但是知道我在直播圈的名气，愿意为我背书。这也有利于提升我的专业度、势能和影响力，让我的时间和服务更值钱，我现在 1 小时咨询收费 6800 元。

回顾来路，生活总是时不时给我制造麻烦，但是我从不妥协。我很庆幸，在我最绝望、最无助的时候，勇敢付费，成为薇安老师的高端学员。向薇安老师深度学习的每一天，我都在向自信、独立、有价值和智慧的新女性靠近。

我一直记得薇安老师常说的三句话：

健康、幸福、有钱、有闲是每个人都拥有的权利。

通往成功的路不需要牺牲。

世界上有轻松赚钱的方式。

在这里，你也可以像我和很多学员一样，实现家庭、事业双赢。如果此刻的你，身陷迷茫，或者正在寻找出路，想要按自己的意愿生活，我真诚邀请你靠近同频、正心正念、有成果，并且愿意教你的人生导师，跟随一个愿意托举学员的平台，过有成果的一生。

营莹

直播孵化赋能教练
新流量商业架构师
个人品牌商业教练

扫码加好友

营莹 BESTdisc 行为特征分析报告
SC 型
0 级 无压力 行为风格差异等级

新女性创造社

报告日期：2022年06月26日
测评用时：09分52秒 (建议用时：8分钟)

BESTdisc曲线

自然状态下的营莹　　工作场景中的营莹　　营莹在压力下的行为变化

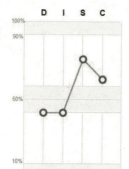
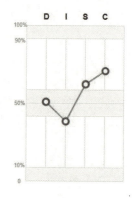

D-Dominance(掌控支配型)　　I-Influence(社交影响型)　　S-Steadiness(稳健支持型)　　C-Compliance(谨慎分析型)

　　营莹随和、包容，处处顾及他人的需要和感受。她讲求精确性，善于运用逻辑性的分析和理性的推敲做决定，而且对人、对事要求甚高。她内敛，而且善于深思，对事实会透彻地分析、思考，并且仔细地制订计划。任务一旦开始了，她就会坚定不移、有始有终地完成任务。她善于聆听别人的想法并作出回应，也愿意帮助和服务别人。

40多岁裸辞，仅用6个月，我找到了人生方向

不必"白加黑""996"，不必委屈女儿，不必焦虑，弯道超车可以很容易。

出走，拒绝廉价的努力

我是营莹，来自杭州。从小到大，我都是笨拙的人，总要花更多的时间，才可能到达别人的起点。

学习上，别人看一眼就懂的理科题目，我花几个小时也弄不明白；体育上，别人轻轻松松就能掌握的运动，我却总反应不过来；职场上，多年如一日，我不曾放松过，从来不舍得休息。我深知自己不够聪明，所以勤能补拙是我一贯的做事方式。

离职前，我在家居头部品牌做管理和培训，大部分时间都在出差。我几乎将全部精力都给了工作，却疏于陪伴家人。

一天早上，我正准备出差，不料女儿醒得早，她看到我既惊喜，又生分，怯怯地问："妈妈，你今天是不是可以送我去幼儿园了？"她好像做错事一样，低声说，"同学们从来没有看到过你和爸爸接我放学，他们说我没有爸爸妈妈，我说我有，可他们不信……"

女儿的这番话,像玻璃碴扎进我的心里,孩子的模样令我心疼,又深深地自责,我告诉自己,哪怕错过航班,赶下一班飞机,我也要送孩子上学。

在送女儿去幼儿园的路上,她见到同学就自豪地介绍:"这是我妈妈!"到了幼儿园门口,她转过头,面带微笑地对我说:"妈妈,谢谢你!"

一句"谢谢"里有女儿超出这个年纪的乖巧和见外,她高兴却又面带不舍地看着我,我强忍眼泪,快步上前,抱着她,用力地亲了亲她的小脸蛋。"宝贝,对不起……"我在心里一遍一遍地说,然后转身打车去机场。

我曾想,既然工作和生活无法平衡,那么我先实现自己的价值,活出光彩,成为孩子的榜样。

可女儿日渐成长,已经是小学生了,而我,随着经验与日俱增,也越来越忙,无暇顾及她的饮食起居、学习情况、情绪波动,甚至和她谈心的时间都挤不出来。

那个周末,我一整天都在赶 PPT。女儿和我说话,我有一搭没一搭地回应。她问了我一个问题,可是久久没有得到我的回复,她终于忍不住喊道:"是我重要,还是工作重要?"看着女儿委屈得大哭,我抱着她,眼泪止不住地流。懂事的女儿,要的不多,无非就是妈妈的关注和陪伴,而我大部分的时间和精力,都被工作占据。

我之所以努力工作,不正是希望有一天,能够有更多的时间去陪伴女儿成长吗?我已经错过了她的孩童期,不想再错过她的青春期。

于是,我计划离开职场,做自由职业者。一方面,依托我自由创业的梦想;另一方面,是出于现实考虑。随着年龄的增长,职场危机感越来越强。我所在的公司是家居行业的头部企业,一家极具影响力的上市公司,每年都会招几百至上千名管培生。身边的职场伙伴越来越年轻,自己的竞争优势在不断削弱。我意识到,如果不改变,很快会被替代。

这些年,公司给予我很多学习、成长的机会,我自己也会到外面"充电"。我在知识付费领域很舍得投资,先后学习了形象管理、自信建立、亲密关系、亲子关系、金钱关系、身心疗愈、精力管理、欧卡教练等内容,就是为了提升自己在职场中的竞争力。

正是因为不断地学习,经历过职场的高峰和低谷,我对自己的优势和短板有了更加清晰的认知。我知道自己所处的职场环境已经是无法突破的天花板。认清事实,尽早成为自由职业者,需要潜心沉淀专长。对我来说,收效最大化的选择就是从管理岗转到专业岗。

现实情况是,转岗需要重新开始。从中层做回基层,随之而来的降薪、角色转换、身心重塑……都是考验,过程漫长且煎熬。

甚至有一段时间,我从起床的那一刻起,大脑就开始抗拒,恨不得立刻辞职。但我心里明白,时机还不成熟,我的专业、人脉、资金……都没有积累好。特别是这几年的疫情,让很多行业受到冲击,此时此刻怎能轻易迈出这一步?

我很清醒,既然想追求梦想,就要面对当下遇到的多重挑战。现在唯一可以做的就是弯下腰去挖一口井,并直视它,所以,我更加沉下心去学习,以每年突破两个专业为目标。当我再次觉察那颗想跳出来的心越来越强烈时,已经是四五年后了。

2021年,盘点我的能力和资源,对于跳出公司后,如何将专业转化为商业,我百思不得其解。

正所谓念念不忘,必有回响。

一天,我看到薇安老师写的一篇关于个人品牌的文章,有一种豁然开朗的感觉。对!我需要建立个人品牌,才能实现商业化。

我立即报名了"21天个人品牌创富营",这门号称"业内现象级"的课程,果然没有让我失望,21天下来,我的蜕变肉眼可见。

借由这次实践,我突破了一个卡点。我以前在知识付费领域花了很多钱,却总觉得自己没有准备好,输出进展慢。但是,在这21天的学习中,我仅用了10天就明确了定位,借助团队的力量,推出了线上课程,不到24小时就成功招募了30位学员。速度之快,质量之高,连我自己都非常惊讶。我用短短10天,把我过去5年没做到的事情,全做到了。

基于这次的成功变现,我意识到,打造个人品牌,是由专业化到商业化的重要路径。也因为这次尝试,我看到了线上广阔的世界,给一直做线下的我带来了更多信心。

我觉得，是时候提出离职了。

但这个念头真正要落地时，我又迟疑了，有对未来的不确定，有对企业的感怀。毕竟我当时所在的公司极有责任感，注重员工培养，见证了我这10年来一点一滴的成长。

我担心自己出于冲动而离职，不断地问自己：你真的准备好了吗？现在是疫情期间，适合辞职吗？怎样才算准备好呢？你准备用这样的方式过一生吗？你到底想过怎样的人生？

这样的问话，在离职前两个月，我几乎每天问自己。我在想，如果我年过六旬，回顾这几十年，最后悔的事情是什么？我想，大概是我没有在年轻的时候放手一搏，勇敢尝试。人生就是一个不断创造的过程。如果没有了探索的勇气，人生还有什么意义？

我终于鼓起勇气，递交了辞职信。

辞职后，我进入快速超车式的学习阶段。每个月攻一项新课题，从个人品牌，到个人品牌教练、视频号直播训练营，再到社群发售。每一项课题，我都竭尽全力，用最短的时间，做最全面的输出，所以这一路，我的成长飞快。

第3个月，我通过直播，吸引了多个头部家居建材行业的品牌来找我合作，成功开启B端市场。

第4个月，我顺利通过全球个人品牌教练体系的认证考核（通过率只有20%），正式持证上岗，带教学员，同步开启C端业务。

成长，创造持续的增值

在接下来的日子里，我的B端客户、C端客户都收获了可喜的成绩。

B端直播孵化陪跑，实现业绩倍增

某知名家电企业，想要做视频号直播项目。我在服务这家企业长达半年的过程中，持续孵化陪跑，助力他们圆满达成增长目标。

 第一步，主播招募

这家企业准备从终端选拔优秀的销售人员做主播，遇到的第一个问题就是报名的人很少。

一方面是因为企业的品牌力强，终端人员稳定，很多员工在这里工作10年以上，甚至有的在同一家店面工作25年以上，已经习惯原有的销售方式，面对新事物，要突破舒适圈，还不适应；另一方面，很多人觉得客流少是因为疫情，只要疫情过去了，就会好起来。

可是，我们要看清一个事实：时代推动着我们前行，原有的生活方式、消费模式、购买渠道都在变化。即使没有疫情，也回不去了。

做直播，就相当于在线上开了一家零成本的店。从流量上说，曝光量远大于日常店面的客流，更重要的是，让所有人各司其职，充分利用每天的8小时工作时间，一旦大家看到坚持所带来的好处，整个团队会一直处在积极、正向的氛围中。

所以，与其被动等待，不如积极前行。我在动员会中分析现状，帮助大家转变观念。会后，大家纷纷统一思想，决定顺应时代的趋势，快速完成主播队伍的组建。

 第二步，主播培训

在培训主播时，我发现很多人对直播有误解，以为像线下卖货一样，不断地介绍产品就可以了。其实不然，一名优秀的主播，最起码要具备三个能力：形象力、直播力、运营力。

形象力是打造个人 IP 必须要有的，从服装、妆容、CP 组合到场景布置，做到人、货、场相融，需要精心准备。

直播力来源于日常积累。直播间的精彩呈现，离不开平时的输入。有价值的内容，才能让用户保持新鲜感。如果直播间不能传递情绪价值，产品很难走进客户的心里。我们可以从多个角度来展现产品价值，比如家居建材行业可以从家庭、年龄、职业、场合、地区、习俗、装修、色彩等不同话题进行扩展。

运营力也很重要。直播后台有 100 多个按键，每一个按键代表一种功能，如何把这些功能进行组合，发挥最大效能，这些都是主播要学习的。

第三步，主播陪跑

在为期 3 个月的陪跑实战阶段，我带领直播团队不仅戒掉了"玻璃心"，还在直播时学会了"眼观六路，耳听八方"的基础技巧。

别梦想做直播能一夜爆红，所有的成绩都源于厚积薄发。不要以成为网红为目标，而是聚焦当下，当有 100 个粉丝的时候，问自己该如何转化；有 1000 个粉丝的时候，问自己如何活得很好。

主播通过直播陪跑，经过一次又一次的直播实践、数据对比、行为观察、复盘总结、计划拟定等，直播技巧得到明显提升。

项目的成功，让我积累了成功案例，诸多头部家居建材家电行业的 B 端客户纷纷找上门来。在帮助大家从线下到线上的转型、流量的增长、直播孵化赋能、私域流量运营、打造 KOL（关键意见领袖）的过程中，我的价值开始一点点体现出来。

辅导 C 端学员打造个人品牌，成功变现

学员小伊从事儿童、女性健康相关的工作，有实体产品，如艾灸贴，她想转型到线上去创业。她曾经创业做健康饮品，在一个世界 500 强公司做过

培训,但依然会有困扰,比如,目前涉及的健康产品较多,不知道该从哪个点进行突破;持有营养师资格证,但不是医学专业毕业的,自我感觉在中医领域不够专业。

 首先,我通过提问的方式为她找方向

我问她:"当初为什么从培训师转行到大健康行业?"

她告诉我,在孕期时遇到各种状况,幸好有朋友帮她调理,让她的孕期平安度过,宝宝健康、可爱。"因为自己淋过雨,想为别人撑把伞。"她想帮助更多人,就转行到大健康行业了。

当回答完这个问题时,她不仅明白了初心,还理顺了困扰自己许久的定位问题。因为公司有针对0~12岁孩子的产品,所以,她选择为儿童调理亚健康状态,如果家长看到孩子的调理有效果,建立了信任感,进而就有可能关注女性健康产品。

 其次,提炼个人品牌标签

小伊陷入两难,她认为自己在医学方面并不专业,叫医生或专家都不妥。根据她的情况,我建议她定位为"儿童健康调理陪跑教练"。

她瞬间有一种被点燃的感觉,直说这个标签符合自己。健康调理并非一朝一夕就能看到成效,从长远角度来看,"陪跑"最为适合。"教练"不等于"专家",减少了她的心理压力,同时又能凸显她的专业性。

 最后,进入线上产品孵化阶段

此时遇到的问题是,如果开健康训练营,目前还没有准备好;如果卖实体产品,担心大家对产品的信任度不够,很难成交。

经过多次沟通后,我建议她做"一对一问诊咨询"。中医里的望闻问切,问诊就是其中一个重要的方式,这也是她擅长的领域。只不过以前以卖产品为主,问诊是附加服务,从来没想过还能把问诊当作产品来卖。

同时,尽管小伊服务过很多客户,却没有积累案例和客户反馈的习惯,而在互联网时代,营销案例不可或缺。于是,我请小伊为我的女儿、老师和学员分别问诊,结束后,请大家写反馈,积累素材。就这样,一边实践,一边优化。

我帮小伊修改产品内容时,也在不断地挖掘她的优势,同时勇敢地断舍离。小伊提到,她现在有一个非常棒的产品,可以作为实体产品来售卖。我听完后,坚持让她专心做一对一问诊咨询,每次只打一个点,更加精准、有效。小伊担心不卖实体产品,很难和客户有更强的黏性,于是她想送"21天健康打卡营",但被我制止。过度交付,不仅教练累,学员也累,效果未必理想,我建议把"21天健康打卡营"作为后期升级产品。

经过沟通,我们把"21天健康打卡营"改为"7天儿童营养早餐打卡营",这样教练轻松,内容又紧扣产品主题,也能为之后的升级课程做铺垫。接着,进入定价环节,这部分很有学问。小伊最初的定价是99元,10个人报名之后涨到199元,20个人报名之后涨到299元。

基于我对学员群的了解,我认为在试运行阶段,该价格偏高。对标市场上的老中医,问诊价格应该跟他们差不多。经过认真分析,小伊也赞同当前的第一要务是积累口碑,先用自己觉得合适的价格,吸引一批种子用户,所以最终定价39.9元。

历时一周的沟通和迭代,小伊的线上产品从想法到孵化,最终成功落地。因准备充分,内容有特色,在社群路演发售的关键环节,成交了18单。这个成绩极大地鼓舞了她,用她的话说:"从没想过,收钱竟然可以这样轻松。"当手机一个接一个地报出"您有39.9元入账"的消息时,她曾经的顾虑和不自信被驱散了。"这是我人生中最有意义的一天。"她说。

第一期报名超过20人,反馈良好。一周之后,小伊的一对一问诊咨询正式涨价到69.9元。她欣喜地发现,当打造出个人品牌后,自己会变得越来越值钱！

陪伴学员从 0 开始打造个人品牌，从定位，到线上产品孵化，再到路演成功发售，看到他们一点一滴的进步和收获，我比自己取得成绩还高兴，这是充满价值感的喜悦。我越来越理解，什么叫极致利他。在赋能学员的过程中，我也在成长。

通过 B 端、C 端这两个案例，我想说，摒弃内耗，专注于成长和输出，有专业导师带教，都可以取得理想的结果。

转型，开启自由人生

自由职业看似美好，其实背后的付出不亚于职场。几乎每天都有朋友向我咨询有关自由职业的问题，我从以下四个方面进行分析，或许对你有帮助。

你是否适合自由职业

自由职业的前提是自律，会合理规划和利用时间。

对自由职业者来说，时间是最大的成本，虽然看上去时间自由，但也意味着不再有"5+2"，没有周末和节假日的概念，所做事务都围绕着工作结果进行。

为确保高效工作，我用番茄钟，以 25 分钟为单位，集中注意力。同时，除了固定的休息时间外，我会细化每个时间段的工作内容。每天的计划表有序排满，日常工作时间为 10～12 个小时。

自由职业如何开展业务

首先,如果你在职场,就扎扎实实地做好当下的事情,你在职场上打下的坚实基础,是你未来的羽翼。

其次,经营好职场关系。不论你处于什么岗位、何种境遇,一旦出来,总会有业务来源于你原来的职场。

再次,借由职场身份,积累行业资源。积极参与行业交流,这将成为你日后业务的来源之一。

最后,要有破圈思维。除了自己熟悉的行业,还要积极向外交流,拓宽视野,积累讯息。想积累优质人脉,最简单、直接的方式就是加入高质量的学习社群。

不管在职场中经历了什么,走的时候处于高峰,还是低谷,都要向公司致以感谢,发朋友圈回顾这些年的成长,一对一和朋友们道别,留下好印象,也为接下来的合作打下基础。

我是1月14号办理离职的,向以上圈子释放了离职的信号,不到一周后,就陆续收到企业内训的合作咨询。因此,离职以后,业务不仅没有中断过,我甚至比在企业中更忙。

自由职业不同阶段所遇到的问题

随着我不断地成长,我的定位在不同阶段也发生了改变。

辞职后第1个月:我当初敢于迈出辞职这一步,很大原因是因为线上"欧卡内心探索课"取得了成功,连续开了2期,60人报名,且好评率99%。出来以后,我最初的想法是在心理疗愈领域深耕,所以那段时间,我持续做内在成长一对一咨询,希望帮助更多人突破内心卡点,并且和几位欧卡同学成立联盟,希望持续输出。

辞职后第2~3个月:随着企业内训和企业咨询逐渐增多,我不再有时间做内心成长咨询了,而基于圈层需求,来找我做个人品牌咨询的人越来越多。

辞职后第4～5个月:我自己做直播,并带动很多人开始做直播,来找我做直播培训的企业数量递增。

辞职后第6个月:我在薇安新女性平台一路飞速成长,通过重重考核,成为官方认证的个人品牌商业教练。在带教学员的过程中,我取得了不错的成绩,开始有人想付费成为我的私教学员。

半年时间,我尝试了B端、C端,也体验了线上、线下,得出的结论就是:只要你潜心学习,用心付出,这些道路都能跑通。

我原以为,以我的勤奋,只要付出时间成本,都可以搞定,但我发现,不是这样的,人的精力有限,想要有好的产出结果,必须在一个领域深耕细作。

经过深思熟虑,我决定做现阶段最适合的事情:聚焦B端,再做C端,用心做好每一次交付。

我想起多年前一位修行的老师对我说过:"你要去感受宇宙推动你的力量。"当时不解其意,现在越发能够体会这句话中的智慧了。

去积极地拥抱变化,你被人需要,产生价值,这就够了。

选择自媒体平台,持续输出价值

我在朋友圈、公众号、直播、短视频、小红书等平台均有输出,叠加起来,形成一股势能。

无论是写作,还是直播,都要真诚分享,别在意阅读量和场观,只要内容有价值、能给予别人帮助,哪怕只有一个人,保持极致利他的精神,持续做,你的影响力在潜移默化中会日益提升。

通过持续输出,有公司请我做企业端咨询;有职场人向我请教如何走出职场困境;有伙伴想跟着我打造个人品牌;有人在公众号留言,说我的文章温暖了她;还有人说我的直播有疗愈的效果……这些都是我前行的动力。

我喜欢现在做自由职业的状态,它让我更有价值感。服务和支持多家企业实现流量增长,不断地激发我的灵感,让我每天过得充实而有意义。能够掌控自己的时间,这感觉真好,我可以用原来通勤的时间健身、原来出差的时间陪伴家人。

写在最后

很多人说我有勇气,其实我想说:每一次蜕变,都受益于长期主义。我的目标一旦明确,就不惜用几年、十几年去沉淀。

回顾我的成长历程,可以发现,时间是最好的见证者。

上五年级时,受《正大综艺》的影响,我对大千世界充满了探索欲望,于是我用7年时间,实现了考上旅游专业的梦想;而后,用了5年时间,先后学习销售和管理,转行进入我向往的培训行业;再后来,我用12年的沉淀,从职场人过渡到我梦想中的自由职业者。

我想对身处职场高峰时刻的你说,任何时候都别忘记,这只是一个过程,别投入得太认真,到了峰值,可能意味着要迎来下一个山谷。

我也想对正在经历职场低谷的你说,那是必须穿越的风暴,终有一天,你会笑着讲出曾经流过的泪,正是因为这些经历,才让你拥有厚积薄发的可能性。

当你做好充分的准备,感受到一股强大的力量推动你前行的时候,勇敢地跳出来,你会看到,曙光就在前方。

感谢你的阅读,我是营莹,欢迎你来找我,彼此双赢。

莲月

个人品牌私域成交导师
创始人直播发售操盘手
企业私域全案孵化顾问

扫码加好友

莲月 BESTdisc 行为特征分析报告

SC 型

0级 无压力 行为风格差异等级

新女性创造社

报告日期：2022年06月26日
测评用时：05分15秒（建议用时：8分钟）

BESTdisc曲线

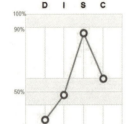

自然状态下的莲月

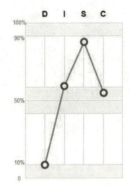

工作场景中的莲月

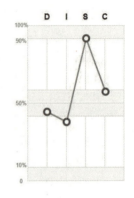

莲月在压力下的行为变化

D-Dominance(掌控支配型)　I-Influence(社交影响型)　S-Steadiness(稳健支持型)　C-Compliance(谨慎分析型)

莲月有耐心，周到，细致，可靠，待人友好，使别人感觉轻松、舒服。她做事公正、考虑周全，沉静认真，贯彻始终，有责任感，因此，她非常善于做管理、组织人员和做计划相关的工作，能整合方方面面的细节，有始有终地完成。

从流水线女工到创业公司CEO之人生迭代的心法

走出舒适区,提升认知力,建立能量场,享受私域红利

毛毛虫也有想飞的梦

我是莲月,很高兴在茫茫人海中与你相遇,现在的你一切都好吗?

我出生在华中地区江汉平原上的鄂西北农村,小时候,家里经济条件比较差,记忆里,夏天如果去村里小卖铺里买个五毛钱的雪糕,都可以和小伙伴们高兴很久。

小时候的我,是那种父母口中的"别人家的孩子"。因为我从小就非常听话、懂事,学习成绩好,我很小的时候,爸爸常说一句话:"爹爹能挑千斤担,铁梅能挑八百斤。"他希望我像革命老电影《自有后来人》里的铁梅一样,坚强勇敢,独立自强。这种观念也锻炼了我不依靠别人、遇到事情自己处理的独立自强的能力。有什么事情我会憋在心里,和家人报喜不报忧,坏情绪也尽量自己消化。

15岁以前的我,比较内向,不善言辞,甚至会因为长相和略微内向的性格而有些自卑,于是我拼命读书,因为我认为只要读书好,就可以得到父母、老师更多的夸奖和表扬。

对于毛毛虫来说，变成美丽的蝴蝶无疑是一个漫长的过程，但是到破茧成蝶的那一刻，所有的辛苦一定是值得的。虽然当时我还只是一个小小的女孩，但是内心依然渴望自己可以变得更加自信，梦想长大以后拥有更好的人生。

我一直渴望通过读书改变命运，所以我从小就爱看书，从小学开始，我的成绩一直在班级里名列前茅。当我读初中的时候，突然有一天，我父亲在当地造纸厂工作时，遭遇意外，他从高处掉下来，重重地摔在了地上，当时颈部和腿部都骨折了。

父亲摔伤后，失去了工作能力，家里也没了经济来源，无法供我继续读书。突如其来的打击让一向要强的我蒙着被子哭了一晚上，心里有个强烈的想法：我一定要想办法出去挣钱，让家人和自己都能过上更好的生活。

刚满15岁的我，为了改善家里的经济状况，随在广东打工的表姐到了中山，因为没学历而且年龄小，我只能去电子厂的流水线打工，成了流水线上的一颗"螺丝钉"。流水线上的工作是枯燥而且机械式的，必须精神高度集中地盯着流水线上的产品，检查每一个产品是否合格，时间久了，感觉自己每天都过得特别压抑。

那时候最开心的事情就是放假，可以和车间的同事们出去看看外面的风景，可以去步行街逛逛，买买东西。第一个月领了300多元的工资后，我特别高兴，心里想着：我终于能够挣到钱了，能够养活自己了，有经济收入的感觉真的太好啦！

在电子厂做了几个月以后，因收入而产生的兴奋感渐渐消失。在一个安静的夜晚，我躺在员工宿舍的木床板上，辗转反侧，听着隔壁床的呼噜声，心里想：难道我只能一辈子都做个流水线工人吗？这一辈子只能做流水线上这么枯燥的事情吗？什么时候可以过上自己梦想的更好的生活呢？

那时候，我最大的梦想就是可以摆脱流水线的工作，哪怕去摆个摊、卖东西都挺好。

敢想敢做梦，好运气也会来到。

在一个周五的下午，我刚从开水间接了杯水，准备回车间，却在门外遇到老板娘,她仿佛知道我想换工作,问我:"工厂贸易销售部有一个学做销售的岗位,你愿不愿意尝试一下?"我心里特别高兴,马上拍胸脯:"我以前没做过销售,但是我可以努力去学,我相信自己一定可以做好!"

工厂老板娘,是我人生遇到的一个贵人,她给了我一次改变人生的机会,让我有了底气去尝试不同的生活方式。此后的我,在销售部,每天跟着同事学习如何拜访客户和沟通话术,打电话寻找新的潜在客户,预约客户上门拜访,促成合作。

那时,我一天最多能打几百个陌生电话,其中被礼貌拒绝的有一半左右,另外一半是无礼拒绝、电话打不通和忙线的。有时候,一天电话打得太多了,都能感觉到电话听筒在发烫。当你被拒绝习惯了,脸皮自然就变厚了,"玻璃心"也消失了,没有了一开始被别人拒绝时的那种脸红和尴尬。

出去拜访客户的时候,我最不喜欢的就是下雨天,因为我们的客户工厂大多数都在远郊,乘地铁或者坐公交车来回,路上需要4~5个小时。下雨天,出去时,衣服、鞋子被雨淋湿了,回到家后,发现都已经干了。

经过一路摸爬滚打的锻炼,两年的销售工作经历练就了我强大的内心和不怕苦、不怕难的精神。那年秋天的一场朋友聚会后,我最好的朋友极力邀请我一起出来创业,我应允了。

我想给自己一个出人头地的机会,我想改变自己和家人的命运,我特别希望自己成为父母的骄傲,更想让一直以来因为贫穷而在乡邻面前抬不起头的他们,往后余生都能够抬头挺胸地过日子。

创业起步那会儿,公司特别艰难,尤其是前两个月的订单特别少,加之我们的产品有一定的专业度,从客户沟通、跟进到达成合作,再到实际下订单的过程较长,一个客户可能要跟进3个月左右,才能有合作。尤其是2月,过年放假期间,一个订单出货都没有,所有的订单成败都压在我身上,每天压力非常大。

幸好,我坚信天道酬勤,随着不断的努力与积累,慢慢地,合作客户变多了,在业界树立了不错的口碑,公司也拥有了一些稳定的老客户。

然而,好景不长,最近这几年,随着互联网越来越发达,公司的线下业务受到影响,很多客户开始在网上寻找新供应商,产品价格被互联网冲击,利润也变得越来越低。我也尝试去做了一些线上推广,但收效甚微。

我想为公司找到一条线上的破局之道。从 2018 年开始,我在线上疯狂地付费学习,先后学习了新媒体写作、视频号、爆款文案、社群运营等等。

可还是挡不住 2020 年年初疫情的影响,很多合作客户纷纷减少订单或更换供应商,公司的业绩一落千丈。最难的时候,当月的订单回款还不够付房租,我很焦虑,经常失眠。在长期的高压与焦虑下,我的身体亮起了红灯,肺部出现了结节,我人生第一次做手术,住进了 ICU 病房。

那时,从一无所有、两手空空,到创立自己的事业,有经营 10 多年的净化科技公司,还有两个天真、可爱的孩子和支持、理解我的家人,周围人眼中的我,可以说是事业有成、家庭美满。

但也正因为美满,我格外害怕,第一次感觉自己遇到了严重的危机。我才三十几岁,我的两个孩子还这么小,万一我有什么事情,她们以后的人生该怎么办呢?如果我真的倒下了,我公司的几十号员工怎么办呢?他们的家庭是不是也会受到很大的影响呢?

住在 ICU 病房的我,身上绑满了各种检测仪器的管子,半夜里,麻药的劲头过了,伤口撕心裂肺地疼痛,看着周围 3 个病床上都是 50 岁以上的病人,我内心很复杂。

我第一次思考自己的健康问题,并在心里默默地发誓,以后我一定要爱惜自己,好好地保护我的身体,让自己往后余生都可以去做更健康、更开心的事。

你好了,世界就好了

幸运的是,手术很成功。术后在家休养的一天下午,我刷手机看到"薇安说"公众号的文章中有个天使合伙人项目。我想起经常听到线上的大咖说，在互联网时代，人人都要打造个人品牌。这个项目不仅教我们怎么打造个人品牌，还可以创造管道收入，反正自己在休养，不如学习一下，于是我马上付款了。

当时参加的第一个课程就是"个人品牌创富营"，我的认知被不断刷新，原来我这么多年的销售和创业经验是很有价值的，原来我学到的这些知识是可以教给别人的，原来我也有机会去做知识IP。

在学习过程中，有教练和学姐一对一指导，带着我学习和实操，全程协助我从找到自己的个人品牌定位，到做出自己的MVP产品。最终，我成功做出了为期3天的"吸金朋友圈文案课"，在群内路演当天，短短的半小时就成功卖出了16份，当时我觉得特别欣喜和有成就感：不断付费学习，终于进步到自己可以教别人，我在个人品牌这条路上成功跨出了第一步。

在这次的创富营学习期间，我特别积极地与群里的同学们交流与互动，也认识了好多非常优秀的同学，感受到了高能社群和薇安老师的力量。我毫不犹豫地付费加入了"超级天使"，想要持续跟随老师好好地打造自己的个人品牌。每天的我都因为找到新的事业而特别开心，这让我内心动力满满。

我改掉了平时不怎么发朋友圈的习惯，运用自动收款文案方法去布局自己的朋友圈，每天做价值输出。9月，我用心交付了我的"吸金朋友圈文案"课程，也通过支持我的同学们看到了原来自己的人生还可以有更多可能。

随后，经过薇安老师的个人品牌定位梳理，我成为一名**营销文案**教练，并持续交付了两期营销文案训练营。12月，我通过申请，成为"个人品牌创富营"的学姐，又系统地学习了个人品牌导师课程和个人品牌教练课程。通过"个人品牌创富营"，我带教了四期约50位学员，我除了给学员们提供很多学习上的帮助，也帮助这些同学找到了自己的个人品牌定位，实现了个人品牌的高价值倍增。

在不断给线上学员提供更高价值的同时，我感觉自己也得到了很多爱的能量回流。与此同时，我线下企业的业务也在稳步上升。很多老客户看到我现在的状态越来越好,也更愿意和我合作与沟通,甚至还有老客户为我介绍新的客户。

通过打造个人品牌,运用私域营销成交方法,我保持了每月业绩提升15%左右的好成果,客户的黏性也提升了很多。

现在的我心态越来越好,以前的纠结与焦虑不治而愈了。学习,不仅帮我获得了自己的管道收入,通过线上文案与营销,我也有效地经营了自己的私域,经常会有人在朋友圈直接下单。

慢慢地,我开始想,既然我有多年营销实战的经验,也有私域成交的经验,为什么不去帮助更多人提升他们的私域成交能力呢?

终于,我耗时月余,打磨课件,迭代知识内容,终于开发出自己的私域营销成交私教产品,让主业、副业齐开花。

薇安老师说过一句话:"你变了,世界就变了;你好了,世界就好了。"的确,当一个家里的女主人的状态变好了,家庭氛围和场域会变得更积极、和谐。现在,我与先生的关系越来越好,和孩子们的相处也更融洽、开心。

五种思维,让人生越来越好

当我在跟随老师持续学习与实践、让自己变得更好的时候,我也非常想把我学到的这些知识分享给你,希望可以帮到你,让你的人生越来越好。

如果想要在线上打造个人品牌,具备以下这五种思维非常重要。

勇于走出自己的舒适区

如果你想要改变,一定要勇敢走出自己的舒适区。陌生的领域可能会有很多挑战,不必担心自己能不能适应,只要你有足够的勇气去学习,在新的领域里一定会越来越好。

我的学员小美是个建筑工程造价师,她不怎么喜欢这份工作,但又需要一份收入。对于现状,她无法改变,每天过得都不开心。

后来,她跟我学习,我了解到她很喜欢心理情感,就建议她利用业余时间去考心理咨询师。她开始很犹豫,觉得自己没有这方面的经验,我鼓励她,既然喜欢,就要敢于去尝试,投资自己是值得的。于是,她跟随专业的心理咨询师学习,通过一年左右的努力,通过了高级心理咨询师考试。在这一年里,她利用业余时间做了接近200个心理个案的练习,为自己积累了大量的案例和经验。现在,她已经成为一名专业的心理咨询师了,每天做自己喜欢的工作,不仅时间自由,每个月的收入也非常可观。

如果你想要变得更强大,一定要勇于走出自己的舒适区。只要你走出去,真的去做了,就会发现人生其实有很多机会,我们可以在自己的舒适区外,发现更多美好。

成长路上需要不断破圈

当你成长和破圈以后,你会发现改变其实没有你想象的那么难,原来你是可以改变和成长的,原来你真的可以做得更好。

当初的我从流水线工人转去从0开始学习做销售,这就是一种破圈,因为我去了一个与之前完全不同的圈子,接触到了不一样的环境、资源。

我现在又从传统线下企业,转型到线上做个人品牌私域营销成交导师,这也是一种破圈。在这个不同的圈子里,我又接触到了与之前线下完全不同的人脉圈子与资源。

如果你想要让自己获得更好的成长,我真诚地建议你一定要学会不断破圈,向更优秀的圈子出发,不断地拓展自己的圈子与人脉,让自己通过破圈,变得更优秀。

改变需要提升认知力

一个人永远赚不到自己认知以外的钱,对这句话,我深以为然。我原来的同事歆怡是个美丽、可爱的小姐姐,在股票牛市时,她听自己的朋友说,现在的股票市场特别好,随便买都可以每天赚很多,于是她跟着自己的朋友买了很多股票。但很快,熊市来了,这些贸然买进的股票最终跌到了谷底。

生活中,不只是理财要有长期主义思维,做事业和做个人IP也是如此。因为长期深耕某一领域,你的根基够牢,发展才会更稳。

正确的认知,是事业最初的起点,能帮助我们正确地做事。如果你想要改变,想要自己变得更好、更优秀,先努力提升自己的认知力吧。认知力强,能让你更好地选定自己的人生目标并且为之正确地努力;反之,没有认知力,可能会让你的人生变得非常被动与无奈。

销售成交要有双赢思维

销售能力是我们每个人一生中十分重要的能力,不管你现在是不是在做销售,你都要知道,我们每个人每天都在不断地进行销售——你需要和你周围的人打交道,你需要和人们进行沟通与合作。你想要更好地与他人合作,双赢思维特别重要。当你和对方都得到了自己想要的东西,你们双方都会觉得成功和开心。

我的朋友小淘是个心思细腻的姑娘,同时也是公司的一名销售。有一次,她去谈客户的时候,对方拒绝了购买她的产品。经过多方了解,她知道了对方拒绝的原因,是因为已经和另外一个公司进行了合作,她依然没有放弃,还是经常和客户保持着联络。有一天,当客户合作的公司出了一点小状况时,她趁着这个机会去协助对方公司和这个客户,后来两方都很感谢她,她也顺理成章地与这两方都保持了很好的合作关系。

在销售中,双赢思维能够让你事半功倍。不断地锻炼自己的双赢思维吧,当你能够很好地运用双赢思维的时候,我相信你一定会成为成交高手。

互联网时代,私域为王

在短视频时代,人人都有可能成为网上明星,但是公域的流量既贵,也难以留住,因此,我们可以直接免费触达的私域流量就显得格外宝贵。比如,你会发现,以前超市促销可能是线下做个促销活动,或者在公众号上发个促销的消息,但是最近,附近的超市已经开始拉你进特惠福利群了,旁边的一家连锁蛋糕店也开始做 VIP 客户福利群了。你看到了吗?那些完全不做私域的企业或者实体店,以后的获客成本会越来越高,而且因为缺少沟通和交流,客户流失率也会越来越高。

我们帮助某实体化妆品店操盘的私域营销成交社群,因为提前做了私域布局和促成交的社群活动,半个月的收入达到了 25 万,远远超过了这个门店之前半个月的收入,同时激活了很多"沉睡"的老顾客,为后续的消费转化做了非常好的铺垫。

从线下转型到线上,已经是线下实体店铺或者线下企业的必然之路,只是很多人还没有太强的私域意识,相比获得公域流量越来越贵、越来越难,私域更值得长期深耕。

我的学员晓俪,她是一名线下销售,主要是做儿童学习线下培训的。她跟着我学习从 0 开始,打造线上个人私域 IP,通过高能营销成交课程和一对一赋能,我帮助她克服了线上的成交障碍,打造吸金朋友圈文案,优化朋友圈布局。现在,她开通了视频号和直播账号,提升了影响力,客户经常追着她付钱。

在万物互联的线上新时代,一定要有私域为王的意识,这可以帮助你少走很多弯路。你的私域价值百万,努力地做好私域成交吧!

当然,如果想要做好线上的 IP 私域成交,只会销售可不行。私域成交除了专业知识和 IP 定位,还需要做好朋友圈、社群、直播等营销策划与成交发售方案,这是一整套 IP 私域营销成交的闭环系统,需要认真地学习和经常实战,才能更好地出结果。

　　人人都需要打造自己的高价值个人品牌,在黄金私域做好沉淀与成交,当你的私域成交打通之后,流量都在自己的池子里,任何时候都能高效且反复地触达。当你拥有了这么值钱的思维认知与成交技巧时,还有什么事做不成呢?

　　现在,线下市场真的是越来越难做,尤其是这两年,特别特别难。知道大家都不容易,我才想帮助更多和我一样的实体创业者。有专业的老师助力,一定比你自己摸索要走得更轻松、更容易。

　　我们的人生不是永远只有一种活法,要相信自己一定可以有更多可能。当你有这样强烈想要改变的信念时,就一定会有人来帮助你。

　　当你觉得自己当下的状态并不好时,请你想办法努力去寻找更多的解决方案,去多多阅读,去多多学习,去寻找良师益友,去找到自己真正的人生目标,并且为之努力,取得成绩,让自己变得更好,去帮助他人,去给别人提供价值。

　　每个女生都有自己喜欢的饰品,我也不例外。我特别喜欢珍珠,不只是因为珍珠美丽、优雅,还因为由沙子变成珍珠的那种勇敢、坚毅、不服输的精神让我很钦佩。

　　有时候,我们像是母贝,在成长的路上,总会遇到一些沙子,带给我们磨难与不舒服,但是当我们不断努力精进,分泌更多的能量,把身上的沙子包裹起来,我们一定可以成为闪闪发光的美丽珍珠。所以,如果你觉得自己特别迷茫或者痛苦的时候,我建议你先歇一歇,让自己放松一点,然后还是要想办法走出来,不要一直停留在那种情绪里。无论是去学习,还是去旅游,或者静心思考都可以。

　　只有你自己想办法走出来,你才可以改变自己的现状。换个角度去思考、去观察,你就能看到平时你看不到,也想不到的地方,过不一样的人生。

　　现在的我,已经走出了焦虑与内耗的情绪,正在不断地蜕变。我非常感谢自己走了出来,也非常感谢我的人生贵人薇安老师,是她在我迷茫、困顿的时候给了我力量。

她让我知道,我除了是一个创业者,我还可以成为更优秀的自己,可以为这个社会做出更好的贡献,去发挥自己的能量,去影响更多女性觉醒与成长。

我的梦想是成为一名优秀的个人品牌私域创业导师,用我 10 年的创业实战经验和所学的个人品牌私域成交系统经验,来帮助 10000 多个创业者在线上建立自己的私域能量场,提升他们的影响力。

亲爱的朋友,茫茫人海,有缘与你相遇,我想给你一点走心的分享。其实,我们的人生是一场不设限的游戏,如果你想要玩得精彩,去不断地增强自己的认知和学习能力吧!愿你活出你想要的精彩人生,加油!

飞河

职业生涯规划师
个人品牌商业教练
女性成长陪伴教练

扫码加好友

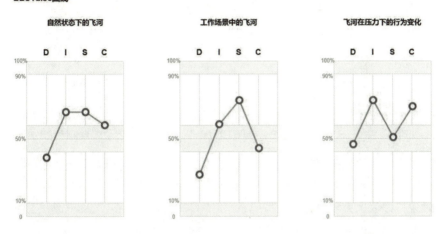

飞河善于人际交往，乐观向上，同时也专注于完成工作，总会努力达成目标。她天性讲求精确性，无论是对人，还是对事，都喜欢追求高标准。她能够读懂各种人，知道如何去影响他们。她最重要的性格特质是乐观、热情，而且容易相处，既可以是鼓舞人心的领袖，也可以是忠心耿耿的追随者。

35岁后放弃股权，毅然辞职，如何破圈，弯道超车？

女性为谁而活？为工作？为父母？为家庭？不，我们要为自己而活。

大家好，我是飞河。我来自深圳，是一名拥有 10 余年 HR 管理经验的职业生涯规划师。

2022 年 4 月的一个傍晚，桌面上的手机忽然响起来，我看到手机屏幕上显示的名字是我多年不曾联系的大学同学，我很激动，赶紧拿起手机接了起来，手机里传来一个郁闷而焦灼的声音："好不容易找到你！好不容易！"她说打过我上大学时的手机号码，给我的 QQ 留言了很多次，却一直没有回应，找了好几个同学，才知道我现在的手机号码，随后讲起了毕业后的故事，她的坎坷经历引起了我的共鸣。

从小到大，她成绩优异。大学时候的她，无论是在学习上，还是活动实践上，都表现得非常优秀，大家都很喜欢她。毕业后，她顺利进入一家世界 500 强企业。工作 2 年后，她就跟上大学时相恋的人走进了婚姻的殿堂。二胎政策出来后，她生了二宝，一儿一女，活出了很多人眼中优秀的人生。但是，接下来发生了一些很不好的事情，让她的心情跌落到谷底，工作和生活一塌糊涂。

有一天，她漫无目的地走在大街上，脑袋里想着结束自己的生命，就在这时，她看到街上的文化墙上写着"乐观生活，心理健康"。她停下脚步，想找一个靠谱的心理咨询师聊聊，她突然想起同学们曾说起我在做职业生涯咨询师，还做心理咨询，便仿佛抓住了救命稻草，于是想方设法联系到了我。

因为心理咨询师的界限问题，我没有给她做真正意义上的心理咨询，只是耐心地倾听她的故事。

她的故事让我有一种五味杂陈的感觉。她的焦虑、她的苦闷,让我仿佛看见了曾经的自己。

我不是聪明人,爸爸在客厅里贴着他亲手写的"宝剑锋从磨砺出,梅花香自苦寒来"的毛笔字,提醒我们要想摘得丰硕的果实,就要刻苦努力,而我就是那种很努力的孩子,每天坚持5点半起床,然后争分夺秒地学习进修。到了工作单位也是这样,每天特别勤奋,工作做得还不错。

2018年,生完两个孩子后,我跳槽去了一家有潜力的公司。在工作之余,通过了国际注册人力资源管理师、国际认证生涯规划师、心理咨询师考试,在深圳落了户,有了公司股权,偶尔还去一些公益机构客串分享,算是有了一点点成绩。

但是,我从来不知道我所有的努力是为了什么?我不知道2013年的那个春天,我来到深圳是为了什么?我迷茫了,突然感觉这一切不是我想要的,但是我想要的是什么?我从来不知道。

我的人生没有目标。作为一个在农村长大的孩子,我父母的目标就是我的人生目标,我不知道自己是谁。我努力活成父母心中的标准样子、老师心中的标准样子、老板心中的标准样子、下属心中的标准样子,我活成了一个标准模板。我天天跟自己说要成为自己,这简直就是个笑话,因为那好像只是个口号。

还记得2021年5月的一个晚上,我忙完了一天的工作,回到家里时,已经是晚上11点多了。我准备进小区时,保安正在打盹,我知道他跟我一样,累了一天,好不容易休息,我不忍心叫醒他。于是,我一个人漫无目的地在马路上踱步,很快,大脑像播放电影一样,出现了双目充满恐惧、可怜兮兮地盯着我看的我的两个孩子;压力过大,经常加班加点到凌晨,一年胖11斤,虎背熊腰,丑得连自己都嫌弃的我。我想起近一年来,我完全失去了对生活的热情。每天早上起来后,都不知道自己要做什么,想到工作就浑身不自在,浑浑噩噩地度过了一天又一天,经常晚上对着窗外发呆,莫名其妙地流泪,在半夜时,陷入悲伤的情绪中不能自拔。

那段时间,我常常怀疑自己得病了,总是感觉身体不舒服,但是又查不出有什么问题。别人说的话和做的动作,都会刺激到我。有很长一段时间,我都无法跟其他人主动交流,我总是板着脸,同事都不敢跟我说话。在人际关系之中,我浑身都感到不自在。

想到这些,我就情不自禁地痛哭了起来,整整哭了两个小时。之后,我拖着疲惫的身体回到了家中。从那一个时刻开始,我决定,我要摆脱这种糟糕的生活,这不是我想要的,我需要改变。

在我人生黯淡、迷茫的阶段,我看到了薇安老师推出的天使会员课程。招生文案中"自信、独立、价值、智慧,成为有钱、更值钱的新时代女性"这句话成功地引起了我的注意,带着好奇,我开始去了解薇安老师。原来她曾经是一位叱咤职场的高管,目前拥有百万名学员和粉丝,帮助了数万名学员实现5~7位数的个人品牌变现,还是一个二孩妈妈,家庭幸福,跟结婚20多年的老公仍相爱如初,和两个儿子亲密无间。看完后,我真的觉得,有钱、有事业、有使命,还有幸福的家庭,这不就是我想要追求的人生吗?于是我迫不及待地找她私聊,我把我多年来苦苦求学的经历、工作后陷入了迷茫、对金钱有强烈的匮乏感等都跟她说了。

她非常耐心地回复我,她仿佛很懂我。在我想要报名成为首批天使会员时,她对我提了三个要求:

第一,认可新女性创造社的价值观,想成为"自信、独立、价值、智慧"的新女性;

第二,是一个正心正念、渴望改变并有行动力的人;

第三,热爱学习,并且愿意帮助别人。

说完后,我简直要拍大腿,薇安老师做的事业不是跟《易经》中"举而措之天下之民,谓之事业"(做自己喜欢的事情,又能帮助他人,就叫作事业)完全吻合吗?我自己苦苦追寻、苦苦探索的事业,不是也想做成人达己、利他之事吗?

那一刻,我没有提出更多疑虑,果断决定要靠近这个有大智慧、大爱的老师,跟她学习做这份利国利民的事业。就这样,我开启了个人品牌打造之路,希望通过学习改变思维、改变行动,让自己成为有钱、更值钱的新女性。

因为我淋过雨,所以我总想帮你撑伞,希望自己能给更多的人传递正能量,带去更多价值。在薇安老师和子墨教练给我一对一专属赋能后,我将自己定位为职业生涯规划师,开始用生涯规划技能,助力更多人走向更辉煌的人生,有钱、更值钱。

为了尽快打造职场外计划,我努力地像海绵一样吸收知识。作为一个二孩职场妈妈,我的上班时间属于公司,下班时间属于孩子。

为了让自己有时间学习,我每天早上5点多就起来听课、做笔记,在上下班通勤时间里,我的常规动作就是打开手机,戴上耳机听课。在这一年里,我学习了薇安老师的个人品牌、百万演讲力、百万营销、个人品牌IP导师、全球IP教练认证、高效能人士、高情商沟通等等课程,重新学习了生涯规划初级班、中级班及督导班的课程。通过高密度学习,我的思维和生活都发生了翻天覆地的变化。

薇安老师说,你要清楚你想为谁提供价值,你就要专研这个领域,让自己有能力去提供服务;你要想有钱,你就得学会营销,将你的价值通过销售来实现交换;你要想值钱、服务更多的人,你就一定要把个人品牌做好。

我不断尝试和突破,有了很多第一次:第一次孵化产品、做课程、做训练营、做收费职业规划咨询、做个人品牌教练、做个人品牌咨询、做社群、做直播运营人员、做直播操盘手,协助主播做到单日GMV达到32万元,有自己的原创产品,还推广其他的平台产品。

截至目前,已有70多人学过我的课程,有50多人找我做公益咨询或收费职业规划咨询,带教30多人从0到1打造个人品牌;我也从过去的知识付费钉子户,变成现在的知识付费变现人士,告别过去单一的收入模式,实现多管道收入;从一个对互联网一窍不通,到成功操盘1场32万元的GMW的直播,并给我带来了长尾效应,开始有主播付费请我操盘直播。这些我从前真的想都不敢想。

因为学习如何做生涯规划师和复盘自己过往的职业生涯,我找到了热爱的事业,用专业服务他人,成人达己,还能创富。

从过去不认可自己,不敢接受别人夸我,看到别人很厉害就觉得自己很差,同时容易焦虑,不接纳自己;到现在,我会学着敞开自己,用心地去觉察、去体会,跟自己对话,暗示自己要无条件地接纳自己、爱自己,跟过去的自己和解,亲子关系和夫妻关系都变得更好了。更重要的是,我走在了影响身边人的路上,渐渐成为可以照亮别人的一束光。

这给了我莫大的信心,也是我在2022年放弃公司股权,毅然辞职出来做自由职业的莫大底气。做自己喜欢的事情,帮助他人变好,创富,成人达己。

我是幸运的,在我迷茫的时候,遇到了薇安老师。她结合我的过往经历及兴趣爱好,和我一起梳理和分析,帮助我找到了人生目标,并且协助我设计变现路径,帮我改变思维认知以及借助平台的力量,让我快速成长。

很多人和我一样,都是凡人,如果你不满足于现状,如果你饱受挫折,如果你对自己缺乏信心,如果你想不清未来的路该怎么走,在这里,我想把我一年的成长经历分享给你。

如何走出迷茫

我在10多年的职业生涯中,每天疲于奔命,像是穿梭于雾霾之中,看不到方向。我常常无故消沉,极度容易焦虑。2020年,我脑海里有一个声音,要我在迷茫的时候就去读书和运动,这个声音对我的帮助很大。正是因为读书和运动,我才没有倒下来。

一个人的生活方式里,藏着他的未来。最好的活法莫过于在迷茫时读书,在焦虑时运动,在独处时蓄力。

在迷茫时读书

读书,是治愈迷茫最好的良药。有一句话说,读书能解决80%以上的迷茫。一个人陷于困境,最可能的原因就是认知不足,而读书恰好是提高认知和拓宽视野的最佳途径。要知道你经历过的,书中别人都经历过;你没有经历过的,书中别人也会提前给你铺路。哪怕书不能立即给你答案,亦能承载你的情绪、丰盈你的灵魂,当你深陷泥潭时,给你一种内在的力量。诚如周国平先生所言:"一个人但凡有了读书的癖好,也就有了看世界的一种特别眼光,甚至有了一个属于他自己的丰富多彩的世界。"

读书就是和另外一个人交谈的过程。我们可以从书中读到作者的思想,也可以读到作者的人生观和价值观。读书可以提升我们的气质,急躁的心情也会随着读书的节奏而慢慢地平静。读书可以由内到外地改变一个人的气质,有时候通过一个人的谈吐,就可以看得出他读书的厚度。

在焦虑时运动

相信我,如果你爱上一项运动并坚持下来的话,你的人生态度和精神状态将会大有不同。

我生完孩子那会,曾经短暂得过抑郁症。当时思维陷入死胡同,怎么都想不通,也不愿意走出来。

后来,我在一个公众号上看到作者从一个跑1500米都不及格的人,变成非常喜欢跑步,并且挑战过几次马拉松的人。他认为跑步就是和自己谈恋爱,主要是因为跑步能够刺激身体里多巴胺的分泌,能够提升幸福感。

那时,我抱着试一试的态度,学着他去跑步,结果我爱上了跑步。跑步,给我带来了越来越多的收获:

每天早上都有段时间放空自己、思考未来!

当压力过大的时候,跑个10公里,啥也不想,就出汗,等跑舒服了,再想想该怎么办!

在出差的时候,早上到一个风景特别好的地方跑一跑,让自己融入这个新的地方,用脚步丈量世界。

每天5点起床,晚上9—10点到家,保持对生活的热情、对工作的热情,从一早跑得大汗淋漓开始!

在生活中,产生焦虑不安,或者抑郁等负面情绪的时候,运动可以起到很好的缓解作用。心理学博士聂聪曾说:"规律性运动,不但能提升一个人的精神面貌,而且能驱逐焦虑,改善人们的情绪,尤其在汗水的释放中,收获满满的幸福感和对生活的掌控感。"

在独处时蓄力

冯骥才说:"平庸的人用热闹填补空虚,优秀的人以独处成就自己。"

独处,是一个人最成熟的选择;精进自己,则是独处时最好的方式。

蝉先要在暗无天日的地下蛰伏三年,忍受寂寞和孤独,努力吸取树根的汁液,才能在夏天的某一个晚上爬出地面,一飞冲天。这就是著名的"金蝉定律"。

人只有在独处之时,方能拨开迷雾,心灵游于物外,与天地精神往来,看清生命的真相。

层次愈高,愈爱独处。

因为,独处可以让一个人的精神得到减负,让心灵和自我重新回归,更能让灵魂得到升华。独处的时光里,藏着你未来的样子。

在我生涯规划师班里,有一位40多岁的建筑行业的同学,因为职业倦怠而裸辞,现在储备能量,为转型成为职业生涯规划师在努力做准备。

在转型准备的9个月时光里,他高度自律,每天花16个小时以上的时间来学习生涯规划知识、提升咨询专业能力,光笔记就超过10万字。他完成的咨询个案超过30个,咨询费也从之前的免费,到如今单次咨询费用为500多元,他实现了迅速跨界。

我们的督导教练曾感慨道:"他或许不是最优秀的,但一定是最有毅力的那一个。"我也很庆幸由于精进自己,才有机会遇见薇安老师,有机会进入一个高能的圈子。多少个可以睡懒觉的早晨,我却早早起来,就是为了让自己能有个独立、安静的空间和时间来学习精进。

时间是最公正的裁判,它会记住你的每一分付出,也不会忘记你的每一次懈怠。当你迷茫的时候,多读书、常运动、努力精进,悄悄拔尖,然后惊艳所有人。

三个维度、一个策略,找到自己热爱的事业

生命成长的过程也是自我不断提升的过程。你如何给自己定位,就真的会成为那样的人。合适的定位加上有策略的行动,会加快你的成长速度。

在我转型线上赚钱的时候,我结合我所学习的生涯规划知识去梳理过往的工作经历,而薇安老师为我制订了成长方案和商业变现路径,让我找到了自己的理想职业,并迅速转型成功。

我是如何做自己热爱的工作的呢?

美国的职业发展专家大卫·帕拉德(David Pollard)在《找到职业甜蜜区》一书中提出,真正适合自己的工作的甜蜜区有三个维度:自己喜欢的、自己擅长的、有价值的。三圈交叉重叠部分是最佳击球点,原意是在棒球比赛中,在某一个区域击球,球员特别容易打出好球或者本垒打,这一点意味着各方面条件都搭配得恰到好处,此时运动员可以轻松完成原本很难的运动任务。在职业中间,我们也有甜蜜区,可以有更好的工作表现。

要找到一个真正适合自己职业的甜蜜区,可以从三个维度来锁定。

维度1：自己喜欢的

每个人都希望能寻找到自己喜欢的职业，对特定的事物或活动感兴趣所产生的积极的、带有倾向性和选择性的态度和情绪，会驱动我们学习和练习，但选择兴趣的前提是你了解自己。

寻找职业兴趣，推荐以下三种方式：1.找生涯规划师咨询，通过测评和访谈，帮你理清并找到职业兴趣所在；2.在专业人士的引导下，使用职业兴趣分类卡；3.兴趣岛活动，使用想象引导的方法来寻找兴趣。

维度2：自己擅长的

选择职业不能只看兴趣，还需要考虑自己是否擅长。前期可以靠学习和练习，让自己有能力完成很多事情。从长远看，必须要结合自己的独特优势。那如何知道自己擅长做什么呢？可以借助职业技能测评方法，比如职业技能分类卡、成就事件法、生命线法等，也可找你熟悉的导师或生涯规划师分析、评估什么是你擅长的技能。

维度3：有价值的

这里的价值，是指足够多的回报。一份理想的工作除了满足兴趣、有能力做之外，还需要获得足够多的回报。任何不能作为主要收入来源的职业，顶多当个副业或者爱好，你需要找到那份可以作为你主要收入来源的具体职位，而不是一个方向。

此外，你要弄清楚自己的价值观，否则做着高收入的工作，可是跟自己的价值观不匹配，你依然不会幸福。如果你对自己的价值观还不是很清楚的话，可以先借助职业价值观测评等工具，弄清自己的价值观。

我的三维度分别是：

自己喜欢的：生涯领域；

自己擅长的：沟通、倾听和咨询；

有价值的：助人、智慧、有回报。

这个结果很清晰，我的完美职业应该是一名专业的职业生涯规划师，通过咨询及讲课来谋生与实现自我价值。新的职业目标重燃了我的职业兴趣，新一轮三叶草（生涯工具）就转动起来了。

用甜蜜区模型思考一下，当前的工作是不是自己喜欢的？擅长的？能给自己足够多回报的？如果不是的话，我建议你同时访谈几个该行业的专家，打开眼界，听一听他们的意见。这个模型也可以用来衡量未来的工作是否合适。

策略：行动体验四步法

接下来，我们用一个策略——行动体验四步法，来慢慢锁定并且转型到自己喜欢的职业。什么是行动体验？拿我转型的案例来说明。

在职业转型前，我是一名企业里的HR，每天跨部门协调、开各种会议、策划文化活动、做员工访谈等。当我无暇照顾孩子、经常加班加点、职业幸福度不复存在时，我陷入了沉思：这是我想要的人生吗？几十年后，我还是坐在办公室里，这是我想要的生活吗？

在得到否定的答案后，我决心开始转型，改变自己。

审视自身，除了HR经验及做思想工作外，还有心理学基础及生涯规划师基础。我想起在做HR工作时，我对员工访谈及协助制订职业发展计划有兴趣，偶尔还有除同事之外的人来找我咨询职业发展问题。我结合盖洛普优势分析，觉得自己在做咨询方面有天生的优势，于是通过请教薇安老师，在继续做原来的HR工作的基础上，一边系统地学习生涯规划师知识，一边开始做收费咨询。

通过社群发售咨询服务MVP产品、开启职场短期训练营，客户好评率达到90%以上，我对生涯咨询的热情也越来越高。6个月后，我的能力达到了基本能独立完成咨询,但为了更快速学会助人的方法,我又加入了生涯咨询督导营学习,边学习边做咨询。同时,我在学习圈子中了解到,职业生涯咨询在我国,目前处于朝阳期,随着社会发展,需求是会越来越大的。一年后,我的专业能力有了很大提升,我开始研发出成长陪伴产品(3个月、6个月及12个月),同时还通过校友圈找到了在高校任职的校友,拓展大学生客户群体。再后来,在师弟的积极推荐下,我成为某事业单位的渠道合作方。就这样,用一年的时间,我成功转型为一名职业生涯规划师。

通过我的故事,我们来看看行动体验四步法是如何操作的:

第一步:采取行动,看看结果会怎样。

在回想起自己的兴趣之后,我采用的是继续学习生涯规划知识和做收费咨询,用行动体验而不是用测评来回答"自己到底喜欢做这件事吗?擅不擅长?"这样的问题。

第二步:通过更多的项目和临时性任务取得小范围的成功,进一步确认自己探索的方向。

在确定自己喜欢的生涯规划之后,我并没有做大动作,而是在原来的工作范围之内做了一些探索性的项目,进行小范围尝试,做副业、临时性项目,还有新的方向的系统培训学习。小范围尝试是一种更小、更快、成本更低的敏捷尝试方法,不妨理解为一种保守性的投资。如果方向很好,就直接推进;如果不好的话,技能也可以迁移到其他地方。

第三步:锁定方向,瞄准职业。

当确定要动的时候,能力已经展现出来了。我结合自己的兴趣和优势,做了很多的尝试,也查阅了很多资料,这个阶段已经持续了1年多,我已经知道自己的优势是什么,而不再是天赋是什么——天赋需要结合自己的能力形成竞争力,要和别人比拼才会成为优势。同时,我也咨询了很多圈子里的人和督导教练,逐步锁定了目标。一旦锁定以后,就全力以赴。

第四步:积累人脉,搭建人际网络。

这一步,其实贯穿了整个行动计划。无论是开始的行动建议,还是后来的平台转换,都离不开人脉的助力。重要的人脉包括业内的专业人士,包括校友圈、我的督导教练。当你确定了自己要去的方向之后,要尽快为自己构建新领域的导师和伙伴圈,这些人给你带来的机会往往会让你意想不到。

不要等到厉害了才去做,而是做了才有可能厉害。你只要记住,未来越不明确,越要小步行动,而不是纸上谈兵。

三个维度,一个策略,帮我们理清要什么。

快速成长,人人都需要一名教练

2016年,比尔·盖茨在TED做了一个演讲,总时长为10分钟。开场时,比尔·盖茨说:"每个人都需要一个教练。"因为,专业教练拥有一种非常重要的能力——反馈能力,又称为回应能力。

就像一个人每天早上起来的第一件事情是照镜子一样,我们用镜子来看自己的外表,同样,我们需要用教练这面镜子来观察自己的行为和意识。

《高绩效教练》一书中有一个核心概念是内心游戏。所谓"内心",就是指选手的内心状态。对于选手来说,"真正的对手不是比赛中的对手,而是自己头脑中的对手"。如果教练能帮助选手克服内心的障碍,使其专心致志于正确的目标,他将在学习与表现上释放出惊人的潜能,创造前所未有的奇迹。作者指出,唯一能够限制我们的是目光的短浅和自我设限的观念。这个概念同样适用于个人和组织的潜能开发。

在我转型进入新赛道时,总会遇到这样或者那样的困惑,我的内心状态也不理想。如果只靠自己摸索,可能需要很长的时间,这个时候,我想到了找一个教练来帮助我,带领我更好地前进,减小踩坑的概率。

成为薇安成长社超级天使,一年有12次一对一教练赋能和陪跑的机会,我的教练子墨老师像一个指南针,帮我找到目标和方向!她同时也像一个火把,不断点燃我的热情,为我持续注入能量!她也是我的伙伴,通过发人深省和富有想象力的对话,最大限度地激发了我个人的天赋潜能和职业潜力。她帮助我更好地思考,通过有效的提问,帮助我找到解决问题的方法。

她针对我能量低的问题,启发我持续写成功日记来提升能量。

她针对我的营销卡点,启发我思考出如下策略:在社群里,主动分享;在朋友圈,主动地晒收获、晒经验、晒好评,持续输出价值;在直播中,注意形象,积极分享;在文字里,写心得、写体会、写感受、写成长。

她针对我的互联网"小白"问题,启发我找到突破的路径:让我开始练习写文案、经营朋友圈、拍短视频、写公众号文章、做直播扩大影响力等等,同时也不断创造机会,带着我去挑战和突破,让我一步步拿到成果。

她针对我偶尔状态欠佳、停滞不前的情况,跟我分析现状,调整目标,减轻压力,增强信心,让我再次出发。

为了加快生涯规划师专业能力的提升,我也找到一位教练陪伴我成长。通过一年的学习,我的专业能力由原来的不及格,到现在达到80分以上的水平,做的个案数甚至超过市场上有2年左右经验的咨询师的均值。

教练们都能够通过提问、倾听、观察及激发的方式,赋予我行为改变的意义与强烈的动机,帮助我自主解决问题,助我倍速成长。

教练以不同的方式评价人,较之我们大多数人以前习惯的方式,更加乐观向上。教练要求我们停止对于人,包括我们自身的那些局限性的想法,放弃旧的习惯,把自己从陈腐的思维方法中解放出来。

如果你想在某领域实现快速成长,找个教练陪伴,这是一个非常不错的选择。

薇安老师无我利他、极致赋能的品质一直影响着我,她在我迷茫、抑郁时,给我指明了方向,让我从黑洞体渐渐成为发光体。我说,我想要一片树叶,她却给了我整片树林;我说,我想要一簇鲜花,她却给了我整个春天;我说,我想要一朵浪花,她却给了我整片大海。

在我决定要成为成人达己的人生导师的时候,我就暗暗下了决心,要学习薇安老师用生命去做教育、用生命影响生命的精神。一年后的今天,我更加清楚自己的使命:立志要帮助10000名像我一样的30多岁的女性去认识自己,认清外部要素,规划人生方向,创造更大的价值,让自己有钱、更值钱,过有成果的一生。

苒鸿

实战型目标管理专家
NLP协会认证高级导师
ACI国际心理咨询师

扫码加好友

苒鸿 BESTdisc 行为特征分析报告
DCS 型
8级　**工作压力**　行为风格差异等级

新女性创造社

报告日期：2022年06月26日
测评用时：12分18秒（建议用时：8分钟）

BESTdisc曲线

自然状态下的苒鸿
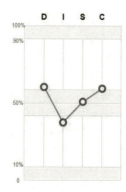

工作场景中的苒鸿
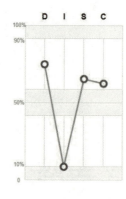

苒鸿在压力下的行为变化
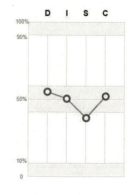

D-Dominance(掌控支配型)　　I-Influence(社交影响型)　　S-Steadiness(稳健支持型)　　C-Compliance(谨慎分析型)

　　苒鸿非常有才能，往往是独立自主的问题解决者。她做事以行动为导向，对具有挑战性的事情干劲十足，有很强的驱动力、充沛的工作精力，而且步调迅速。通常人们会形容她坚定、友好、可靠。她会以身作则，有责任感和可预见性。多样化而富有挑战性的任务更能够激励她。

没有航向的船，任何风都不会是顺风

海外追梦,现实造梦,助人圆梦,15年逐梦路,让更多人看到目标的力量。

亲爱的朋友,你好。

我是苒鸿,是NLP国际目标管理思维力导师、高效能行动力专家。

海外追梦15年,我躬身入局,不断实战,取得了很多战绩。同时,我还帮助上百人,从疏通心理卡点,到职场晋升,实现了事业路上的不断跃迁。

一路看似风光,却并非一帆风顺,笑对人生的背后,我也藏着不曾与外人道的倔强和心酸。

梦之觉醒——如果心在世界，身在草原又何妨？

我出生于内蒙古,广袤无垠的科尔沁草原上,留下了我赤脚奔逐的孩提时光。小时候,我和伙伴们在牛羊群中嬉闹,追着小猪仔,尽情享受着大自然的美好。醇正的奶茶,正宗的羊肉包子,在草原的滋养下,我逐渐长大。

直到15岁那年,我爱上了网络,不是沉溺于游戏,而是穿梭于各个聊天室,和外国人用英语聊天。我沉迷于穿越时空的限制,在线上结交来自各个国家的网友,他们有的会说中文,还经常和我分享很多海外见闻。

比如,巴黎市中心的那条河,隔开的是两个天地,一边是富人区,一边是贫民区;比如,法国的埃菲尔铁塔、澳大利亚的草原有着不一样的风光……他们帮我打开窗户,让我真实感受到,在科尔沁草原之外,在中国之外,原来有如此精彩斑斓的世界……

对此,我充满了好奇和向往。

然而,我的种种行为,在老师和家长的眼里,是叛逆越矩的。我也成了大家口中的"网瘾少女"。

妈妈责怪我不争气,为了帮我戒网,干脆让我休学,待在家里。我每天站在窗边,默默看着同学们上学、放学的身影……当时,我的内心五味杂陈,一度觉得自己被所有人抛弃了。

渐渐地,我察觉到了青春的流逝,突然醒悟,也许我应该奋发图强,先好好读书,才能有出去看世界的底气。

小小的我,内心装着大大的世界。我和妈妈表明了决心,再次回到了学校。这,也成了改变我命运的转折点。

从此,我如打通了任督二脉一般,制订学习目标,极致践行,学习成绩很快有了飞速的提高。

从内蒙古到北京,我在求学的路上,披荆斩棘,一步一步向着梦想前进。上学期间,我还拿到了软件工程师的证书,成了很多人口中"别人家的孩子"。

在2008年,我有幸成为奥运会志愿者,近距离接触了更多的外国友人,他们流利的口语和多元、包容的认知,给了我很深的印象。

我开始思考:民族的就是世界的,那打开外部世界的钥匙,到底在哪里?

出国留学的火炬在我心里越烧越旺,我告诉自己:我一定要去看看这个世界。

梦之蜕变——半工半读，求学路上的破茧成蝶

海外求学的第一站，是日本。初到日本的那段时光，我很少对家人提及，偶尔一个人回忆起来，依旧是百感交集。

大一那年，我每天打五份工。上午在校上课，从下午工作到第二天早上，拎着书包到车站，睡2个小时，到点后，又精神抖擞地直接奔赴学校去上课。

身体上的劳累倒无妨，因为我从小就不怕苦，后来半工半读，也是为了帮家里减轻一点负担，实现自己的价值，但是，有些经历深深刺伤过我。

打工期间，因为语言有障碍，我曾被老板拿着笔杆敲头，责骂我不会动脑子；结账时，客人耍赖不交钱；工作失误，被身边人劈头盖脸一顿数落……

那段时间，我感受到了独在异国他乡的无助感。没有家人，没有朋友，委屈堆积，只能一个人跑到海边痛哭流涕。

回忆起从小不被家人认可，现在又遭受打击，我甚至找不到生活的意义。

凄冷的海风，肆意地打在脸上，内心深处有一个声音质问我："**想逃跑、想放弃太容易了，世界上最难的事情就是坚持，为什么不再试试呢？**"

天生不服输的我，再次燃起了斗志。我没有从那家店辞职，反而更加努力地工作，拼命地学习日语。我希望有一天，可以用流利的日语，告诉那个老板，我不是你想的那样，我一点都不差。终于，我很快拿到了**日语N1证书**，用最准确的日语，和他进行了一次沟通。那时候，他才知道，原来苒鸿如此优秀，在学校的表现那么好。

此后，我得到了越来越多的机会，各方面的能力更是突飞猛进。流利的英语基础，让我备受青睐。在大学期间，我成为**百人社团的口语负责人**，教老师和同学说英语；大二那年，我争取到了去**澳洲留学**的机会，并在那里学

会了爱和沟通的能力。

我的寄宿家庭成员很友善,他们重视沟通,对孩子的教育也和我们认知中的截然不同,他们的孩子不玩手机,不玩游戏,会赤脚在草地上奔跑。

而当时的我,喜欢逞强,事事都想被人认可。后来在和他们的交往中,我意识到这种好强,其实是内心的怯懦。

感谢他们给予我的包容和尊重,让我的心态发生了很大的变化,我开始接纳自己,对自己坦诚。

学会对自己坦诚的我重回日本,继续学习。在校期间得到了新的鼓励,被市长直接任命为**国际文化交流大使**。

整个大学期间,连续四年,我都获得了文部科学省和大学颁发的奖学金,成果越来越多……

身边有很多人常常感叹,当年你年纪那么小,独自在海外,还能这么优秀,实在太厉害了!

我想,那是因为我是草原的女儿,骨子里天生就有如草般的坚韧,无论遭受多大打击,都会再次重生。

最重要的是,我有坚定的目标,我愿意为之去执行,所以,这段求学之旅,虽然几经风雨,坎坷不断,我最终都坚持了下来。

海外职场——我的工作和生活受到严峻的挑战

从日本,到澳洲,穿过大洋,到达彼岸,我见到了更大的世界,认知和格局也得到了新的提升。从普通职员,到行业高管,这一路我继续"打怪"升级,在海外打下了根基。

走出校门后,我得到的第一份工作是销售,主要做化妆品和院线项目。除了沟通技巧外,喜欢钻研的我,很快地挖掘到了销售的底层逻辑——市场的差异化,比如:日本市场需要数据支撑和反馈,中国市场需要功效和价位,欧美市场需要场合和目的。

这次发现,让我深刻认识到了环境和平台的重要性,也帮助我顺利地拿到了地区销售的MVP(最有价值成员),并很快得到了新的发展机遇,有机会进入一家行业第一的上市公司。

这家公司在整栋大楼的顶层,1000多平方米的办公室只够装得下一个部门。我想在这里大展拳脚,释放自己的更多潜能。

经过重重面试和考核,过五关,斩六将,我被录用了,成了这个部门唯一的一个外国人,但到了新环境、新岗位,我立刻遭到了强烈的质疑:有的客户只看了我的名字,就拒绝和我对接,直接要求换人;有时只说了两句话或者只发了一封邮件,就被客户投诉。

短短一周的时间,我从一个觉得可以大展拳脚、无往不利的自己,一下子变为每天不想上班、不敢接听电话、不敢面对客户的渺小而又卑微的自己。

我抬头环顾四周,几百人的办公室,黑压压的人头,我可能只是一个毫不起眼的人罢了。

那段时间,我每天的期盼就是没有投诉。准备给客户打电话,哪怕一个很小的问题,都需要酝酿30分钟,一天下来精疲力竭。

如果单单说只是工作上的压力,或许我还能坚持,但这样的自己深深影响了我的家人。

10月的一天,因为客户的投诉,我要紧急修改文件,等我准备回家时,已经晚上9点多了。当我拿起静音了的手机,看到无数个未接来电时,才发现我错过了接儿子的时间。

幼儿园老师打了很多个电话都找不到我,又给出差了的孩子爸爸打电话,孩子爸爸又疯狂地给我打了无数个电话。看到这些刺眼的未接来电,我慌了,拿起背包向外跑,边跑边给在幼儿园附近的朋友打电话,可由于事出突然,又涉及孩子,没有人肯帮忙。

幸运的是,我遇到一位好心的出租车司机,他看到我焦急的样子,一路快速超车。终于赶到幼儿园,可那时已经是晚上 10 点 15 分,幼儿园老师带着咿呀学语的儿子出来时,我再也忍不住内心的委屈,跪在地上,抱着儿子大哭起来,不停地对儿子说"对不起"。

那晚,我彻夜未眠。

我问自己:你这是在干什么?这一团糟的生活是你想要的吗?工作陷于被动应对的状态,生活也无法给家人最基础的保障。

我看了看熟睡中的儿子,看了看这些年获得的证书,看了看自己在实现梦想的道路上一起奋斗的团队合影,忽然发现,我原来偏离了轨道好远。

我从来没想到,这件事会让我的未来发生巨变。

痛定思痛——向内突破后,我一路披荆斩棘

那一夜,我陷入了深深的自我反思:是什么造成了我现在的困境?

当我梳理了自己的生活、工作后,我发现自己一直以来急于在工作中变得更优秀,反而陷入了工作本身。每天只记得低头赶路,却忘记了抬头看路。

我日复一日对自己高强度、高要求,却从来没有理清方向,没有制定目标,被工作压得喘不过气来。

这也让我第一次深刻意识到:没有目标的生活异常可怕,它会让你盲目地陷入忙碌之中,占据了你所有的时间和精力,却看不到明显的成长,渐渐地被迷茫所吞噬。

有多少人终其一生,庸庸碌碌却无为,不过是因为人生没有清楚的目标。痛定思痛,我不想再继续过这种痛苦的生活了!我必须要自救。

既然找到了困境的症结所在,那就努力去突破它!于是,我用五维分析法,整理了所有的工作内容并且重新制订了目标。

磨刀不误砍柴工,我必须要明确自己的阶段性目标和问题,尽量不让工作再影响生活。

我把工作内容分成了三类:一类是我能应对自如的;一类是需要学习去应对的;一类是目前无法应对,但通过积累可以应对的。

将各类型的工作规定了处理所需要的时间,排好了先后顺序,并找出了自己工作效率最高的时间段,进行了工作框架整理。

比如,我工作效率最高的时间是上午10点—11点30分,下午2点—4点30分,那么,我会在这两个时间段优先处理需要花时间应对和积累的工作,应对自如的工作则用其他时间完成。

在生活上,为了不影响家人,我用21天习惯养成法给自己的每个阶段定了闹钟,提醒自己时间的区分和情绪的整理。

渐渐地,我开始从能控制时间上找回自信;在工作上,不再带着情绪看问题,而从解决问题的方法上找到了自信;在团队里,开始注重自己的成长,和周围人开始有了更多的交流,从得到的认可上找到了自信。

我从那些愿意信任我的人开始,提升自己的专业能力,全方位做好服务,用他们的好评和反馈,赢得了大家的刮目相看。

接下来,我一路升级,开始协助带团队、做管理,3个月就拿下了MVU(最有价值团队)。

半年以后,别人看到我的名字时,没有人再质疑,而是真诚地说:"是苒鸿,真好。"

拥有了清晰的目标后,我的事业、生活、状态都发生了翻天覆地的改变。

工作高效而带劲,工作和家庭也逐渐平衡,最重要的是我自己终于不再迷茫、焦虑和内耗,每一天都过得无比充实而有意义。

你看,目标多么重要,它能帮助我们无限接近我们想要的生活。

梦想萌芽——我想帮助更多庸碌、迷茫的职场人

在我自己慢慢走出痛苦的困境之后,我身边有越来越多的人开始向我求助,而我在他们的身上,都看到了自己曾经的影子:忙碌、迷茫、没有价值感、工作和家庭严重失衡……因为我自己也经历过这种痛苦,所以一眼就能够看出他们的病因所在。

哈佛大学一些科学家对该校应届毕业生做了有关目标对人生的影响的跟踪调查,25年之后,统计结果出来了:

3%的人有清晰的长期目标,25年不变,一直在努力不懈地实现目标,他们几乎都成了社会各界的顶尖成功人士;

10%的人有清晰的短期目标,他们大多生活在社会中上层,他们的共同点是,不断向短期目标前进,成了各行业的专业人士,如主管、工程师、律师、医生等;

60%的人目标模糊,他们能安稳地生活与工作,但都没有什么特别的成绩;

剩下的27%的人没有任何目标,他们基本上都生活在社会的最底层,生活常常不如意或失业。

不难看出,目标对一个人人生长期的影响是如此重大,它决定了你人生发展的高度和速度。一个没有目标的人生,是没有意义的。

在这个世界上,许多人活了一辈子,到晚年依然碌碌无为,没有体会到人生真正的乐趣,就是因为他们缺乏一个使自己前进的目标。

罗曼·罗兰说过:"一种理想,就是一种力量。"一个非常聪明的人,一定是一个有理想、有追求、有上进心的人,一定有明确的奋斗目标,因为他知

道自己为什么要活着。如果一个人没有奋斗目标,那么他的人生一定是以失败而告终的。

人生的道路难以一帆风顺,也固然布满荆棘、充满坎坷,但只要有明确的目标,你就会看到曙光、看到希望。只有你好了,你的世界才会好。只有你有了让自己变好的目标,努力实现,大家才会向你聚拢。

于是,我开始慢慢帮助身边人去探寻和制订自己的目标。长期的大目标能帮我们坚定努力的方向,而眼前的小目标能让我们每一天都有具体的行动计划。

我看到越来越多的身边人,他们因为有了清晰的目标,从而状态发生了质的改变。

我的一位同事,因为工作上的压力,她不堪重负,选择离职。离职后,每每聊到之前的工作,都有太多的泪水和迷茫,她心灰意冷,不知道接下来要做什么,一心只想找个轻松、能养活自己的简单工作先做着。

可没想到,一天下午,她找到我说:"苒鸿,我不知道该怎么办了。"原来,她又想辞职了。

现在的工作虽然简单,没有压力,薪水也够,但每天重复地做着同样的工作,让她越来越对生活失去了信心。"我就是个高不成、低不就的女人!"她愤愤地评价自己。

就这样,一杯咖啡喝了一个下午,我们一起总结了大学毕业时的理想,到现在的生活,又从工作中的经验和技能中找出了她的优势与强项。

我们用 Well-formed Goals 将目标达成的基本要素进行分析,正向评价每一个阶段。用时间线梳理人生目标,定下现阶段的方向。在人生轮分析上做了定位,最后定格在了阶段性人生目标——35岁人生目标上。

看着她诉说着自己的梦想时手舞足蹈的样子,我知道她内心的那团火又燃烧起来了。

从那一天开始,她像换了一个人似的,不再纠结于影响她情绪的小事件,而是从更高角度看待自己的每一个选择和进步。

两个半月后,我再次收到她的信息,只有几个字和一张上市企业大区总经理的录用照片。她还特地在薪水位置画了个红圈,这个薪水离她35岁的目标不远了。

看着这条信息,我比她还开心!

这种用目标思维帮助他人走出迷茫,点亮他人的生活的感觉真的太美好了!我不禁萌发了自己的思考:是不是生活中还有很多迷茫的人,他们的生活和工作如同一摊烂泥,一直在苦苦地寻求出路,却根本找不到人生的重心和意义在哪里?

缺乏目标,就如同在看不清路的大雨里奔跑,痛苦而茫然,他们需要有人来撑一把伞,带着他们找到方向。我因为自己吃过迷茫、混乱的苦,所以希望自己能成为那个为别人撑伞、照亮前行路的人。

先有目标,才有行动。

因为有了目标,行动才有力量。

因为有了目标,行动才有惊喜。

我越来越看到了目标的价值!为了实现自我价值的提升,也为了能够更好地帮助他人,我用了2年时间,赴美学习NLP,拿到了国际导师证书。希望通过自己的能力,去帮助陷入迷茫中的人。

助力梦想——我想帮助更多的人突破瓶颈,实现梦想

目标到底是什么?请你闭上眼睛,用1分钟时间去思考。

目标就是你内心渴望的东西,就是你的梦想。

我们的梦想会不断迭代升级。比如,我儿时的梦想是当一名国际刑警;青少年时,希望自己能当一名国际翻译;20岁时,希望自己是技术顶尖人

才;30岁时,希望自己是高管;到了现在,希望自己是能够提升价值去帮助别人的人。

梦想因为你的经验、见识、学识而不断升级,也因为你的体验、五感而迭代。

目标要管理,也就是我们的梦想要管理。梦想的目标要有个小小的框架,这样才不会让梦想脱线,飞得太高。

要清楚这个目标的实现会带给你什么样的惊喜,这个惊喜是不是你想要的。

我有个朋友给自己定了一个成为青年偶像团体成员的目标,因为他觉得这个目标实现后,会给他带来很多荣誉感和成就感,但这个惊喜也会让他失去个人生活,需要比常人付出更多,在艺能上要有傲人的成绩。

他在管理目标的过程中意识到,不是只有偶像团体才能得到荣誉和成就。他参与的比赛、结交的志同道合的朋友,都给了他无限的成就感和喜悦。

其实很多目标都可以落地实现,只是很多人都只是想了想,没有掌握正确的设定目标的方法、没有拆解目标的技巧、没有阶段规划、没有复盘。

我的一个要好的朋友,他的大阶段目标是30岁时,升职加薪,做到高级管理层,小阶段性目标是突破自我紧张障碍。因为,他只要一穿上西装,就紧张得无法正常思考,这让他在工作中感到非常困扰。尽管平时在工作中不需要穿西装,但在重要的发表会、重大项目说明会等需要穿西装的场合,这种紧张感都成了他的绊脚石。也因为这个,很多晋升的机会都很遗憾地离他而去。

我们用6阶段Reframing(重构)解决在紧张等情绪出现时的大量内耗;用TOTE模型进行模拟实践,解决内心预设的问题;用4MAT对目标方向和实现目标所需要的能力进行取舍,明确自己内心最想实现的部分,并运用Strategies(策略)行动表象系统制订了阶段实行计划。

他把突破自我紧张障碍的时间设定为半年,在这半年里,他做任何事情都穿西装。上班穿西装,打球穿西装,跑步穿西装,野餐穿西装,看电影穿西装,吃烤肉穿西装……遇到负面情绪,他就用6阶段Reframing停止内耗,继续前行。

在这过程中,他渐渐发现了他自己都意想不到的惊喜。

穿着西装打球,扣球时,有人对他赞许地吹了口哨。

穿着西装跑步,有人给他递了水和毛巾,对他说加油!

穿西装吃烤肉,老板送了他一杯啤酒,跟他说好样的,辛苦了。

半年过去了,他不但超额完成了自己的目标,还因为在重大项目发表会上的出色表现,成功升职加薪。记得他打电话来报喜的那一刻,笑得像个孩子。

又过去半年,他又打电话来报喜,这次是完成了又一个阶段目标,他准备结婚了。

原来,半年前他升职加薪后,迅速做了复盘,为后半年做了详细的项目执行计划,落实到每天、每周、每月。因为有明确的目标作为向导,可落地执行的计划作为前锋,他在工作和生活中做什么事情都能提前预知并且自信十足,这样一个英姿飒爽的他成功地遇见了爱情。

他在电话里感谢生涯目标执行所带给他的成果,我在电话这边也湿了眼眶。

人生的小目标实现了,大目标就能实现,就这样一环套一环。他成就了自己,也成就了他人。

我的老师告诉我,失败从来不是成功之母,一个个小成功的累积,才是成功之母。

人与人的区别,不在于情商,也不在于智商,而在于我们反省和复盘的能力。如果每天抽出一些时间对自己的计划进行简单回顾,每天都进步一点点,叠加一年,就会有巨大的变化。

如果不懂得对目标进行设计、反省和总结,你就会不知道自己每天是在进步,还是在混时间。

通过目标管理,我的内心越来越强大,再也不会轻易因为工作和生活中的一点小挫折而影响情绪了,但是,我注意到身边的年轻人离职率很高,不是因为他们不会沟通,就是因为工作中没有任何方向。看着他们,我仿佛看到了曾经的自己。这让我想起了我拿到 NLP 国际导师证书的那一刻,我曾在众多国际同门面前郑重宣誓:"**我将不辱使命,不忘初心,将我所学造福更多有需要的人**。"所以,我想用自己的经验,去帮助更多职场人,打通卡点,执行目标。

我在 1 年之内,指导了 100 多个同事打通职场卡点,其中 12 人升职加薪。这 1 年内,离职率下降,部门内的幸福指数明显提高。

在帮助别人的过程中,我找到了人生新的意义。

梦之托举——成人达己,打破时空,传递能量

成人达己,内心笃定,我想把自己的经验分享给大家,所以,我开了线下培训课。

我指导了 15 期学员成功创业,升职加薪;

通过 CEO 专属训练营,指导多家公司成功增加向内动力,提升团队执行力;

通过个人成长生涯规划,指导 6 期学员提升目标思维力和实现自我价值。

我把这些年付费学到的自我实现的知识,以及自己在职场上打拼十几年的经验,全部毫无保留地分享给更多人。

比如,在 NLP 的知识体系中,包括从销售到管理,从赋能到自我认知、自我突破的内容;

比如,在**国际心理学和婚姻家庭咨询学习中**,包括人际关系、心理沟通、

家庭关系的内容；

比如，这些年我屡战屡胜，**从** MVP **到** MVU，如何把目标和执行力做到了完美结合的经验；

这些价值百万的课程，已经帮助了数以百计的人找到职场和人生方向，突破了成长卡点。拿来就能用，用了就有效。

我是一位职场妈妈，我非常了解你的辛苦和不易，所以我将这些做成表格，让你轻松设定自己的人生目标，改变现状，成就自己。

如果你感到迷茫，不知道自己的目标是什么，我会给你做在我的目标实践中起了重要作用的 DISC 现状测评，发掘潜力，给你一个明亮的未来。

第四章

唤醒内在，激活自我

杨琴

个人品牌商业教练
成长变现炼金场主创人

扫码加好友

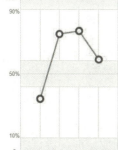

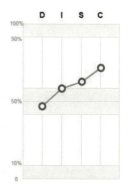

杨琴有很强的同理心，倡导协作，被公认为有团队和合作精神。她珍惜和谐的氛围，并致力于创造这样的环境。当面对环境中的种种挑战时，能做出有创意的回应来使别人感觉轻松。杨琴比较健谈，热情而热心，富有想象力，认为生活充满了很多可能性。她会不断地求变，想开展不同的任务，寻求不同的解决方案，与不同的人打交道。

第四章 唤醒内在，激活自我

每个人都是宝藏,你也能闪闪发光

谁说医生断言"要辞职保命"的女孩不能绝地反击,活出精彩?

你好,我是杨琴,一位职场宝妈,在深圳打工的襄阳人。

曾经的我,在职场成长期,被医生勒令辞职保命;

曾经的我,身处职场迷茫期,不知今后何去何从;

曾经的我,因为身体原因,需要打一场保命持久战,面临经济压力而焦虑、失眠;

曾经的我,为了增加一些收入,分担家庭压力,利用业余时间尝试过十几种副业;

曾经的我,因为孩子需要照顾,为是放弃工作、回归家庭,还是调整做到平衡而烦恼;

曾经的我,也有过自卑、内向、恐播到不敢面对镜头的时候;

……

身边的亲朋好友都担心我被命运击垮,给过我很多爱与鼓励,而七年后的我不仅还活着,向外学习,向内探索,做到了工作与家庭的平衡,还在自己热爱的领域实现了价值变现,同时力所能及地去帮助和陪伴他人解决问题,并取得成果……

跟随薇安老师学习两个月,实现价值变现 10 万元;跟随薇安老师学习 1 年,价值增值近 7 位数;薇安老师还能让那个恐播的我,第一次挑战 12 小时直播就带来 91 万元的营收。

通过复盘自己的这段成长历程,与你分享成长故事和干货,相信会带给你一些启发和帮助。让我们一起悦纳人生每一个阶段的困惑和挑战,活出属于自己的精彩。

不留遗憾才是对明天最好的交代

曾经的我算是一个任性又幸运的熊孩子,因为高考失利,烧掉录取通知书,关在房间里大哭了3天,声称放弃读书去打工也一定可以养活自己,但是,当看到同学们都去上大学了,内心又不再那么坦然、淡定,死皮赖脸地要家人帮我找学校读书,于是父母把人生选择权交给我,让我自己做主……于是,我通过自主择校,选择了一个补录的学校去体验了一把所谓的大学生活。还好不曾放弃,虽然不是"985""211",但在校的几年学习生活让我得到了最好的历练,从学校社团到社会实践的种种经历,让我学会了自我管理和自力更生!

随后,我又自主择业。毕业后,对数字敏感的我选择从事财务工作。不到一个月,就因为一份市场分析的财务报表,被上市公司的市场总监直接调到市场部,从事销售服务客户类工作近13年,先后服务过大大小小几千家客户,获得了充分肯定和赞誉。虽然收入不高,但是工作稳定,能够在舒适圈里发挥自己的价值。那时的我,知足又安心!

到年纪后,我自主择偶。当时,晚熟的我曾期待爸妈能发动亲朋好友为我安排相亲,用他们过来人独到的眼光帮我挑选对象,不料爸妈却放狠话说:"滚远点,自己找!"然后,听话的我从湖北"滚"到了广东深圳,找了个外地男人嫁了。好像拼到了好运气,遇上了知冷知热的他,会相约立黄昏,亦会问我粥可温。没有花前月下,没有富裕的物质生活,我们却用行动定义了自己想要的幸福!

是的,就这样,我有了稳定的工作,也有了幸福的家庭。留在深圳这样的城市,我相信只要努力、上进,我们一定会创造属于自己的幸福人生。

然而人生是一个无法破解的谜,一万个人就有一万个谜;人生是一部无字的书,每个人都有自己的故事;生活是一道无解的题,无论怎么演算,都是徒劳……

幸福太短暂,在 2015 年,我和爱人满心欢喜地迎接宝宝的到来时,孕检结果直接把我们打到谷底!

那个无忧无虑的我,迎来了人生的至暗时刻(现在看来应该是重生时刻)。

不就是 14 项检查报告里只有心电图是正常的嘛?

不就是到最后心电图都异常嘛?

不就是医生让我辞职保命嘛?

那时的我可没有现在这么乐观,向来爱说爱笑的我突然木讷不语了,向来是乐天派、不知忧愁为何物的我,在那一刻,世界崩塌了。

检查结果吓坏了我家先生,在回家路上,他手脚发抖地将车停在路边,七尺男子哭得像个孩子。不知道我们是怎么回到家的,所幸的是那个小生命尚好,生命的力量会让人觉得一切问题都不是问题。那晚彻夜未眠,流完眼泪后,我决定往后的日子要笑着走下去。

薇安老师说,处于人生谷底时,没有什么比这个更坏了,你还怕什么?以后只会更好!

生活没有标准答案,每个人都有自己的注脚。

行到水穷处,坐看云起时。

我,不认命。

我和先生决定一起戴上拳套,与命运奋力搏击,开始我的求生战!

我全力配合医生治疗,拒绝了医生辞职休养的建议,也拒绝了先生每天接送上下班的要求。我每天搭乘班车,愉悦得像一个正常孕妇一样工作、生活,尽管身体上的折磨要比其他孕妇厉害得多。

我知道,与身体的崩溃相比,心理的崩溃更可怕,于是,我选择了自学心理学,调整自己的心态,同时安抚好家人和那些爱着、关心着我的人。

就这样,在家人、医生、好友和同事、领导的关心下,我顺利度过了孕期。虽然孩子早产了,但听到助产士那一句"宝贝身体健康"时,我失声痛哭,仿佛要将怀胎十月的痛苦、无奈、不甘通通化成泪水,冲走我内心深处的恐惧。

我做到了!这是对整个孕期的坚持和努力最好的奖赏。

然而,体质不佳是无法逃避的现实。作为母亲,我必须住院治疗,母婴隔离,见不到、抱不到自己的亲生骨肉。与此同时,伤口剧烈疼痛、反复感染,高烧不退……诊断结果更是一步一步把我推向深渊。当"预防产后抑郁"被医生加入同步治疗方案中时,我情绪再度失控。这一场求生战将会变成持久战,我无路可退,别无选择。

这时,心理学发挥了重要作用,医生疗愈身体,自我疗愈心理。我迅速调整状态,建立了"悦 Day"社群,带着一群伙伴重建心理,转换视角,发现人生的美好,用认知疗法破除限制性想法……从积累点滴小事,到成就大家的喜悦。

这一段经历让我更加明白,认真、努力地过好现在的每一天,不留遗憾,才是对明天最好的交代。

感恩生命里所有贵人的相助,让我走过了一程又一程,才发现爱可以让生命变得无比强大。因为有你们,才有这一路的成长。

在产后的第 7 个月,我再三思考,对身体进行评估后,做好家人的思想工作,决定回归职场。

一方面,孕产前公司领导的提拔是对我过往的肯定,这份知遇之恩要回馈给工作,去力所能及地分担责任;另一方面,长期治疗的费用是一项重大的开支,家庭的责任和压力不能让先生一个人扛起。

于是,生存的本能也好,感恩的力量也罢,从那一刻起,激发了我的斗志。原本那个即将成为家庭主妇的我,一边配合医生治疗,一边回归职场,积极投入到工作中去。

2016 年,我带着感恩,加速成长。产假后,重返职场,梳理过往的工作经验、职业技能,总结技巧,我的工作效能得到提升。

恰巧遇上市场机会,这一年迎来了公司业务发展的一个顶峰期,部门的伙伴们也对接得游刃有余。这一经历告诉我，活出自己的价值就是把自己可以做的事做到极致。

不设限地努力，才能创造更美好的未来

努力会被看见。2017年，一边与生命抗衡，一边自我突破，这一年我遇见了无数的人生贵人。

这一路坚持走来，我得到了很多人的帮助，我也想要去帮助我有能力帮助的人。于是，我开始了学习之旅，想成为孩子的榜样，想身边的朋友都积极上进，我希望全职宝妈们找到自己的价值，我组建了一个又一个社群，如产后修复的、早起锻炼的、阅读打卡的、亲子陪伴的、副业赚钱的、个人成长的……这样一个个社群看似复杂，其实不会耗能太多，因为每一件事都是我正在做的，正好吸引来的也是同频、上进的伙伴。

大家一起形成一个能量圈层，相互学习、相互依赖、相互信任、相互帮助，于是积极、上进的妈妈们相互影响着、陪伴着，我们最终都收获了家庭幸福、自我价值的提升，也解除了赚钱的困惑，实现了副业增值。

这一年的经历告诉我，你想拥有的人际关系和成长圈子是可以自己去塑造的。"君子不器，成人达己"成了我的人生格言，我解读为不给自己的人生设限，通过努力，促使更多的美好事物出现。

我所经营的各类社群逐渐红火起来，在积极、向上的圈层中，大家抱团成长，一起收获内心的丰盈和喜悦。在2020年疫情来临时，非科班出身的我，接了无数的付费咨询个案。

初心不改，正因为在社群里看到了女性的不易，疫情之下，在职场的我们与大部分人一样，都处于同样的瓶颈期，未来该聚焦往哪个方向走呢？我陷入了深深的迷茫和焦虑……

正当我为方向而苦恼,不知如何聚焦,被一团乱麻似的现状困扰时,我遇见了薇安老师。我第一次上线下课就被薇安老师的格局和魅力深深吸引。

薇安老师说,利他是一切商业的根本,只有心中始终装着他人,时刻为他人考虑,我们才会被需要,我们才能有价值。

她还说,我们每个人都有无穷的价值。我们完全可以通过打造个人品牌,通过为他人解决问题,让自己个人价值最大化。

她的话如同一盏明灯,照亮了我,温暖了我。

通过薇安老师的一对一梳理和手把手带教,我终于看到了自己的内心,看清了人生方向,专注于自己擅长的东西,在所爱之处发力,实现更大的个人价值。

在一年里,我利用业余时间对接了6家公司,做商务营销策划、运营系统搭建,咨询副业增收40万元;

我帮助500名咨询者实现价值变现,收入提升20%~80%;

我在平台学习薇安老师的个人品牌教练课程,通过考核认证(通过率不到20%),成为平台签约的个人品牌教练,每年的管道收入稳定在6位数;

我对茶文化的热爱,让我对资源整合和价值变现又有了新的灵感……

经过薇安老师的亲自赋能与指导,我的收入在这一年时间里达到了连我自己都不敢相信的7位数!

不困不畏,才能一路逆袭,实现价值

有人说生命如河,那是因为他历尽山河;也有人说生命无河,那是因为他尝尽甘苦。

上帝给你发了一手烂牌,其实是想让你谱写一个绝地反击的人生故事!

7年间,我哭过、恼过、恨过,但我从未放弃过!

我从人生的至暗时刻一路逆袭,从毫无能量、产后抑郁,到主副业齐开花,为客户提供价值,自己也不断突破,实现越来越大的人生价值。我可以,你也一定能做到!

若你决定灿烂,山无遮、海无拦。

如果运气不太行,请试试勇气。

我鼓足勇气,将自己过往七年的经历分享出来,只是想告诉你,每个人都是宝藏,你也可以熠熠生辉!

那如何实现自己的价值呢?

第一,通过向内探索,发现自我价值。通过导师指导,挖掘自己的优势,找到高价值定位。

这些年,我在实践的过程中,接到过不同的咨询。在跟不同的群体碰撞的过程中,遇到过如下几种情况,不知道你或者你身边的人是否也有这样经历和感受?

有事业上叱咤风云的人,却因为搞不定叛逆期的孩子而深深自责、焦虑不安;

有在家全职陪伴孩子成长的妈妈,却因为老公看不到自己的付出和价值而深感无奈、痛苦;

有在专业领域表现优秀的伙伴,担心职业发生变动后,再无其他出路,而茫然、不知所措;

更有在体制内有着所谓稳定的"铁饭碗"且积极上进的人,担心改革,失去生活保障,而考了一大堆的证书……

这些无不让我感叹,人们无尽的焦虑感,是源于找不到自己的价值!

曾经的我又何尝不是如此呢?选择来到大城市求生存,找到更适合自己的机会,在职场上拼尽全力做到更好,依然会因为各种不确定性,把业余的时间用来探索自己还能做点什么。

有人美其名曰积极上进,实则是因为缺少生存的安全感和找不到自己的价值感,总是在找 Plan B。一个人时努力,是因为不想让父母担心;成家后依然努力,是想分担家庭压力,给家人更好的生活条件和更多的选择。工作之余,我会兼职做促销员、帮人代理记账、瑜伽带课、微商卖货、展会接待……

身处职场舒适圈的我曾思考,假如自己离开公司的平台,我还有哪些价值? 我该如何发现自己的价值? 我陷入了迷茫……而薇安老师用她的阅历和智慧帮助我打通人生卡点,引导我找到人生方向和定位,帮我设计商业模式和成长突破路径。借此机会复盘,也与你分享发挥个人价值的 3 个高效路径。

第一个路径,学会做正确的选择——跟对人,做对事。

相信所有的伙伴都明白人生是充满选择的,今天的生活是由 10 年前的选择决定的,而今天的选择也将决定 10 年后的状态。

人生,往往选择大于努力,就像是在公路上行驶的车一样,不在于速度有多快,而在于是否选对了方向。

能够为自己做出正确的选择的人都是幸福的,选择来参加薇安成长营线上学习,你就会收获线上赚钱的思维,总好过于刷抖音,让时间从眼皮子底下溜走……

所谓正确的选择,可以理解为选择跟对人、选择做对事。

今年 4 月的一个周末,我偶然刷到一条朋友圈,报名了薇安老师线下的演说课,看到很多伙伴在薇安老师的帮助下蜕变,在为他们感到骄傲的同时,也点燃了我内心的希望。我很幸运当时勇敢地做了这个决定,选择跟随老师学习,获得跟薇安老师沟通的机会。

就这样,在老师和伙伴们的帮助下,我梳理收入管道,挖掘个人价值,实现了重大突破。渴望持续学习和改变的强烈意愿,加上薇安老师的一对一指导,让我很快就拿到了成果:2 个月内,周一到周五上班,周末边带娃,边尝试价值变现,变现收入突破 10 万元,并通过考核,成为薇安老师的私董,与她终生连结,学习成长!

跟有成果的人学习,过有成果的一生。你呢,想不想为突破自己做一次正确的选择？让我们一起靠近薇安老师,同频共进。

第二个路径,尝试重新认识自己——建立个人品牌。

不知道有没有伙伴和我一样,曾经认为自己没啥专业技能,没啥优势,一听到个人品牌打造就觉得很懵,认为完全与我无关,自己没啥打造的。又或者你跟部分伙伴一样,有着一身的本领,却不知道该如何发挥价值。

如果是这样,你不妨试试了解一下个人品牌打造。每个人都有自己独特的价值,或许你是没有找到正确的方式来打开自己、认识真正的自己。

过去,我是同事眼中的"居委会大妈",是"垃圾吐槽回收站",也被朋友调侃说,适合做政委,去调解思想,然而,我没想到这是我的一项优势。

工作中的一些纠纷,我可以用最温和的方式处理妥当,实现多方共赢。那些找我吐槽的伙伴,我可以在陪伴他们的过程中,帮助他们梳理问题,并提供相应的指导和解决方案。当他们收获成长与变现后,付费陪伴也成为理所当然的事。

正是通过薇安老师的指导,我才看到自己的价值,我对自己的认知越来越清晰,越来越自信,越来越有底气,而我的付费咨询也从之前的 500 元/小时,变为现在的 5000 多元/小时,这就是打造自己 IP 的价值力。

我亲身感受到,得益于薇安老师的个人品牌指导,我重新发现了自己的宝藏,也决心要努力通过考核,成为个人品牌教练,帮助更多的人发挥个人价值。

就这样,怀揣着目标和梦想,我开始认真学习个人品牌教练课,最终通过实战考核,成为一名个人品牌教练,开始赋能他人成长。

在平台做教练的时候,我遇到了情同姐妹的玲。她从事财务工作 13 年,做到财务经理,拿着月薪不到 8000 元的工资。工作给不了她自信,她也找不到自己的价值感,财务知识无法完全利用起来,于是,她抱着试一试的心态报名参加"个人品牌创富营"。经过 21 天的学习与实践,她找到了属于自己的高价值定位——财税专家,同时打磨出人人都需要的 MVP 产品"财税法宝",快速帮助近 100 位新注册公司的创业者全面了解如何依法缴税并规避运营风险的知识。

通过这次学习、实战体验,她深入了解了平台的魔力,了解了薇安老师和我们陪跑的教练,这位果断、勇敢的女子下决心跟随薇安老师学习,把自己的整个商业模式闭环打通。非常感谢她的信任,她选择我当她的陪跑教练,于是我们开启了相伴成长之旅。

在陪跑的过程中,你可知道我们都经历了些什么?

我们从目标制订、行动计划,到落地执行,再到复盘总结,一起把每一个细节执行到位,把遇到的每个问题都进行分析、梳理、解决。

偶尔的线上交流,偶尔的线下约会,她的状态越来越好,从一开始跟客户沟通时会紧张,到最后直接对谈客户下单,再到多家客户邀请她成为合作伙伴、参与公司的运营决策……她拿到的结果对得起她的努力和付出,客户源源不断,打开了创业的新局面。

慢慢地,她开始招募并培养自己的合伙人,开始对接私教学员,开始给更多的财务人员提供兼职就业的机会……她仅仅用了 5 个月不到的时间,不仅收入翻了 4 倍,同时把个人品牌的价值发挥到了极致。

她的个案也给了更多财务人员或者专业人员打造 IP 的希望,吸引了很多伙伴来靠近她。她也选择再次深入学习个人品牌教练技术,用她的能力去帮助更多的人成长和突破!

在平台上,除了我和玲有这样的经历外,还有数万学员亦是如此。我在创富营带过至少 150 个学员,既有中年人,也有快退休以及已退休的大伯。他们都实现了财务自由和时间自由,通过学习,他们找到了更大的价值,也学会用自己过往的阅历、经验、技能,帮助更多的年轻人少走弯路。

每个人都是一座宝藏,你值得拥有属于自己的个人品牌,你的磁场会吸引共频的能量和可以共舞的伙伴,共同创造美好。

打造个人品牌,你值得尝试。

第三个路径,应用成长杠杆,探索与人合作的模式——学会借力,抱团成长。

"君子生非异也,善假于物也。"这句话的意思是,君子之所以会超过一般人,就是因为他们善于借力。未来是个体崛起的时代,却不是每个个体都能崛起的时代，只有顺应时代、擅长借力的人才能跃迁式崛起，所以，你一定要懂得借力成长。

也许，你和曾经的我一样，觉得自己没有特别的技能和优势。其实每个人都有自己的成长时空和节奏，我们不会的，不要紧，只要善于学习，向愿意拉你一把的贵人借力，你就能找准自己的赛道，迭代出精彩的人生。比如，你可以关注同时在学习的伙伴，看看他们在做什么，再加上自己的思考、感悟和行动，就可以更新自己的思维。我有个做设计的朋友，除了主业之外，他觉得自己的价值难以发挥出来，但通过跟随薇安老师学习，梳理出适合自己的成长路径。他不仅借力平台，发挥出自己的优势，成为个人品牌海报设计师，还成为导师，用自己的经验教会更多的人做海报，带出一批批弟子、私教学员等，把个人价值发挥到最大，成就感满满……

在薇安老师的平台上，老师就是我们借力的资源，薇安老师的团队也是我们借力的资源。不会的可以学，不懂的可以向团队里的牛人请教，仅在21天的创富营里，大家也能深深感受到老师、教练、学姐、同学互帮互助的力量。在这样的氛围下，只要你能坚持行动，只要你愿意借力，想不成长、不突破都难。

今天与你分享，也是希望同行的伙伴们不要像曾经的我一样走弯路，不要单打独斗，要看清时代的趋势，懂得借力成长，个人的力量才会放大。

有的人会说，自己过去的积累不够，没有什么专业知识，就算老师指引了方向，也不知道自己该从何开始，也不相信自己会有时间、精力去突破。我想告诉你，积跬步，至千里，方向对了，每走一步都算数。那么，作为职场宝妈的我，是如何通过学习提升自我价值的呢？

第二，通过向外学习，提升自我价值。带着目标学习，并有效输出。

在互联网知识付费迅速发展的时代，相信大家都有过这样的经历，这也学，那也学，有人甚至借着福利囤了好多课，却从未真正听完过，也可能你学了很多，但是没有找到发挥价值的用武之地？

曾经，我在朋友圈里发问："你会为什么目的而去学习呢？"

曾经，我也把学习当作佛系的事，去学喜欢的、感兴趣的、刚需的、好奇的内容……

成年人在时间和精力有限的情况下,要做的事太多,那怎样通过学习提升自我价值呢?

首先,学习可以带有一些功利性,奔着解决问题去学习。

可以考虑刚需学习,可以学以致用,实现价值最大化,我们在跟随薇安老师学习的过程中,她会为我们每个人定制适合我们的学习方案。我将原来的学习策略调整为以下三个步骤,然后很快拿到了成果:

第一步,选一个你最想要解决的问题或是你最想改变的现状;

第二步,围绕目标,确定学习范围和顺序;

第三步,尝试用所学内容解决问题,不断地精进、学以致用,发挥和创造自我价值。

其次,学习实践,所学为你所用,让任何事都能轻松上手。

通过参与和观摩路演产品的发布,你会深深地感受到知识为你所用的价值。咱们所有学习的目的就是为你所用,实践和应用是最好的学习检验方式,你会发现原来输出在学习中是那么重要。

过去,你可能参加过很多学习课程培训,然而学过的东西很容易还给老师。亲自实践,倒逼自己输出,才会让你思考,把知识应用起来,才会一步一步将知识内化。这样的学习闭环所形成的思维力和培养的可转移的知识技能,可以让你做任何事都能轻松上手,像咱们同学中,有的人一次能打造3个MVP产品,有时将一个产品打磨得差不多,只用了一天不到的时间。你只要学习实践了,再用就会信手拈来,这也是为什么很多认真学习的伙伴都能拿到成果,甚至赚回几倍的学费。

最后,平台团队的支持是前进的动力源,让学习不再难以坚持。

有次跟薇安老师连麦时,有小伙伴提问,买老师的书或者课程,自己学习行不行?其实,我相信小伙伴们都清楚,只要学习,就或多或少会有收获,但是能收获多少,能成长到什么程度,很难去评估。这跟个人的学习能力有关,跟你学习过程中的思维拓展有关。

在每一期课程的学习中,大部分伙伴都能深深感受到社群学习的价值和意义，明白什么是抱团成长，也能感受到彼此赋能和鼓励对坚持而言，是多么大的动力，这也正是社群学习的价值所在。在薇安老师的平台学习，强大的服务团队的支持与陪伴是每个人成长最坚定的后盾，因为每一位教练、学姐都是被薇安老师精心培养出来的，大家带着感恩和利他之心在平台服务，都是乐意用老师和团队陪伴我们成长的方式、方法去帮助更多的伙伴的。

现在的你还觉得打造个人品牌难吗？还会觉得普通人突破自我难吗？改变自己的机会很多，就看我们怎么去把握。我能做到，相信你也一定能。

第三，通过极致利他，实现自我价值。力所能及地帮助他人实现自身价值。

马克思主义认为，人的价值，就是指人对自己、他人乃至社会需要的满足；人的价值包含两个方面，其一是社会价值，其二是人的自我价值。具体地说，就是人通过自身的实践活动，充分发挥其体力和智力的潜能，不断创造出物质财富和精神财富，在满足自身需要的同时，满足他人和社会的需要。

那么，之前我们发现自我价值，又通过学习提升自我价值，回到最终是要实现自我价值。实现自我价值有多种方式，比如我们为他人解决问题、为他人提供服务、为他人节约时间、为他人提供帮助、为他人做力所能及的事，这就是我们价值输出的方式，同样也会得到价值回馈。

我在薇安老师的平台学习时遇到的伙伴飞同学，她在做 MVP 产品路演时，将自己的专业知识分享出来，为大家普及红酒知识。她收费 6.9 元，我们觉得这对不懂酒的我们而言，特别有价值，所以报名参加学习。她的价值输出就是极致利他，带人了解红酒，实现价值变现。在一次饭局上，当时大家提到红酒，虽然大家都是喝了很多年，但并不了解这些红酒的文化和品鉴方法，而我将从飞同学那里学到的知识跟同桌的人分享时，大家都觉得受益匪浅，于是给了我一个大大的红包表示感谢！在这个过程中，不知道你是否能感受到，在为他们提供专业知识和价值服务的同时，我们也在实现着自我价值。

很多人问我该如何实现自我价值变现。薇安老师至少为我们提供了14种人人都可以操作的商业路径，而且每一种都极其具有实践指导意义。

利他是一切商业的根本，只有心中始终装着他人，时刻为他人考虑，我们才会被需要，我们才能有价值。

如果你是一位职场妈妈，想要成为孩子的榜样；

如果你身在职场，想要改变和提升；

如果你在舒适圈里，期待成长和突破；

如果你做微商或兼职业务，很难突破成交；

如果你找不到自己的优势，看不到自己的价值；

如果你明明有一身本领，却未能遇到伯乐，无法施展才华；

如果你对未来感到迷茫，找不到方向……

欢迎你一起加入新女性创造社。每个人都是宝藏，让我们一起发挥自己的价值。个人价值被看见和认可是一种幸福，而去看见和挖掘别人的价值更是一种幸福。

都说女性的成长可以影响三代人，那女性的成长也会推动社会的进步。

让我们彼此赋能，共同成长，提升自信、独立、价值、智慧，绽放属于自己的精彩。女性帮扶女性，女性托举女性，女性成就女性，让我们一起在实现自己梦想的同时，为他人、为社会贡献自己的一分力量。

雪儿

情绪释放导师
雪儿心忏法创始人

扫码加好友

雪儿 BESTdisc 行为特征分析报告
SI 型
0级 无压力 行为风格差异等级

新女性创造社

报告日期：2022年06月26日
测评用时：04分58秒（建议用时：8分钟）

BESTdisc曲线

自然状态下的雪儿

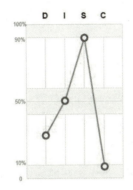

工作场景中的雪儿

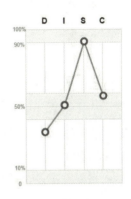

雪儿在压力下的行为变化

D-Dominance(掌控支配型)　　I-Influence(社交影响型)　　S-Steadiness(稳健支持型)　　C-Compliance(谨慎分析型)

　　雪儿喜欢学习知识，又能传播知识，提出有力的主张而赢得别人的尊敬。她通常深思熟虑、行事稳重、细致周到，有耐心。她追求真诚的欣赏、严谨明确的规则、和谐的环境，希望保持稳定的节奏，避免激烈冲突。她通常忠诚、耐心而宽容，善于倾听和共情他人，因此给人留下的印象大多是亲切、友好、温暖和平和。

淋过雨的我,为你打伞

成长中的缺口是老天的安排,但从心开始,疗愈自己,温暖他人是我的选择。

大家好,我是雪儿。

由于父亲工作的缘故,籍贯在江南的我,出生在东北。从小成长在温馨的六口之家,爷爷、奶奶、爸爸、妈妈、叔叔五个大人宠着我,让我过着小公主一般的生活。

直到五岁多,妈妈生病。为了更好地给她看病,父亲带着我们娘俩回到了江苏。那时候的我,爱说,爱笑,爱讲故事,上学后,不仅和女同学的关系要好,在男同学堆里也吃得开,是名副其实的孩子王。

可惜,生活不是童话故事,公主不会永远过着幸福、快乐的生活。

八岁那年的一个下午,我的童话生活彻底破碎了。

爸爸的同事着急忙慌地把我从学校接回家,我看到家里挤满了人,妈妈安静地躺在床上,头上戴着白色帽子。我害怕极了,眼泪止不住地流,心想:妈妈是不是被他们害死了?她的鼻孔里塞着棉花,没法呼吸了……

我知道妈妈病了,可是从来没有人告诉我,生这种病会死。明明昨天中午,我还给躺在床上的她读《安徒生童话》,我读得声情并茂,她听得很开心……

妈妈刚去世时,我还不太明白死亡意味着什么。但是后来,在很多很多个夜晚,我躺在床上,默默地呼唤妈妈却得不到回应的时候,才终于明白,她再也回不来了。爸爸跟我说:"长大以后学医吧,看看能不能找到预防和治疗癌症的方法。"我懵懵地点了点头。

尽管新妈妈对我很好，但是亲生母亲去世所留下的缺口，是无法填补的。这也为我开朗、活泼的性格，蒙上了一层阴影。随着年龄的增长，我学会了隐藏心事，在陌生人面前，我变得懂事、文静、乖巧，只有好朋友知道，我内在还是那个爽朗、搞笑的女孩。

初二那年，我喜欢上了广播里的夜晚电台栏目，主持人会回答各种各样的困惑和问题，关于工作、生活、感情……我才知道，原来世上有这么多人，正遭遇痛苦和磨难。主持人用温暖的声音、疗愈的话语，抚慰着人们的心灵，我深受触动，我也要温暖和治愈别人。

大学毕业，结婚生子，我和多数人一样，过上了平凡的小日子。那时候，除了上班，我几乎把所有的精力都放在了孩子身上。一来，我从小喜欢孩子；二来，因为妈妈的离世，我深刻地体会到父母对孩子成长心理上的重大影响，所以我特别重视孩子的教育，希望自己能成为一个好妈妈，给孩子一个治愈一生的童年。潜意识里，也希望弥补我儿时失去亲生母亲的缺憾。

孩子三岁时，为了解决孩子成长过程中的种种困惑，本想考儿童心理学硕士的我，在朋友的推荐下，参加了一个工作坊。或许是命运的安排，她记错了日期，我抱着"来都来了"的心态，阴差阳错地上了萨提亚工作坊的课。

下课后，我异常兴奋，原来在物质世界之外，还有一个无比广阔的心灵世界。我为这一发现而满心欢喜。自此，我踏上了自我成长的漫漫长路。

漫长的追寻

出于对探索内心世界的强烈兴趣，以及为了解决育儿、婆媳、夫妻关系中的种种问题，我开始大量购买心灵方面的书籍，如饥似渴地阅读，却由于不会练习，收效甚微。

几年间,我陆续到全国各地上了很多课程,包括从母亲智慧、领袖智慧等智慧类课程,到宇宙法则、吸引力法则等新时代类课程。随着所学增多,我越来越想弄清楚,宇宙和生命的真相究竟是什么?我是谁?我从哪里来?要到哪里去?

为此,我满世界地追寻,投入了大量的时间和金钱。虽然有一点成长,却始终没有找到带我走向真正自由、找回自己力量的方法。

直到有一天,我看到一本书,从量子物理学角度讲述人类所在的宇宙,是怎样的虚拟实境,是如何产生的,以及如何改变人生剧本,达到心想事成、自由创造的境地。我如获至宝,反复研读。我学会了回到身体内在感受情绪的方法(初级的情绪释放),并在较大的情绪来临时练习。

大约一年半以后,我突然觉察到,我的人生剧本有了改变。关系、财富和健康,都呈现出了非常良好的状态,经常心想事成。

因此,我成为大型课程里同学们学习的榜样。大家以为这是我上课学习的效果,但我心里很清楚,这是释放情绪所带来的结果,所以一有机会,我就会推荐大家做释放情绪的练习。

当时,课程举办了一个演讲比赛,竞选"正能量大使"。事实上,我平时在课上特别低调,几乎没有上过台和大家一起分享,但这次,我为了把情绪释放法分享给更多人,就报名参加了比赛。不是为了获奖,而是受到内心的召唤,我兴奋地想把涌动在心中的真心话分享给大家,告诉他们有关人生真相的奥秘,希望更多人通过情绪释放受益。

没想到,我的演讲成为整场比赛中最受欢迎的一场。演讲结束后,我收获了一大批热情的粉丝,就连去餐厅吃饭,我都会遇到粉丝热情地打招呼,体会到了一战成名的感觉。我被授予很多人梦寐以求的官方"正能量大使"证书,还跟随课程,在全国巡回开课时分享,每节课至少有1000人参加。

我知道,如果我选择这样的生活,很快就可以名利双收,赚得盆满钵满,但是,我扪心自问,这就是我想要的吗?

我知道课程里教的方法并不是完全正确的,对于改变生命来说,效果有限。而我对情绪释放的研究才刚刚开始,还没有找到可以在此生获得心灵完全自由的路径。如果我选择开全国巡回课程,则意味着我将不再有时间去寻找真正能够带来自由的方法。于是,我放弃了这个难得的机会,选择高处谢幕,向内探寻,去实修,练习静坐、释放,不再想走捷径。

当学生准备好了,老师就会出现。当我放弃外在的追寻、向内修心没多久时,我遇到了真正的师父。师父验证了我"观照加释放"的道路是对的。这一次,我欣喜不已,我终于找到了能带领我走向真正自由的师父,而且是完全免费的!天知道我心里有多么感恩!

师父大隐隐于市,是有千年底蕴的中华心法传人。中华心法的前半段教的就是从心而发的情绪释放法,源于轩辕黄帝的守中思想,源远流长,直指核心,释放效率比起一般的释放法来说事半功倍,而且大道至简,入门简单,适合所有普通人练习。

通过练习从心而发的情绪释放法,我学会了真正地爱自己,更加接纳孩子,同时感受到老公对我深深的珍惜与疼爱。

当我练习情绪释放后,我看到了婆婆因为从小被送给别人当养女,所以内心深处还是一个缺乏爱的小女孩。现在,我内心有了更多的爱,我理解她,给予她包容,而不是与她争夺爱,她自然也变了。曾经喜欢负面解读事情和打小报告的婆婆,对我越来越好,凡事想着我。

通过释放情绪,不仅方方面面的关系和谐了,财富充足,身体健康,还经常心想事成。我过上了岁月静好的生活:泡茶、插花、唱歌、做释放……这样的生活很惬意,然而,我看到身边还有些人正在经历苦难:

深陷泥潭,无法自拔,想挣脱,却找不到可以拉自己一把的手的那种无助与绝望;

在困境里哭泣,呐喊,寻找光明,却遍寻无果的辛酸与痛苦;

在深夜,卸下防备,任由泪水滑落,浸湿枕头时的崩溃与脆弱;

走遍世界,想获得心灵自由,却不断碰壁,被"割韭菜"的失望与无奈……

我问自己,能为他们做点什么?

我想,我能带给他们最好的礼物,就是把带我穿越风暴的方法——中华心法——"从心而发"的情绪释放法,教给他们。

"授人以鱼,不如授人以渔。"学会了从心而发的情绪释放法,心会成为生命中的定海神针,把力量越来越多地收回到自己的内在,不再惧怕人生中的任何风浪,也不再需要把幸福寄托在任何外在的人、事、物上。

我希望:

我走过的弯路,你不要再走一遍;

我踩过的坑,你不必再踩一次。

因为淋过雨,所以想为你撑把伞;

因为怕过黑,所以想为你点盏灯。

于是,出于对大家境况的同理心,以及内心的召唤,我下定决心,走上了传播情绪释放法的道路。

如何让新同学可以更快、更好地理解和练习,成为习惯,是我研究的重点,也花了很多工夫去打磨课程和服务。

我们的情绪释放营,几乎是婴儿式的陪伴服务,不但有大的社群,还分了小班,每个班都有专属教练和点评教练。每次大群共修后,还有小组语音交流。让每一位成员被看见、被引导,那是心与心的联结。参加过的同学都很喜欢并享受这种心灵的交流,这是在其他地方很难找到的归属感。

我们的情绪释放营任务很重,也很辛苦,但是,看着每一期的新同学从对释放一无所知,到学会在日常工作、生活中随时随地释放情绪的改变;看着他们通过专题释放,完成生命中的一些重大课题;看着他们在日记里分享生活中一点一滴的正向改变,我发自内心地感到欣慰,一切辛苦和付出都值得。

释放的奥秘

那么,究竟什么是情绪释放?为什么要释放呢?

情绪的真相

在成长的道路上,你每天都会产生各种情绪,包括愤怒、悲伤、委屈、恐惧等负面情绪。你是不是以为,这些你经历过的情绪,现在都已经如过眼云烟,离你远去了?

我曾经也这样认为,后来我才知道自己想得太简单了。我要向你揭示两个不为人知的情绪的真相:

第一,情绪的本质是能量。

物理学家普朗克曾说:世界上根本就没有物质,所谓的物质,就是一束束快速震动的能量。

不仅物质的本质是能量,情绪和念头的本质也是能量。物质世界的一切,在本质层面都是能量。

第二,过往那些未被允许、流经你身心的情绪能量,被压制在内心,影响着健康、人际关系、生活、工作等方方面面,只是你全然不知。

就像家里常年不打扫的死角积满了灰尘一样,内在的情绪垃圾肉眼看不见,但是每天都在累积,越积越多。绝大部分人不知道它们的存在,更不知道如何释放与清理。

三个处理情绪的误区

人们在成长过程中,无意识地学会了三种处理情绪的方式,也是三个误区:逃避、压抑、发泄。

先来看看下面这个场景:

你下班回家,感觉很累,想起工作上一个颇有难度的挑战,顿时压力山大,于是,你坐在沙发上,漫无目的地刷短视频。过了一会儿,你推开书房的门,发现熊孩子还没写作业,在和同学连线打游戏。你怒火中烧,考虑在同学面前给孩子留点儿面子,心中默念"亲生的",硬生生地把怒气压了下去。

这时候,你老公回来了,他把臭袜子随手一扔,打起了游戏。你终于情绪大爆发。

在这个场景里,你分别走入了处理情绪的三个误区:

第一,逃避,即把情绪搁置在一边,忽视它

你通过刷短视频,暂时从压力感中转移注意力,是一种逃避情绪的方式。常用的逃避方法还包括看电影、看电视剧、喝酒、散心、找人倾诉、玩游戏、吃东西……总之,就是把注意力转移到其他地方,暂时避开情绪风暴,就像鸵鸟把头埋在沙子里,眼不见为净。

第二,压抑,即忍耐

你发挥"忍者神功",压抑对孩子的怒气,使用的就是这种方式。

这种应对方式,在生活和工作中很常见。比如,你被爸妈或老板训了一顿,不敢反驳,忍气吞声;你为了维持和谐的关系,隐藏因同事不恰当的言行而引发的愤怒;家长不允许孩子哭(特别是男孩),孩子只能硬生生地憋回去……诸如此类,其实是把情绪能量压到了身心内里。

第三,发泄

就是把情绪能量宣泄到外物或者别人身上,比如,摔东西、大哭大叫、争吵等。这起到一定的宣泄作用。

可惜的是,这三种常见的情绪应对方式,都无法真正地把情绪(变异的、堵塞的能量)清理掉。

逃避、压抑情绪,就像把气体困进内心,变成一个行走的高压锅;宣泄情绪,就是当你无法再压制时,突然掀开高压锅盖,滚烫的气体喷发出来,很容易烫伤别人。而负面情绪在身体和心灵内在越积越多,你最终会不堪重负。

其实还有第四种不为人知的选项。

绝大多数人都不知道,其实还有另一种选择——把炉子上的火关了,安全地清空高压锅里的气体,这种方法就是情绪释放。

如何真正有效地释放情绪能量?关键就在于,从头脑回到身体的感受上。感受是从头脑回归心灵的桥梁。

既然情绪是能量,那么,能量是没有好坏之分的。你需要真正了解这一点,才能做到平等地感受你的情绪,而不会陷入头脑的故事和分析、评判中。

因为所有的能量,都需要自由地表达。只有通过感受情绪在身体内在所产生的反应,允许它自由地表达,它才会真正地重新流动起来,或者说,从堵塞的、凝滞的、低频能量状态,转化成流动的高频能量状态。

为什么要释放情绪?

最重要的原因是,积存的情绪会对生命质量带来负面影响。

如果不去释放情绪,那些被压抑、储存下来的情绪能量,会一直留在身心里,将对生命产生长远的负面影响。

这个真实案例的主人公,是我们第一期"21天情绪释放营"的优秀学员平(化名)。平是一位博士,二级教授,从事科研和教学工作,出版过4本书;作为第一起草人,编制了6个行业标准;获得过国家技术发明二等奖1项、省部级科技进步一等奖2项。他是行业内该专业的带头人。

他起初来我们公益群学习时半信半疑,但毕竟是搞科研的教授,有一股一探究竟的钻研精神。他决定参加"21天情绪释放训练营",好好练习释放情绪。以下是他本人参加训练营后的分享:

我曾经有一种恐惧的情绪。可能大家会觉得有点好笑,我这么大个人,见到坟头、太平间、死人的场景,包括卖丧葬品的商店,都会感到恐惧。即使距离这些场景很远,心里仍想着,老是感觉有什么东西追着我似的。还没走到,就感觉想着它了;走过去了,心里还想着,放不下来,所以,有时候要路过这些地方,都宁愿绕很大一圈。

我产生这种恐惧的根源是什么呢?其实,随着岁月的流逝,儿时的这件事情早已忘到脑后了,直至练习中华心法的"雪儿心忏法",才发现,这是我见到或想到坟茔、太平间或丧葬店时,就会有莫名其妙的感觉、让我浑身不舒服的恐惧情绪的根源。

因父亲去世早,我早早就帮家里干活。10岁那年,我上山拾柴火,在山上一片松树林中,我一个人用耙子收集落在地上的松针。突然看见一个坟茔的一角塌陷了,里面黑洞洞的,我顿时毛骨悚然,吓得魂飞魄散,拔腿就跑,一直感觉身后有一个东西紧紧地追赶我。直到我跑到松树林外一个开阔、明亮的地方,才敢回过头看看,后面什么也没有。我这才一屁股坐在地上,惊魂不定。

在21天训练营,我把这个恐惧的场景放在心窝里释放。释放了七次,才算释放干净,其中有两次释放是号啕大哭、流泪、打嗝、排气,还有后背有针刺一般的疼痛感。我心想,怎么会这样?第一次、第二次释放完,我路过这些地方,心里平静多了。七次释放以后,我再从这些地方路过,一点恐惧的感觉都没有了。

正因为这件事情,我坚信遇到宝贝了。随着深入学习,我发现中华心法不仅能有效地释放那些久远的堵塞情绪,还可以随时随地地用在工作、学习、生活的方方面面。通过学习与实践,我的感知力、精力、效率和人际关系等都有了很大改变,包容心、爱心也大大提升,从内到外都迸发出蓬勃向上的能量。周围同频的朋友也越来越多,他们都说我活成了一束光。

通过这个案例,可以看出:在被遗忘的往事中遗留下来的情绪,依然对身心内在有着重大的影响,只是没有意识到它的存在罢了。

著名精神分析学家弗洛伊德曾说:"未被表达的情绪永远不会消亡。它们只是被活埋,并将在未来以更加丑陋的方式涌现。"

人们以为过往发生的事情和情绪早已"雁过不留痕",事实上,那些当初没有被充分体验的情绪能量,依然堵在身心内在,影响着身心健康。很多困扰人的行为反应,都是过去积累的这些情绪能量所造成的。

练习情绪释放的时候,会在身体层面再次体验到,那些经年累月深藏在暗无天日的"地下室"的情绪能量,往往以打嗝、排气、流泪、打哈欠、胸腹部能量堵塞感或微微疼痛等形式表现出来。

接下来,我分别从情商、关系、健康、事业财富这四个方面,进一步分析为什么要做情绪释放。

情绪与情商

人生中的多数问题,都是情绪困扰的问题。如果把行为当作一面旗帜的话,情绪能量就是吹动旗帜的风。很多人只看到旗帜在飘动,却没有看到情绪能量才是背后看不见的驱动力,他们对于情绪真相的本质一无所知,对如何处理情绪更是知之甚少。

我听过太多因为负面情绪得不到及时疏导而伤人伤己的新闻事件。和他人发生口角、打架、得抑郁症,甚至自杀,都是压抑情绪的后果。

你在生活中,是不是无法表达内在情绪?没有被倾听、理解,反而被忽视、漠视或无视?

在你成长的过程中,是否曾经因为产生某种情绪,而被人评判、指责,甚至羞辱?

内心的情感需求长期无法得到满足,这些是一切痛苦和问题的根源。

用释放的方法清理身心内在积压的情绪能量,内心本有的爱、宁静和温暖就会显现,从而成为一个充满爱和温暖的人。与情绪智商(也叫情商)高的人相处,会给人一种如沐春风、舒服自在的感觉。

情绪与关系

你我都曾在各种各样的关系中体验过愤怒、悲伤、委屈等负面情绪。情绪能量升起时,会有不舒服的感觉,所以,会下意识地逃避和压抑它们,于是，它们被储存在身心之中，时间越久，藏得越深。如果不及时释放、消融，它们就像潜伏在你内在的炸药包，在未来遇到一点儿火星，便会原地爆炸，你就成了易燃易爆炸体质。

它会不断地破坏你与他人的关系，特别是与你相处时间最长、最亲近的父母、伴侣和孩子，明明彼此有爱，却总是互相伤害，这就是内在存储的情绪能量在捣鬼。比如，当父母唠叨、批评你的时候，当伴侣没有达到你的期待的时候，当孩子早上拖拖拉拉导致上学迟到的时候……你忍不住大发雷霆，却又后悔不已。事实上，当时那一股升腾而起的巨大的怒气，其实是在人生过往很多次相似的场景中不断积累的愤怒的情绪能量被激活了，就像沉睡的火山突然爆发，岩浆四射，伤人伤己。所以，如果你不去处理内在的情绪能量，这些积压的"垃圾"，即使过了再多年，依然还在那里，而且变得越来越多。

情绪释放不仅可以及时释放日常生活、工作中产生的情绪能量，从而改善人际关系，还能清理成长过程中更深层、更久远的情绪能量，甚至在释放中看到问题真正的根源（得到灵感、启示），从而解决根本问题。

以我自己为例。以前，如果我的先生晚上超过12点不回家，我心里就会很难受。即便想睡觉也睡不着，直到他回来。

没有学习情绪释放时，我把过错归咎到他的身上。后来，我对此进行情绪释放，突然发觉，他不回家，我就睡不着觉的根源：母亲去世后，父亲出差，偶尔遇到突发状况耽搁了，为了赶回家照顾我，父亲即便星夜兼程也要回来，有时候后半夜才到家。那个年代没有电话，我不知道父亲什么时间能到，甚至担心他能否安全回来……所以，每当先生深夜没有回家时，被压抑在幼小的我内心深处的紧张、焦虑、担心的情绪能量被激活，那种"担心爸爸回不来"的恐惧再次苏醒。

当我在做情绪释放的时候，我看到内在的真相，感受到了这些卡住的情绪能量，于是我感受它们，允许它们重新流动起来，同时，把当下我作为一个成熟女人的爱与安全感发送给内在的小女孩。当释放了这些情绪能量后，我终于可以在先生晚归时，安然地入睡了。

释放情绪能量是从根源上解决问题的办法,也是可以彻底拿回内在力量的方法。

当你有了这样的认知,就不会去抱怨外在的发生,所有关系都成为你在人生游戏中"打怪升级"、自我成长、提升能量等级的"练功场"!

金庸先生在《笑傲江湖》中写了这样一个情节:田伯光每砍令狐冲一刀,令狐冲接不住招,就进山洞去求教风清扬,然后出来应战。打不过就回去学一招,如此反复来回,终于一步步练成了绝世神功——独孤九剑。

当你学会了情绪释放以后,那些外在的"讨厌鬼"在你生命中的角色就好比是田伯光,它们每次引发出你的情绪,你就释放,再引发,再释放。每次释放,都会把内在的低频能量更多地转化成高频流动的能量。

渐渐地,你会发现,你的心胸越来越开阔,心量越来越大,以前要气一个礼拜的事情,现在 5 分钟就好了。有些旧的循环轮回的能量模式解除了,直到有一天,情绪像流水一样流经你的身心,而你坐在河边,静静地欣赏河水顺流而下,你就获得了情绪自由。

财富自由无法带来真正的幸福,而情绪自由可以。这时候,你会无比感激那些生命中陪你"练功"的"讨厌鬼"。

情绪与健康

如果你没有练习情绪释放,平时产生负面情绪的能量并没有离开你,而是堵塞在了你的身心内在。想想看,从小到大你堵塞了多少能量?

《黄帝内经》中写道:"通则不痛,痛则不通。"不通是指内在能量堵在身体里,堵在经络里,这些能量的堵塞,就是内在的病灶、健康的隐患。

当它们在你的身体里越积越多时,就会从量变到质变,以疾病的方式显现出来,表现为身体疼痛等,比较严重的情况,如肿瘤。在心理层面,如果情绪堵塞、积压太多,没有释放,就会发展为焦虑症、抑郁症等较为严重的心理病症。所以,情绪释放通过消融内在的能量堵塞,能够辅助加速疾病的治愈。我就是遵医嘱吃药,并结合释放情绪能量,很快地治愈了甲状腺问题。

而我的学员中,通过释放,疗愈头痛、牙疼、皮肤病、便秘等各种健康问题的案例非常多。

情绪能量与财富

如果把每个人比作财富能量流经的管道,导致财富充足和匮乏的原因,是有的管道比较畅通,能量流动顺畅;而有的管道堵塞,能量进不来。所以,提升财富能量,重点就是打通或者拓宽能量流动管道。

如何才能疏通能量管道,增加财富流量呢?根本方法就是情绪释放。

宇宙间的能量是自由流动并且无限供应的,但是人们内心有各种限制信念,例如,有钱不好、我不值得、金钱是恶俗的……这些限制性信念的本质是深层的能量堵塞,这些东西相当于能量管道里的信息垃圾、石头泥沙,使管道拥堵不畅。

持续通过释放、清理内心关于财富的限制信念(能量堵塞),相当于由管道工疏通了管道。管道越通畅,流经的财富能量越大,同时你心想事成的能力也会越强。别忘了,广义上说的财富能量不仅是金钱,还可以是其他达成愿望的形式。

人这一生,就像一棵大树,关系、财富、健康是树枝,树根则是能量层面。倘若树上只结了零星几个果实,个头特别小,树叶枯黄,你只顾专注地修剪树枝,又忙又疲惫,却收效甚微。那是因为你没有注意到,树根已经严重缺水,你只需要给树根补足水分,便会枝繁叶茂、硕果累累。

同理,从心而发的情绪释放,就是回到生命的树根——能量层面去用功。现象层面(情商、关系、健康、财富)产生的任何问题,都必须回到能量层面去解决。

生命兜兜转转,人生的故事总是埋着长长的伏笔。

我童年时,希望从医,帮助他人预防癌症;少年时,希望用温暖疗愈他人心灵。虽然在时光的沙漏中,这些愿望已然渐渐模糊,但是在今天回首,却发现,它们经由我传播情绪释放心法而完美地实现了。来自心灵深处真诚的初心,总是会在冥冥之中引领着你,实现你此生为之而来的使命,正所谓"念念不忘,必有回响"。

生命的磨难和考验,不是为了打垮你,而是为了让你穿越它,然后去帮助那些无处安放灵魂、身处磨难之中却不知所措的人。

上帝以痛吻我,我必报之以歌。

生命给你的伤疤,你可以把它绣成花。

不同于知识学习类的课程,练习情绪释放要出成果,需要时间。我们花了整整一年的时间,终于带教出一批非常优秀的情绪释放教练。

记得在最近一期训练营开营的时候,一位教练在他的日记里写道:"感恩心法,感恩师父,感恩雪儿老师,感恩互相陪伴、互相滋养的学长们。我会像你们引领、陪伴、滋养我一样,用爱的能量滋养新同学。"

爱的能量会被传递。在爱的滋养里成长起来的人,也会把这份爱传递给后来的人。

每个人都可以点亮自己的心灯,再去照亮身边的人。正如一句话所说:"微光会吸引微光,微光会照亮微光,我们相互找到,然后一起发光,把世间照亮。"

祝福你。

静儿

营养IP孵化教练
国际注册心理咨询师
国家级医学实验室供应商

扫码加好友

静儿 BESTdisc 行为特征分析报告

SDC 型

5级　**工作压力**　行为风格差异等级

新女性创造社

报告日期：2022年06月26日
测评用时：08分14秒（建议用时：8分钟）

BESTdisc曲线

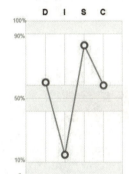
自然状态下的静儿

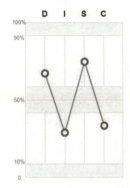
工作场景中的静儿

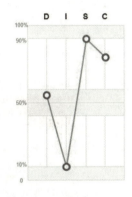
静儿在压力下的行为变化

D-Dominance(掌控支配型)　I-Influence(社交影响型)　S-Steadiness(稳健支持型)　C-Compliance(谨慎分析型)

　　静儿可靠、真诚、温和、友好，但在工作中，有自己的原则。她目标明确，更有勇于开拓的精神。静儿被大家认为有团队和合作精神，她对所负责的工作表现出高度的责任心和忠诚度。她会运用收集到的信息，凭着经验和知识，运用逻辑开展工作。尽管看起来安静、低调，静儿也有着自信、坦率、果断的一面。

人生下半场,平凡而后勇

从自救到救人,孤身走过暗巷的我知道:最高级的营养是生命滋养。

改变命运的抗争

我是静儿,出生在一个闭塞的小镇。

5岁那年,父母离异,母亲带我搬出了那个家。此后10年,父亲拒不承担学费和生活费。成长在缺爱的家庭,我从小敏感、自卑,不敢说话,又长得矮小,一度成为同学们欺负的对象。

我和母亲相依为命,一分钱掰成两半花,日子再苦再难,我都没听母亲说过父亲一句不好。她希望我向前看,不要活在苦痛和仇恨里。为了减轻母亲的负担,尽管我百般不舍,还是放弃了读高中、考大学的机会,选择去技校学电工。最终,我以全班第一的成绩毕业,当上了生产线上拧螺丝的工人。

我深知,无法选择自己的出身,但我可以脚踏实地地做好眼下的事。只有这样,才有机会选择想要的生活。

一没学历、二没背景的我,四年后赶上了国企下岗潮。"塞翁失马,焉知非福。"面对生活的困境,我不服输,咬牙逼自己突破,一家公司接一家公司地去面试。经过层层选拔,我进入全球行业排名前八的企业,成为公司当时最年轻的一线生产车间的管理人员。

我格外珍惜这份来之不易的工作。工作三班倒,公司离我租住的地方步行要两个多小时,我会在零点准时到岗。至今,我仍感恩这份工作,培养了我细致、严谨的工作态度,带给我前所未有的安全感。我曾以为,这里就是我的归宿。

我从小就知道,想要的生活只能靠自己争取。我想改变困窘的生活,想让母亲过上好日子。工作之余,我到旅行社兼职,得以去北京、上海、香港、澳门等一线城市,开阔了视野。

和先生裸婚时,我们一穷二白,我戴着一枚40元的戒指,嫁给了爱情。当时,我动用所有的资源,借了24万元,开了一间24小时便利店,独自一人看店、进货……尽管再辛苦,我都没喊先生帮忙,不希望他因为这些琐事而在事业上分心。可是,要强的我连续熬了500多个日日夜夜,身体终于吃不消了,被家人送进医院。刚做完检查,还没等我回过神来,一个晴天霹雳向我袭来——我流产了。

我怀孕了?什么时候?我全然不知。没日没夜的操劳,我没把自己的身体当回事,眼睁睁地和小生命擦肩而过,我后悔不已。

为了调理身体,我将生意红火的便利店亏本转让。让我欣慰的是,先生以多年精益求精的匠人精神,成为一名国宝级文物修复师。我重新开始备孕,并重返职场。我选择进入一家生物公司,也是希望在药企和原料药的供应商公司里,能够获得备孕的帮助。

慢慢地,家里的经济条件越来越好,我们从一无所有,到坐拥市中心4套房。美中不足的是,我的肚子始终没有动静。我渴望当妈妈,憧憬拥有一个幸福的三口之家,却始终挣脱不了反复流产的厄运。

再次怀孕时,我喜不自禁。谁承想,第40天检查时,发现是空孕囊,没有胚胎,也没有胚芽。

这次经历之后,我每天打针吃药,每周做一次抽血检查,前前后后坚持了大半年。可就在再次怀孕两个多月时,又无症状地流产了。

第 3 次流产,我的身体严重受损。呆坐在医院走廊,看着来来往往的孕妈,我崩溃地号啕大哭。为什么命运对我如此不公?面对生活的坎,我从不低头,推翻了一切不可能。可是,就连当妈妈这样简单的心愿,老天爷都要剥夺吗?

一次次希望燃起又破灭,我的身心倍受打击。身材因为服用激素类药物而变得臃肿,脸色蜡黄,脾气暴躁。亲人、朋友的关心,像一张密不透风的网,压得我喘不过气来。在外界舆论的压力下,先生感觉抬不起头,经常对我发脾气,我们的婚姻一度处于紧张的关系中。

我不认命。日子要过下去,孩子是横在我和先生之间的大事。我开始跑医学院,敲开一个又一个实验室的门,推销生物试剂和耗材。我希望通过这种方式认识权威教授,增加一点怀孕的可能性。

8 年生物行业的工作经验,让我对生物制剂、膳食补充剂的成分与级别,有了系统且专业的认知。多家医院的诊断结果一致告诉我,我的身体状况不符合试管条件。

可我还是不认命。先后查阅国际医学学术刊物,潜心钻研营养学,通过营养干预手段,打破基因突变的医学限制,我竟然自然受孕了,拥有了一个健康的女儿,终于结束了长达 9 年的艰难备孕。

经过营养调理,孕早期各种保胎药物给身体带来的副作用显著降低了,而且孕后期也没有妊娠糖尿病和高血压的困扰。通常像我这样保胎生出来的孩子会体弱多病,不过女儿畅畅出生以后,不哭不闹,吃饱就睡,非常好带,体质也特别好,哪怕是下雪天,光着脚,也不会感冒。产后半年,我通过营养调理,健康减脂 30 斤,状态比 10 年前还要好。

我越来越清晰地认识到,我的肥胖、身材矮小、怀孕难,除了遗传因素,更多的是因为后天养育方式不当所造成的。如果能在早期通过营养手段进行干预,我成年后的健康情况会截然不同。

助人的梦想

在生物一线和营养领域深耕多年,我亲眼看到许多人忍受着病痛的折磨,也看到很多年轻人因无法得到医治而离世。我想做点什么,让更多的女人和孩子不要再经受我经历过的痛苦!

成为一名专业营养师,这个梦想在我心里生根发芽。这是我对自己的疗愈,也是对女儿的爱。我希望帮助更多孩子改善营养与健康状况,让他们都能健康、快乐地成长。同时,我也希望帮助和我有类似遭遇的妈妈,走出痛苦和无助的深渊。人生的下半场,我要全力以赴,帮助10万名女性走进营养学的世界,用健康知识帮助她们。

我开始带着先生和没断奶的孩子去全国各地学习。当我的营养事业走上正轨时,突如其来的疫情,让我遭受重创,收入断崖式下跌。线下沙龙被迫关停,无法面对面与客户沟通,我急得像热锅上的蚂蚁,寝食难安。

此时,我看到好朋友钟声的状态越来越好,似乎没有受到疫情的影响。和她聊天,我才惊讶地发现,她的思维方式有了巨大的转变。原来,她在跟薇安老师学习个人品牌,已经用互联网营销模式玩出了新花样。

我迫不及待地报名学习。我发现,我与薇安老师的理念"过有成果的一生,有钱、更值钱"不谋而合。她的商业思维融合了人生智慧,提升了我的认知。她像一束光,照进我心底,温暖了我的心。这让我更加坚定初心,持续学习,提升专业水平,去帮助更多人。

由于孩子年幼,需要照顾,我只能等她睡着以后,才能开始学习。家人不理解我为什么要如此折腾,我也为得不到他们的支持而苦恼,尤其当我看到平台上优秀的同学取得骄人的成绩时,我便陷入自我怀疑,我能行吗?焦虑、自卑、不安全感环绕着我。

老子云:"知人者智,自知者明也。"我开始向内探求,学习心理学,主攻心智测评方向。面对真实的自己,了解自己的个性和天赋特质,扬长避短,有针对性地调整行为风格,才能更好地帮助他人。

我的老师曾对我说："静儿，你天性就是能为他人赋能、带去力量。""静"字中的"青"，代表万物生长的勃勃生机，也象征着奋不顾身、勇往直前的精神。在薇安老师一对一的赋能和指导下，我的线上工作逐渐步入正轨。当我为他人赋能，并得到越来越多的正向反馈时，我同样被滋养着，心生喜悦。

小石（化名）就是我帮助过的人之一。他12岁，个子矮小，经常4~5天排便一次。小石妈妈带他到医院检查，其中一项遗传身高检测数据只有167厘米，小石妈妈非常着急。母子二人经过朋友介绍找到我，我发现小石因为早期饮食和环境接触等因素，影响了他的肠道菌群。

很多人不知道，肠道菌群高度参与并影响人体的消化和新陈代谢，人体免疫功能的很大一部分是在维持肠道菌群的稳定，人体70%的淋巴细胞位于肠道相关的淋巴组织中，肠道分布的神经元数目仅次于大脑，肠道菌群与大脑神经系统之间的联系是通过"菌群 - 肠道 - 大脑轴"来实现的。

我通过前期的功能医学检测，除去慢性食物变应原，不到一周，小石的便秘明显改善。通过深入了解生活细节，调整饮食结构，比如监督他的喝水情况、睡前是否有情绪压力、运动等，小石在14岁时，身高达到了172厘米。这证明了，正确的营养调理可以改善遗传身高，看着母子二人满意的笑容，我为自己的事业感到骄傲。

睿睿（化名）是一个可爱又有才华的女生，她毕业于985名校，而后又去国外留学。工作后，考取了行业内的专业证书。她擅长写作，喜欢摄影。因为从小肥胖，她一直不自信。减肥方法屡试屡败，加上遗传因素，越减越胖。她找到我时，已经患有重度焦虑症，睡眠质量差，情绪很低落。回国后，她也一直没敢出去找工作。

综合了解她的情况以后，我发现，她从小脂肪细胞的数量比较多，加之她天生的感性脑思维，心思敏感，情绪受外界影响比较大，对减肥的目标感不太明确，只要生气就会借食物发泄，常常会忘记减肥这个事情。同时，家族遗传了激素极度代谢受阻，外婆、妈妈、小姨以及她自己都有乳腺结节。

因此，我为她每周制订合理的减肥目标，帮她循序渐进地调整，养成一些很小的健康习惯，以及在运动前后进行营养补充。同时，有针对性地补充营养素，对抗胰岛素抵抗，从而减轻胰岛素对雌激素分泌的影响。通过调整她的日常饮食和生活习惯，及时为她心理减压，成功减了20斤。

瘦下来的她，皮肤状态、睡眠质量、精神情况均有了明显改善。截至目前，已经3年过去了，她的体重很稳定，多个乳腺结节不仅没有增大，还有不同程度的缩小或直接消失。

身材重塑之后，她变得爱笑了，我时不时会看到她在社交软件上分享自己美美的照片。如今，她是一名企业培训师，身着正装，站在讲台上，与3年前判若两人。睿睿说，是我改变了她的命运。这句话，让我更加笃定我的选择。

我身边的案例也有许多。去年，表嫂突然打电话给我，没等我说话，她抢先说："我的检查结果出来了，是糖尿病。医生说治不好，建议我找营养师调理。你说好端端的，咋得了这病呢？"她言语间流露出不可思议，听到她这样说，我心里真不是滋味。

早在3年前，我就曾建议表嫂减肥，但是她没当回事。其实，健康的肥胖是不存在的，"肥胖是一种病"已经得到了医学界的公认。它是身体的慢性炎症，是可能导致高血压、糖尿病、高血脂、肿瘤等很多慢性疾病的危险因素。

表嫂已经得了糖尿病，这类病变很多是较难逆转的，甚至会导致多种并发症，最常见的是神经病变和血管病变。马来西亚首个糖尿病问卷调查结果显示，在糖尿病的并发症中，截肢占比95%、心脏病占比75%、眼睛受损占比93%、肾脏受损占比90%、神经受损占比84%。一串冷冰冰的数字背后，结果令人心痛。

于是，我为表嫂制订了个性化的饮食餐谱，而且要求她拍摄每一餐的照片给我。经过吃20天的降糖药和营养调理，表嫂的空腹血糖从13 mol/L降到了6.95 mol/L。3个月后，血糖恢复正常，病情缓解了很多。虽然药物逐渐停了，但仍需要长时间管理，坚持每天测血糖，每一餐都需要严格控制。

这件事带给我很深的触动，它就发生在我的身边，发生在我的亲人身上。

正因为如此,我感受到重大的责任和使命,营养健康事业任重而道远。我要通过努力,让人们养成健康的生活习惯,从日常点滴开始预防。我余生只做一件事,用健康知识帮助更多女性,成人达己。

绽放健康的光芒

前些天,我年仅 55 岁的表姐过世。我回到出生地大通湖,送她最后一程。

表姐只比我大 12 岁。她一生的不幸,都是源自她一岁半那年的一场感冒,家人抱她去诊所打针,这一针让她从此再也站不起来,只能一辈子与拐杖为伍,彻底改变了她的命运。

人生无常,你对生活的规划和期许,抵不过命运一次不怀好意的安排。表姐这一生,活得很苦。去年 10 月,她查出肺癌晚期,她清楚家里条件不好,没钱治病,选择了放弃治疗。她在生命最后的日子里,躺在病床上,依旧守着我的直播间,给我点赞、打气。我知道,她羡慕我的人生。

我总在想,如果没有当年那场意外,表姐的人生也许会是一番美好的景象。如果家人懂一点营养与健康常识,知道感冒、发烧可以先通过物理降温的方法处理,不一定非得打针,是不是会有另一个故事?甚至,如果我能早几年接触线上商业模式,早点打造新营养 IP 生态圈,带表姐跟我一起做,帮她从身体,到心理,再到思维认知进行升级,那么一定能帮她找到并创造价值。或许她就不会生病,或许可以早期发现,及时干预、治疗,一切都会不同。

我们打造的新营养 IP 生态圈,就是先让你改善身体体质,把服务做到极致,提供全套的解决方案,还有 6 大变现模式,让大家在这个平台上共享很多就业机会。尤其是生完孩子之后的女性,很多人为了带孩子,被迫离开职场,手心向上,看人脸色,毫无价值感,动辄情绪失控,因此,我们要打造心理与身体相结合的健康管理方式。

为了帮助更多人,7月26日,我首次挑战12小时直播,原目标是5万元的GMV,结果达成了121847元的GMV!就连我自己都不敢相信。我曾经是"小透明",甚至不知道什么是个人品牌,不敢当众表达,不会销售,更没有想过做直播。这场直播让我突破自我,没有不可能,只有想不想。我无比感恩薇安老师在2021年收我为私董,让我在平台有了一年顶10年的成长,成功打造出高价值营养师的个人品牌。

这次12小时的直播发售,让我有了8位合伙人,也让我明白了自己的影响力。其中1位合伙人是单亲妈妈,她独自带着孩子,屡次创业失败,拖垮了身体。最近一年,她经常发高烧,抵抗力非常差,在直播间看到了我们的合伙人产品,立马拍下,因为她相信我能带她做出成果。

我曾孤身走暗巷,为原生家庭和学历深感自卑,吃过不少生活的苦头,却打破了命运的枷锁;我从流水线工人,到基层管理人员;从自主创业,到打造新营养IP生态圈。我想拉一把身在困境中的你,我不希望你像曾经的我一样,身处黑暗,看不见一丝光。我希望通过线上健康轻创业,让你由内而外地绽放。

我坚信,我能帮到更多的人,这个信念无比坚定。我要帮助10万名新女性保持身心健康,让我们一起有钱、更值钱,过有成果的一生。

茯苓

中医名家亲传弟子
国家三级健康管理师
薇安成长商学院私董

扫码加好友

茯苓 BESTdisc 行为特征分析报告
SC 型
0级 无压力 行为风格差异等级

新女性创造社

报告日期：2022年06月26日
测评用时：12分08秒（建议用时：8分钟）

BESTdisc曲线

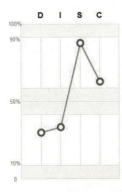

自然状态下的茯苓

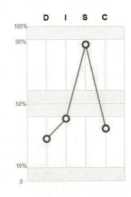

工作场景中的茯苓

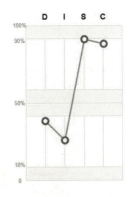

茯苓在压力下的行为变化

D-Dominance(掌控支配型)　　I-Influence(社交影响型)　　S-Steadiness(稳健支持型)　　C-Compliance(谨慎分析型)

　　茯苓耐心、周到、细致、可靠、友好、用心，使别人感觉轻松、舒服。作为一个做事公正、考虑周全的人，她能与大多数人相处得很好。她会不断地调查事实，思考所有可能的方案去解决问题。在集中精力处理项目时，茯苓灵敏而有远见，因此她被认为有相当强的洞察力和执行力。

无医，找回生命的本能

"天下无医，生民无病。"我的梦想和宏愿，讲给你听，做给你看。

我是本能系统换食调理指导师、国家三级健康管理师、薇安新女性创造社私董茯苓，希望我的追梦故事能为你带来一些思考或者收获。

我的成长与梦想

"从医"到"无医"

因为自己体弱多病，母亲身体也不好，我从小就想当医生。我不是天资聪明的人，总是比别人慢半拍，但肯努力，下够了笨功夫，如愿考上了全国排名第一的中医药大学，从小县城来到首都北京读书。

在2006年的校园讲座上，我意外结识了我的恩师和领路人——中医世家传人郭生白先生。他对中医、对疾病的独到见解，让我印象深刻，我也时常向先生请教。冥冥之中，命运的安排让我和先生有了进一步的交流。

2008年，我毕业后，在实习期间，父亲查出癌症金指标癌胚抗原高出正常值几倍，我带父亲去找老先生看诊，没想到吃药仅仅半年，不但指标正常了，身体的整体状态也发生了很大转变。

2009年年底,我毅然从三甲医院辞职,决定跟随先生,从小学徒开始学习中医。没想到的是,2011年,先生在"大医传承"公益项目中,因过度劳累而倒在传承布道的讲台上,享年84岁。

虽然做学徒跟随先生的时间不长,但他高超的医术,对国家、对人民的责任感和使命感,深深地影响了我,从此,我在心中种下了一个更大的梦想,为实现恩师的宏愿"天下无医,生民无病"而努力。

梦想与现实撕扯,我陷入自我怀疑

恩师去世后的五六年时间里,我先是在中医馆工作,后又相继怀孕,养育两个孩子。随着阅历的增长,我更加理解了恩师在中医专业领域和思想境界上的高度,以及他对中医文化与思维传承的迫切感从何而来,也更加清楚了这项传承工作的重要性。但当时,两个孩子耗费了我大量的精力,新手妈妈的慌乱和焦虑加倍袭来。多少个深夜,我只能抱着孩子默默流泪,在这样的状况下,我根本没有余力去做其他事情。

而且,父亲对我从医院辞职一直有意见,经常恨铁不成钢地说:"好不容易培养的大学生,如今成了家庭主妇。"我很惭愧,梦想一直有,但是没有精力和能力去实现。梦想和现实撕扯,我在夹缝中不断地怀疑自己。

这种状态持续了5年之久,直到2018年年底,我与恩师之孙郭达成先生重新联系上了,知晓他继承恩师遗志,并在恩师原来的认识基础上,创新和提升了原有的理论和方法,更利于传承。

经过亲身验证,在他和夫人王小萍老师的信任与支持下,我内心梦想的种子重新发芽。

我开始从为自己、家人调理身体出发,逐渐过渡到帮助越来越多的人收获健康。当收到用户真诚的感谢时,我无比欣慰。我越来越发现,能够帮助越来越多的人明白疾病是怎么回事,如何才能管理好健康,是一件很有成就感且非常有意义的事情。

随着工作量的增加,家庭和事业渐渐无法平衡。在相当长的一段时间里，我满怀信心地做出调整，晚睡早起，但时间仍然不够用，就连给孩子讲睡前故事都成了奢望。

我希望在实现梦想的路上，尽可能多做一些事，但是越着急，效率越低。一方面是家人，一方面是梦想，一年365天，没有节假日，我每天都像上了发条的陀螺，不停地旋转，我再次回到了梦想与现实撕扯的焦虑中。

个人品牌打造，助力我梦想加速

当时，最令我头疼的问题是时间不够用，因此必须找到正确的方法来调整状态。当我看到"薇安说"公众号上的"高效能行动营"的报名通知时，几番纠结后，选择了报名，没想到从此结缘了一位帮助我实现梦想的老师。

我以为"高效能行动营"教的是时间管理的方法，没想到开篇却讲做人的底层逻辑。我被薇安老师的智慧所吸引，又学习了"高情商沟通课""演讲训练营""个人品牌创富营""线下私房课"，我的工作能力有了明显提升，眼界开阔了，思维认知也得到了升级。经济不宽裕的我，果断付费成为薇安老师创办的新女性创造社的私董。因为我深知明师难求，遇到对的老师，一定要紧紧跟随。

薇安老师说，判断一件事情值不值得做，要看它是否利国利民利他。在和薇安老师通话时，老师对我做的事情给予了高度认可和支持，她对我说："你做的事情是真正利国利民利众生的，应该让更多人知道并且受益。"然而，我性格内向，喜欢享受独处，几个月都不发一条朋友圈。老师说，如果不勇敢地迈出去，那些需要你帮助的人如何才能找到你？你如何才能帮助他们？

我的梦想是实现恩师遗愿，传播健康理念，传承恩师建立的生命认知体系，帮助更多人收获健康。正如老师所说，实现梦想不仅需要专业能力，还要让别人知道我、找到我。

我逐渐打开心结，一步步跟随老师的指引，去做个人品牌建设。

个人品牌的底层逻辑是做人，长期主义、专业、可信赖是事业成功、人生圆满、实现梦想的基石。梦想不是一蹴而就的,要做一辈子的事情,需要持续发力、持之以恒地积累,急于一时不能达成所愿。思维的转变,加上好的方法,让我不再焦虑。

经过两个月持续不断的知识输出,一方面加深了我对专业领域的认识,另一方面逐渐有新朋友来找我,用户转介绍和咨询量有了明显增加。在这个过程中,我得到了正向反馈,也越来越自信、从容了。

我不聪明,资质一般,做事全靠笨功夫。幸运的是,我这一路走来,遇到了很多无私帮助我的老师。感恩我的人生与学习的领路人、恩师郭生白先生,助我专业能力快速提高的伯乐郭达成老师、王小萍老师,帮我梦想加速的薇安老师,在迷茫路口给我帮助、指引我方向的刘淑珍老师、蒋晔老师、沈智庄老师等。

各位老师在我的人生路上给予了我巨大的帮助,我也希望自己能在传播健康、实现梦想的路上给其他有缘人指引,帮助他们在健康道路上少走弯路,在实现人生价值的路上走得更加顺畅。

我为之痴迷的梦想,讲给你听

"**天下无医,生民无病。**"**是本能传人共同的梦想。**

健康是人生最宝贵的财富。如何才能不生病、少生病?包括医生在内的大多数人,都会有一种深深的无力感,为了避免没钱治病的窘境,很多家庭会买高额的保险。

医疗仪器越来越精密,治疗方式和水平也在不断完善和提高,但是各种疾病好像并没有减少,大病、慢病逐年递增,甚至很多病因不明。网络上各种筹款治病的消息随处可见,很多家庭根本经不起一场大病的拖累,加上疫情对人们的生活、工作产生的巨大影响……林林总总,人们对疾病的恐惧不言自明。

疫情期间,很多人知道了中医药的疗效,古老的中医在特殊时期被人们重新提起,但是对于普通人来说,想要找到一个真正的好中医是很难的。传统中医的学习,一说"博大精深"四个字就吓退了大多数人。中医拥有两千多年的发展历程,理论芜杂,流派众多,"中医诚可以愈病,却不能以愈病之理喻人",中医语言晦涩难懂,外行人并不理解"气血阴阳""脏腑虚实",因此,中医传播有两大弱点:第一,理论繁杂,不易学习,不易掌握;第二,方法复杂,效果不易复制。

我的恩师郭生白先生,在2010年创立了生命本能系统理论体系,从创立之初就致力于将"中医如何认识疾病""如何治愈疾病"的道理,用最简单、直白的语言告诉世人。不仅有理论,而且有简单、可复制的方法。

经历十余年的积淀,郭生白先生之孙郭达成先生在认识生命的道路上前进了一大步。现在的本能系统体系已经由"医治"进入"养生"时代,由"药物治疗"升级为"食疗调理",用筛选出来的药食同源食品,代替有偏性伤害的药物,尽量避免常言所说的"是药三分毒"的问题。

十余年的实践验证,这套理论和方法可以很好地解决中医传播的问题,并且已经走出了"医"的范畴,中医学习及方法使用不再局限于专业人士。

"天下无医,生民无病"是恩师的宏愿,也是我们每一位本能传承人的共同心愿。经过十多年的努力,我们已经用这套体系在小范围内实现了这个愿望。

我之所以坚定地传播这套体系,不仅是源于梦想,更多的是因为我和家人从中受益良多。在帮助其他人收获健康的过程中,我也更加明白它的珍贵,它所包含的中华文化博大精深。我常常感叹,我们的先人如此伟大。

案例一:"不战而屈人之兵",不治而愈人之疾。新手妈妈的幼儿出疹经历,让我们看到两种不同的思维方式所导致的不同结果。

刘×,女,14个月大,反复高烧4天,发热期间最高体温40℃,无其他明显症状。家长喂服退烧药后,短暂降温,很快又反复发热。发热第3天晚上,开始用本能系统换食方法调理。第5天,体温逐渐下降至正常,同时逐步全身出疹。第8天,疹子基本全部消退。使用换食调理方法6天,热退疹消,恢复正常状态。

调理方法:药食同源食品"郭生白枸杞桑葚果蔬饮(以下简称'果蔬饮')"兑水服用,有形食物暂停,补充薏米汤、红糖水等和白开水。

发烧期间的变化:在按照老师指导的方法实践后,孩子最显著的变化就是汗腺打开,始终有汗,手脚温,大便通畅了,由干变成稀水状,最后小便通畅。"三通"通畅(大小便、汗腺通畅)后,彻底降温,出疹子……通过药物强制降温后,孩子的身上凉得吓人,而且特别容易反复,这与通过极致三通的方式降温是完全不同的。希望孩子这次幼儿出疹的经历,能够帮助到更多的妈妈!

以上内容来自刘×妈妈的分享。

这个案例中,对疾病不同的认知思维方式,以及在不同思维方式下所使用的不同方法,所产生的结果不同,这其中所包含的智慧让人惊叹。

孩子高热时,这位妈妈很惊慌,她一开始用退烧药,用药后,烧退下去。过了几个小时,体温又快速升上来,高热反复发生。这个过程中所使用的退烧方法,是在对抗性思维下的典型方法,就针对发热这个症状进行治疗,是简单、直接的线性思维方式。

发热3天后,孩子妈妈联系我,停止使用退烧药物,开始使用本能系统换食养生调理(以下简称"本能换食")的方法,指导饮食。用负担小的含有营养物质的液体,给身体补充营养,同时用果蔬饮帮助身体促进循环、代谢等系统功能,帮助打通大小便、汗腺这些身体的正常通路。随着通路被打通,身体内积存的毒素从这些通路顺畅排出,体温逐渐下降,出来的疹子很快消退,孩子的急性问题顺利解决,用到的是系统思维及方法。

幼儿出疹的问题,现代医学一般是对症处理,针对的是具体症状和病毒去做处理,也就是说发热退热、咳嗽止咳,通常会使用退热药物、抗病毒药物;而本能系统理念的认知是,身体有自愈的能力,发热是因为身体想要通过升高体温的方式去提高循环、加速代谢,从而将不属于身体的毒素排出身体。

我们能看到,发热等症状只是身体在保护自己的过程中所发生的生命活动。我们也看到了,身体在这个排异的过程中,因为通路的不通畅,或者自身能力不够,不能够顺利完成排异过程,于是持续发热。这时候,帮助身体打开排异排毒通路,将病毒顺利排异出去,身体就不再需要升高体温,烧自然就退下了。我们的大小便、汗腺都可以排异排毒,皮肤出疹也是在排异排毒。排异过程结束,该排的都排出去了,就自然热退疹消,这是生命自我保护的过程。

我们看到了,所谓的疾病与症状只是生命在保护自己的过程中所发生的一些现象。不是简单地去退热,而是去帮助身体提高和恢复自有的排异能力(也就是本能能力),身体顺利完成排异后,自然恢复到健康、平衡的状态。

这就是我们祖先"不战而屈人之兵"、不治而愈人之疾的智慧,让人忍不住感叹,中华文化如此伟大!文化的传承与传播需要载体,而中医文化是中华文明走向世界的最好载体,起源于中医文化的本能系统理念充满了中华文化的智慧,我深深为之痴迷!

案例二:7 天换食,亚健康症状明显改善。

疾病发生的根源是自家中毒,在"天人合一"的思想下,保护身体内环境,维持自身的和谐状态。

刘×,女,30 岁,身高 165 cm,体重 80 kg。产后一年余肥胖,试过很多方法,但体重不减轻,易疲劳,常头晕,头脑不清醒,自感脑门被罩着,面部起痘,自汗,怕风怕凉,膝盖痒多年。

2022 年 6 月,她参加本能系统线上云换食 7 天体验活动(以下简称"云换食")后,总结道:"参加换食后,一是观念的改变。从以前的去表面找外因,变成体会自己的身体,通过每天监测身体的各项指标,关注身体发出的信息。二是行为的改变。按照老师的指导去吃、喝、动、排,改变饮食习惯。在想吃东西的时候,会思考该食物是否会给身体带来负担,从而控制自己的欲望。三是身体的改变。经过 7 天换食,排出很多毒素,身体轻松了很多,体重减轻了 5 斤。之前一直体乏头晕,在第 5 天的时候,头晕症状减轻,人也有精气神。心率以前是90～94次/分钟,现在基本上是80次/分钟左右。虽然活动结束了,但是好的饮食生活习惯还要继续保持。"

刘女士是案例一孩子的妈妈,孩子的问题解决后,她参加了7天云换食,使用的帮助工具就是孩子用的药食同源食品果蔬饮。原理都是调整饮食生活习惯,帮助身体循环、代谢、分泌等系统功能的提高,促进身体顺利排出毒素,让原有的体重高、头晕乏力、易疲劳、心率快等亚健康症状都有了明显改善。不同的是,因为不是急性问题,所以对饮食要求没有那么严格,可以按照方案吃一至两餐有形食物。

在这里,要思考的是,为什么孩子的发热急性问题与妈妈的亚健康慢性问题,两个不同的问题用的是同一种帮助方法,并且都在短时间内有了明显改善?

在帮助她们时,我并没有针对症状做文章,只是改变饮食,给予身体一点帮助,增强身体自愈力,结果是原有症状在身体自愈力提高的过程中,得到了缓解,甚至解除。

其实,这是基于对疾病发生根源的深刻认识。在现代社会背景下,人们获取食物太容易了,经常在不知不觉中摄入过多的食物,但是体力活动很少,很难把食物代谢后产生的渣滓、废物及时、顺畅地代谢到体外。这种情况下,吃进去的营养与运动消耗、代谢排出的东西是不相等的,也就是说,吃、动、排无法达到平衡。当多余的营养在肠道内发酵、分解腐败、产生毒素,通过肠道反吸收进入血液循环,带到身体各处细胞、组织、器官里。长此以往,身体内环境污浊,从而产生不同的症状,我们把这种现象称为"自家中毒",这就是绝大多数疾病发生的根源。

像发热这种急性问题,看似是因为感染了病毒所致,其实也是因为吃、动、排不平衡,导致毒素积累,形成了易于病毒生存、繁殖的污浊内环境,导致人体免疫力差,容易生病。

《黄帝内经》中写道:"正气存内,邪不可干。"这个"邪"(病毒等)如何才能不易感染人体,方法就是提高身体免疫力、自愈力,保持身体"正气"(即清洁、干净的内环境)。

人体本有排病愈病的能力(即众所周知的免疫力、自愈力),这是生命的本能。本能系统思维理念下的换食养生调理,是顺应、帮助生命本能能力提高和完善的方法,而非对抗打压。在这样的理念和方法实施下,生命质量得到提高,身体保持平衡、健康状态。

这是不是就像我们国家所说的"绿水青山就是金山银山"?身体内环境是我们的小自然,我们对待它就和对待人类赖以生存的大自然一样,不同的方式产生不同的结果。改造、对抗会带来伤害,顺应、帮助保护了它本身就有的能力,维持了和谐状态。

"天人合一"就是这样,你中有我,我中有你。保护环境与自然,我们维持了人与自然的和谐状态;保护身体本能能力与身体内环境,我们维持了自身的和谐状态。这样的中华文化太让我们惊叹了,古人竟有如此令人称赞的大智慧!

案例三:换食 3 个月,减重 50 斤。多种亚健康症状消失,感叹受益无穷。

陶师兄,男,35 岁,肥胖,因腰椎间盘突出,右腿半月板损伤逐渐加重,辞职回家休养。中西医各种方法试过,均无明显改善。

2020 年年初,了解了本能换食,经过果蔬饮等药食同源食品调理了 3 个月,自述"体重减轻 50 斤,身体轻松,多种亚健康症状消失,如口干、口苦、打鼾、失眠、尿频、尿急、尿不尽、脸上干燥起皮、皮肤瘙痒、手气、脚气等。烟也在不经意间戒掉了(有些亚健康症状在第一个月就消失了),困扰他几十年的头皮癣完全好了,鼻窦炎、鼻中隔偏曲和右腿半月板损伤好了六七成,腰椎间盘突出症状在调理后,得到改善(以前站立时间一长,腰和右腿就很不舒服)。

案例四:准备了一年多,参加换食体验活动,治好了急症,精力旺盛,后悔换食换晚了。

刘女士,54 岁,2021 年经同学介绍,了解了本能换食。2022 年 5 月,报名参加 7 天云换食体验活动。活动开始前 4 天,恰好出现急症——尿路感染和疱疹。提供药食同源方大海茶配方,自行煎汤服用,并给予饮食指导。

从 17 号晚上开始,不吃有形食物,喝大海茶。第二天早上,奇迹就发生了,在没有用任何药物的情况下,两个急症明显好转,3 天后基本痊愈。到 21 号正式换食之前,长过疱疹的皮肤非常光滑,没有留下一点儿疤痕。这是我没有想到的,也是以前用药物治疗所没有达到的效果。

5 月 21 日开始正式换食。7 天过去了,她现在已经习惯了这种生活方式,也没有饿的感觉了,每天精力充沛。早上 4 点多起床,拉筋打坐,5 点多去公园散步,白天正常工作和生活。

她换食最大的收获就是观念变了,身体好了,吃得少了,反而感觉身体舒服了,精力更加旺盛了!同事说她的脸有光泽了,脚上的老茧和两个小的扁平疣全部消失,脚也变得柔软、不干裂了,眼角的一块斑淡化了。

原来有支气管扩张的毛病,每次犯病都住院,住院就吃药打针、用大量抗生素。一天也喝不下 3 杯水,习惯性便秘,体内毒素排不出去。现在,她总想喝水。观念变了,知道了生命本能和三通理论,知道所有的疾病都是毛病,只要做到三通,吃动排平衡,就不害怕得病,争取少得病,或者不得病。

她学习《本能论新解》一年了,换食的愿望去年就有,但一直没有行动,后悔换晚了。她决定以后要更加深入地学习和体验,改变原有的生活习惯,保持三通状态。

以上都来自刘女士的真实分享。

上面四个案例都使用了本能系统换食调理方法,原理都是优化身体系统功能,净化身体内环境,增强身体自愈力。身体具有自我排异、自我调节、自我修复的能力,当我们着眼于帮助系统,收获的就是系统效应,所以,我们使用一种方法帮助身体系统功能提升,才会让不同种类的疾病自愈。

身体本来就有这样的自愈能力,只不过因为"自家中毒",身体系统功能出现了障碍,我们从疾病的发生根源出发,给予身体一点点帮助,身体恢复吃动排平衡、三通通畅,就会回馈给我们多种问题自愈的系统效应。如此简单的道理,却让我们不禁感叹生命的完美和神奇!

找回生命的本能力量

这样的例子还有很多，比如高血压、高血脂、高血糖患者，不去降压、降脂、降糖，而是通过改变饮食习惯、提高身体素质，实现血压、血脂、血糖自然下降；再比如不同种类的增生、结节、囊肿和肿瘤，也在帮助生命的过程中逐渐变小，甚至消除。结果令人感叹，而更值得感叹的是思维方式和方法。

本能系统换食理念，蕴含着博大精深的中医系统思维智慧，这是有别于接受现代教育的人们固有理念的思维方式。

思维决定行为，只有真正接受了这种思维方式下的生命本能系统理念，才能按照这种理念下的方法去践行。知行合一，深入实践，才能真正收获对健康的认知，才能做到健康掌握在自己手里。我所做的换食调理指导工作，就是用生命本能系统的理念方法，帮助有缘人收获健康，掌握保持健康的方法。

人人都学会保持健康，那么人人都是自己的医生，就实现"无医"了。"天下无医，生民无病。"因为自己懂健康，所以"无医"。因为认识到疾病是生命在保护自己的过程中所发生的现象，知道了疾病的来源与去路，就可以尽可能地少生病、不生病，也就实现"生民无病"了。这是恩师郭生白先生的遗愿，也是我和其他本能系统传承人的共同梦想。

健康是1，家庭幸福、事业成功、个人价值等都是后面的0。想要得到健康，就需要我们虚心学习，提升认知，并持续实践。保持健康是每个人一生要做的功课，"为人父母者，不知医为不慈；为人子女者，不知医为不孝。"要从疾病发生的根源去认识疾病和健康，通过实践验证保持健康的理念和方法。一个人的理念转变会收获健康，再去帮助自己的家人、朋友，会影响很多家庭的健康认知。

星星之火，可以燎原。愿我们的努力，能够尽可能减少因不懂生命、不懂健康而导致的病苦缠身，避免因病返贫、家破人亡的悲剧。

衷心希望越来越多的人真正重视健康，明白疾病的根源，学会恢复和保持健康的方法，让生活多一些幸福和平安。希望整个社会都能行动起来，提高对健康的认知，消除对疾病的恐惧，每个人都是自己健康的主宰者。一切美好皆能实现，只需要你我他从提升健康思维认知、实践健康方法开始。

钟妍

美好生活女性轻创业导师
美商、动商、财商教练
个人品牌教练

扫码加好友

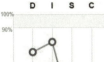
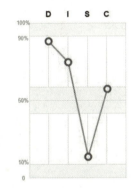

钟妍自信、果断，会强势驱动事情迅速进展。她善于人际交往，慷慨大方，有同理心，乐观向上，热心助人，深受团队喜爱。没有人会质疑其独立工作的能力，以及独立承担艰巨任务的决心。在工作上，她相当讲求准确性，相信经验、逻辑和理由，通过实际应用去了解理论，而不轻信盲从。

财富、美丽的转换器，原来在这里

体验、值得、爱自己，美人鱼姐姐通过这样成为"财富吸金体"，完美地生活。

关于钱的认知

你有钱吗？

你缺钱吗？

钱对你来说，是否重要？

为什么总觉得人家赚钱好像挺简单？

为什么你很努力，却一直活得捉襟见肘？

到底是因为有钱才花钱，还是因为会花钱才会有钱？

几乎没有人会愿意非常直接地谈论金钱，我们从小到大所接受的教育让我们觉得谈论金钱是非常浅薄和庸俗的。事实上，我们都缺乏必要的财商教育，人人都可以通过学习和训练，把自己打造成为"财富吸金体"。通俗一点说，就是财富喜欢你这样的人。

我是钟妍，内心一直很渴望财富，但是因为父母都是知识分子，一辈子只有一份工作，所以从来不敢期盼自己能够成为有钱人，只是希望自己能够通过学习,成为一个靠专业技术变现的人。

虽然我从小到大都勇于尝试,但是一直活在缺钱的状态中,就是对于财富没有正确的认知。我曾经一度认为当上外企白领就是自己的职业梦想,拥有一份别人羡慕的工作,拿着不错的薪水,找到还不错的老公嫁了,在北京有房子、有车子、有孩子,就是人上人了。其实这些都是普通人的一生,无法实现真正的财富自由。而且作为普通人,也根本不敢有财富自由的梦想。

记得我在 2002 年贷款买房的时候,我的房子总价是 68 万元,父母帮忙交了 20 万元首付,用公积金贷款了 48 万元,每个月还款 1500 元,要还 30 年。同时,我在外企的一位同事,他贷款了 100 万元,而且是商业贷款。我当时觉得天哪,100 万元是一个天文数字,自己想都不敢想。

这样的思维一直局限着自己的选择,明明想挣钱,却又不愿意做销售,总以为卖东西就必须得求人,低三下四,所以也挣不到大钱。即便有一天被动去创业,也只是选择做自己喜欢的事情,并没有去做离变现最近的事情。

如果你也是 70 后,我们那个年代其实赶上了好几次实现财富自由的好机会:买房、炒股、做淘宝店主等等。就是因为没有财商思维,一心就知道要好好学习,让自己更具专业性、不可替代性,总觉得让自己先值钱,才敢谈挣钱。

《富爸爸穷爸爸》里面有一句话:"从事你所学的专业的可怕后果在于,它会让你忘记关注自己的事业。人们耗尽一生去关注别人的事业并使他人致富。"这就是打工者的宿命或者想通过专业变现的创业家们的宿命。

直到 45 岁那年,因为一个偶然的机会,我开始接触社交电商,在线上赚钱,才彻底转变了我的思维,清楚地认识到商业的核心是人的连结所产生的裂变价值。

我们身处这个互联网社交如此发达的时代,人和人之间变得更加容易触达。很多人一条朋友圈都不发,即使发朋友圈,也设置成 3 天可见,生怕别人多了解你一点。其实现在大家都知道,朋友圈就是我们的私域流量,多值钱呀。当时我用 10 个月赚到了人生的第一个百万元存款,用的宣传方式就是通过发朋友圈。

从过去孤零零的创业者,到现在在线上赚钱,我感受到了社交网络和团队的力量,也遇到了很多优秀的榜样。靠近他们,让我走向了自己人生的很多高光时刻,并且也达到了我人生的财富新高。

经营产品也许能让我们赚钱,但是经营人群一定会让我们值钱。过去的商业环境是物以类聚,我们关心的是卖什么;现在的商业环境是人以群分,我们关心的是能与多少人连结。

如今,我生活在新加坡,是一个人带娃的单亲妈妈。我就是通过打造个人品牌,手头上有好几个自己挑选的与美、健康、生活方式有关的好项目,通过每天持续分享,赚着人民币,花着新加坡元,打破普通人的思维:一个人在一个时间只能干好一件事情。

这个世界最稀缺的资源就是时间,所以如何摆脱用时间赚钱的财富积累模式,把时间复利化,在同样的时间内获得几份收入,在同样的时间内有更多人帮你挣钱,前提就是你必须要有正确的财富观,要成为财富吸金体质。

自带"财富吸金体"的我觉得自己就是一个普通人,好好学习,打一份不错的工,是我在30岁之前的想法。直到自己的健康出现了问题,才开始思索什么对我来说才是最重要的。

30岁之前,我在北京买了房和车,虽然都是贷款,每个月都"月光",在别人看来过着还比较光鲜的生活,但其实内心还是觉得挺辛苦的。

由于身体原因,我在职场上成为一个高级白领、拿高收入的路走不通了。32岁时,我卖房卖车,开始了第一次创业——开了一家瑜伽馆,谁让我是天生具有创意和冒险精神的双子座呢?

现在瑜伽已经广为人知,搜索一下地图,就能看到各种瑜伽馆,但在十五六年前还是比较超前的。在这3年的经营中,我收获的是我成为一个受学员喜欢的瑜伽老师,而我自己也越来越热爱瑜伽。

我每年都要去印度进修,买很多原版书籍,甚至翻译一些重要的英文视频资料,就这样,我成为中国最早一批习练并且推广Iyengar(艾扬格)瑜伽的老师中的一员。我沉浸在自己的瑜伽修行世界里,享受一个人的美好。

从2008年开始,我在博客上发布了大量的关于瑜伽和自我成长的文章,帮助我获得了第一批来跟我学习瑜伽的粉丝。博客用现在的术语来说,就是属于公域流量。非常遗憾的是,我今年去找当时的博客文章,发现博客竟然停止运营了,现在取而代之的是抖音、小红书、今日头条等平台。

2009年,我35岁了,本来抱着独身主义的我,突然有了想要自己孩子的强烈愿望,于是我结婚生子了。

2010年11月,生完孩子3个月后,我随先生来到新加坡生活。突然离开了我的学生和我的事业,作为高龄产妇的我又陷入了严重的产后损伤和产后肥胖的阴影中。

你想想一个爱美、爱自由、需要舞台展示的我,突然有一天连走路迈开大步都很困难,每天都有各种疼痛的困扰,加上作为新手妈妈的无助和仓促的婚姻的影响,与生活观念完全不同的先生有种种摩擦,最严重的时候,自己都抑郁了。

双子座的我是打不死的"小强"。我克服各种困难,参加学习和练习,希望用瑜伽来帮助我康复,但是收效甚微。带着浓浓的好奇心和求知欲,我走上了运动康复的学习之旅。

2013年,我离婚成为单亲妈妈。虽然离开职场有一段时间了,但是凭借自己的MBA学历和过去的工作经验,我在新加坡找了一份稳定的工作,可以带着孩子在新加坡独立生活。

就这样,我一边工作,一边学习。5年内,我通过了众多康复课程的认证,并且成为一位小有名气的康复培训老师。除了每次回国出差,我都会安排时间学习课程,还会将学习的内容写成文章,并且通过招募1年期的私教学员,通过线下集中授课结合线上指导完成作业的方式,来帮助更多和我一样饱受产后损伤的妈妈。其实,我当时真的不懂这就是个人品牌打造。

我又重新拥有了一批粉丝和追随者。因为同时有稳定的工作和副业收入,我的经济收入还挺可观的,但是离年入百万元还是有距离。

我定下了更大的人生目标。我希望将自己的专业知识可以更好地应用起来,将人生更大的快乐建立在帮助他人之上。我希望帮助更多的产后妈妈,让她们形成健康的习惯,逆龄生长。

2018年,我放弃了新加坡的工作,带着孩子回国,在武汉投资100多万元,成立了属于自己的钟妍ASAP姿势动觉运动康复学院。我又一次实体投资创业。

从买房到装修,看着学院一点一点变成自己喜欢的样子,然后招生、教学、带老师团队,甚至还做了海外培训,带着大家去了布拉格学习。

但没想到,2020年武汉疫情暴发,学院业务彻底停摆,我又从武汉回到新加坡,学院到现在还空着。是的,这次投资全面失败。

因为这次创业的关注点在产后人群上,想要帮助她们解决产后疼痛的问题,还做了产后肥胖的解决方案。这样才遇到了第一个线上赚钱的机会,改变了我的财富观。

从小到大,我的值得感和配得感就很足。对于自己想要做的事情都去勇敢尝试,努力达成。家人总是说我乱花钱,所以在我需要支持的时候,没有人帮我。

由于我从小没有树立起正确的财富观,总觉得钱要很努力、很辛苦才能挣到,所以我一直在学习的路上,希望自己身上能拥有更多的标签,从而让自己更值钱。虽然我已经付出了不少的心血与努力,赚小钱没有问题,却赚不了大钱。

我很想挣钱,又思维活跃、乐于分享、敢于开口,其实很适合当销售,但是因为我认为销售需要低声下气地陪客户,所以始终没敢尝试,致使我错过了很多在财富方面成长的机会。

如果你也和我有着非常相似的经历和思维,那么,下面我在线上赚钱的故事你一定要认真看,因为你根本不用去改变这个世界,你只要改变你看待世界的方式就可以了。

你就是财富的源泉

技术变现的成长经历让我认为技术为王、产品为王,而忘记了商业的核心其实是人脉的裂变。

商业的本质是价值交换,用现在流行的一句话说就是把你的思想装进别人的脑袋,把别人的钱装进你的口袋,这就是价值交换。这个价值交换的过程,就是与人深度连结、建立信任的过程。

与谁连结呢?我过去很狭隘地认为信任度只能建立在亲人或者熟悉的朋友之间,其实这个财富观念是错误的,你的朋友圈里无论有几百人还是几千人,真正跟你熟悉的有几个?抖音、小红书上不都是陌生人吗?

有人会说,人生得一知己足矣,我不需要认识那么多人。

的确,过去我也是这样想的,和知己把酒言欢真的很开心,但是当你考虑找人合作产生商业价值的时候,**弱联系对你而言,才是最佳的选择。**

弱联系就是指你圈子以外的人。你们可能互相认识,但是你们并不怎么熟悉,你们的来往也很少。记住这句话:这个世界上没有陌生人,只是我们还没来得及互相认识而已。

3年多的线上赚钱经历让我成为一名聚焦于美、健康和赚钱的女性轻创业导师、一个受人尊敬的创富团队队长,我在新加坡做着中国的市场,挣着人民币,花着新加坡元,还可以更好地陪伴我的儿子。

这一切都源于互联网激发了我的"财富吸金体"的特质:**勇敢、乐于体验、乐于为自己花钱、值得感、配得感、利他思维。**

尽管我拥有在线上赚钱的能力,而且过上了自己想要的生活,但是我也渐渐遇到了自己的瓶颈。在带领和我一样想要在线上赚钱的女性伙伴的时候,我时常会有无力感,因为即使再好的项目,也有一些伙伴做不好,甚至一直拖,以至于彼此都会状态低迷。

我发现,做不好线上项目的伙伴基本都有2个问题:内在不自信,总是不相信自己;外在不输出,不敢开口,太少开口。

我一直在找寻一个带领团队的方法,希望能够帮助这些最初因为相信而来找我的伙伴。

直到跟随薇安老师学习打造个人品牌后,我明白了:想要让伙伴真正成长,就必须要带着她们打造个人品牌。每个人都是超级产品,必须强化她们外在输出的环节。

现在,我成为薇安老师新女性创造社的一名私董合伙人,和薇安老师以及众多的合伙人一起,做一件非常有意义的事情,并且通过考核,成为商学院的个人品牌教练,让更多女性变得有钱并且值钱,过上有成果的一生。

身在这样的积极向上并且踏实落地的大家庭中,我觉得很踏实、很幸福,因为我不是一个人在战斗,而是和很多优秀的女性伙伴一起向前冲。

作为一个有 MBA 背景的线上赚钱轻创业导师,我开始思考:如何发挥自己的优势,让更多有着创业梦想的女性去真正地轻资产创业,让她们不会在选择项目时感到迷茫,让她们以最小的投入开始,从而获得多管道的财富收入呢?

在我通过严格的考试,成为薇安老师新女性平台的一名个人品牌教练后,我改变了自己带团队的方式,希望带动更多轻创业女性,通过系统的个人品牌学习,找到自己的专属定位,利用朋友圈、社群运营和视频号直播等变现方式,大胆地展示自己的价值,提升内在自信力与外在输出力。

投资什么都不如投资自己,打造谁都不如打造自己,就这样,我推出了我的原创产品:钟老师体验式轻创业年卡套餐。前端带领大家从体验开始,从分享开始,从打造个人品牌开始,从活出自己的精彩开始,后端由我提供基于美、健康以及生活方式的产品和项目的分销,用 1 年的时间,帮助处在人生逆境中而想要改变自己的女性朋友,实现财富观念的转变。

从经营产品到经营人群,再到打造个人品牌,获得财富的根源就是你最值钱,你是所有的根源,请勇敢地活出属于你的精彩人生。

获得财富的三个基础动作

短短三年,我的财富发生了巨大的变化,是因为要获得财富,就必须**勇敢**、**笃定和有值得感**,而我做到了这些。

勇敢,使我在未知的机遇面前,勇于尝试,得到了成长与感悟,不存在对与错，存在的只是经历。

笃定，让我在做事的过程中，不轻言放弃。其实做任何事情，尤其是创业，哪怕是轻资产创业，都会有来自你身边最亲近的人的反对声音，甚至在起步阶段，就被别人泼冷水。这个时候，如果你也质疑自己的选择，就一定会陷入内耗中，不会拿到自己想要的成果。笃定，也是让别人看到你的态度。你的态度明确了，你周围的人也会随之调整态度的。

值得感，是对花钱的态度。你花每一分钱，如果都去精打细算值或不值的时候，你就没有了值得感。

我在轻创业道路上接触到的很多女性，在为孩子或者老公花钱时都是非常舍得的，但是为自己花钱时，就变得很犹豫，她们说得最多的话是"等我有时间""等我问问家里人""等我有钱了"。

产后妈妈遇到的最多的问题就是产后肥胖，肥胖不仅影响健康，更重要的是影响女性的自信。在我做减脂项目的时候，遇到了太多的妈妈，在了解了一些细节后，相信我的专业度，也相信我推荐的产品，却因为4000元的投入，望而却步了。

在我做美人鱼运动推广的时候，很多女性左思右想，要么说给自己的孩子报名兴趣班要钱，要么就说这个学了也没什么用，于是放弃了。更别说很多女性希望通过轻创业来改变自己的家庭地位以及实现自己的人生梦想，其中不乏一问老公全剧终的情况。

这种舍不得为自己花钱或者不敢为自己花钱的心理就是没有值得感，因为你自己都不觉得你当下值得拥有这个打动你的产品或者机会。敢于为自己花钱，就是活出自己的值得感。

下面，我会详细地解释这三个基础动作的意义和如何去实践。

只有去体验，才会有成果

曾经的我是一名运动康复培训老师，专注姿势动觉教育，我就从我过去的专业谈起。

我们都知道,婴儿出生后是不具备移动能力的,他们开始会翻身、会撑起身体、会爬、会坐、会站、会行走……并不是通过知识传授学会的,而是通过生命体验和自我观察不断习得的,这个过程就是亲身体验。好比你要学一首歌,你就必须要开口。我们中的很多人,学到了很多知识,但是从来不去体验,以至于懂得了很多道理,但依然过不好这一生。所以财商疗愈当中很重要的一个环节,就是要去尝试和体验。尝试意味着勇敢,体验意味着经历。

很多成年人在面对选择或者未知世界时,忘记了自己在婴儿时就已经获得的体验能力,反而被一种对未知的恐惧所控制,不敢去尝试。

在我谈客户或者带团队伙伴的过程中,听到最多的一句话就是"我不敢,我害怕",然后就陷在这种情绪中。开始即伟大,我们很多人却从未开始。

如果说有一个事情,你非常想做,但是头脑一直告诉你不要做,你做了就会怎么样的时候,你就屏住呼吸,试着去体验一下。让那种恐惧在体验当中被忘却,你的勇气就会释放出来,拿到那一把通往财富最重要的钥匙,所以我想告诉大家一件事情,就是**认知和未知中间永远隔着一座桥梁,这一座桥梁叫作勇气。**

我有"财富吸金体"的第一个特征就是勇敢,做回婴儿,像他们那样,去勇敢地探索未知。

当我在28岁买我人生第一辆车的时候,没有人支持我,说北京的生活压力大,车有什么用,还要每个月背负月供,但是我没有害怕,体验开车自由驰骋的快乐。

当我卖房去开瑜伽馆的时候,也没有人支持我。其实当时我就差10万元的启动资金,但是我没有迟疑,我就是要创业,为自己的健康和未来,勇敢地做自己想做的事情。

再看看我们现在遇到的很多创业女性吧,她们真的不容易。做线上项目的女性很多,无论是全职宝妈,还是将其作为副业,她们身边的大多数人都是不支持的。很多时候,她们会胆怯,甚至有很多女性已经鼓起勇气进入到项目中,但还是会被各种恐惧心理所支配。例如,发朋友圈怕被熟人看见,怕被同事笑话,谈客户怕说错话,学习怕学不会,出门学习怕家里人说自己不顾家,等等。

为什么会这样?因为她们把对结果的担忧放在了开始之前。还没开始,就把自己吓死了,所以大家要明白一件事情,是什么阻拦了你通往财富的路?是你预设的认知。你预设了的认知,让你与财富失之交臂。

那么,如何让自己变得勇敢,愿意去体验呢?

很简单,你做任何事情前,先不去想这个事情能够给你带来什么,先去觉察一下自己的真实感受:你想不想体验?你想不想去享受?如果想的话,就去做!去体验那个过程,不去预设这个事情所带来的任何结果。

既然结果是未知的,那就去体验过程吧。这样,你的财富就不会卡得很死,你一旦跟结果较劲,就没有了体验,就等同于生命中没有了鲜花、没有了高光时刻。

我给大家推荐一个费登奎斯关于肢体重建的放松练习,可以帮助我们提高觉察力。欢迎你到我的公众号里面去寻找相关链接。

关于值得感

什么叫值得感?希望下面的这段文字可以给你一些力量。

一朵花无论盛开还是残缺,都是一朵花,不骄傲,也不自卑。

接纳你的所谓不完美,对它们说"是",你的眼前就展开了新的旅途。

我们通常喜欢展示别人欣赏我们的部分,习惯掩饰自己认为不太光鲜的面向。

如果一个人可以带着接纳来表达他"并不一定被别人赞赏"的那一面,那么无疑,他是勇敢的。

你值得仅以自己的存在而感谢自己。

你值得仅以自己的存在而爱自己。

你值得自己的认可和祝福。

当你不依赖于外界的评价，不依赖于他人的肯定，你就放下了依赖带来的恐惧，同时，你也对自己的幸福百分之百负责。

记住，在你的计划中，永远要有一个为自己花钱的账户：一个是能提升能力的钱必须要花，一个是让自己感觉好的钱一定要花。

能提升能力的钱就是必须要在学习上投入，找到一个值得跟随的人生导师。如果让我推荐的话，一定要从个人品牌打造开始学习，因为这个课程关乎如何找到属于你的自信力和输出力。

让自己感觉好的钱就是你一定要让自己变得更美，美是一种看不见的竞争力。爱美的人，运气一定不会太差。当然，我不是说那种人造美，而是从身材、体态、穿搭、运动、旅游中找到一个自己感兴趣的方面，持续让自己变得越来越迷人，为打动你的美好花钱。还要与爱美的人交朋友，赏心悦目的美就是一种高能量。

请笃定地相信，你对自己的花费，就是值得的。笃定是认知到值得感之间的桥梁，今天你有多笃定，明天你就有多成功。

少去聚焦问题，多去关注自己在当下具体的体验——我快乐吗？我享受吗？然后大胆地分享你这种感受，财富就是这样被吸引来的。

爱自己，改变自己看世界的方式

我们对于财富的认知，对于成功的认知，对于金钱的看法、信念、思维模式，都是我们看不见的地方。

看得见的地方就是每个月的收入是多少，你此时此刻是负债状态，还是处在"月光"的状态？或者说你赚钱很轻松，还是很艰难？

所有这些看不见的部分决定了我们看得见的部分。当我改变我的内在世界（头脑、情绪、精神、认知、信念、思维模式），就会改变我的外在世界（现实生活）。

薇安老师在《财富人性课》中说道："人们总想解决所有的问题，但是在真实的世界里，很多问题都没有办法解决。因为你无论怎么做，它们依然存在。那么既然真实的世界改变不了,我们要怎么做呢？你根本不用去改变这个世界,你只要改变你看待世界的方式就可以了。如果你认为赚钱是难的,你会发现赚钱真的好难。如果你认为赚钱很容易,赚钱就真的很容易。"

说起来,道理大家都懂,但是改变认知、提升思维需要体验,需要勇气,恰恰这个阶段的你缺乏这些,所以不要去为难自己,而要学会爱自己,就从改变看得见的内容着手,比如说话的方式、说话的内容、形象、体态、动作,改变这些看得见的内容,就会帮助你打造"财富吸金体"。

试着去改变你的形象。

你容貌美不美并不重要,重要的是你要愿意花时间打扮自己,精致优雅、大方得体总是能做到的吧。

你身材好不好并不重要,重要的是你要自律：吃有营养的食物、适当地运动、起居规律,你就能看起来状态不错。

人人都喜欢美女,人们对美好的人和事物无法抗拒,财富也一样。

试着去改变你说话的方式和内容。

当你想表达时,说得慢一点,尤其是想要说服别人的时候,不要急于表达,而是用一种缓和的语气、聊天的方式去说话。其实说什么不重要,重要的是你如何说。

我带伙伴的时候,经常告诉她们要学会撒娇,跟老公要撒娇,跟客户要撒娇,跟孩子也可以撒娇,很多人说自己不会撒娇,不会就学嘛。把你想要说的内容用正面、积极的词汇说出来,多说自己要什么,少说自己不要什么；多说现在的感受和体验,少说对未来的担忧和预设。遇见不同频的人要学会闭嘴,**成年人的世界不需要说服,只需要筛选。**

试着让你的生活充满积极、美好的事情,让高能量流动起来。

万物皆是能量,能量既不会凭空产生,也不会凭空消失,它只会从一种形式转化为另一种形式,或者从一个物体转移到其他物体上。

无论你遇到贵人还是小人,无论你是被骗了还是别人给你钱,无论你是负债还是实现了财富自由,这都是能量的转换,而唯一的转化器就是你自己。

我们时常会不自主地陷入抱怨、自我否定当中,变得无助、无能、无望,这些我们统称为低能量状态。当人处在低能量状态的时候,你转化出来的现实世界就是低能量的世界。

最后,记住你的人生是由你自己转化出来的。

生活如果不如意,不如先学会接纳,然后立刻聚焦在让你感受到美好的事情上来。

多产生高能量的念头,不要总是拿孩子作为你不成长的借口,不要总是拿老公作为你不努力的托词。自己先成为孩子的榜样、家庭的骄傲,你家庭的关系也一定能够美满、和谐。

人是环境的产物,积极靠近那些正能量、高能量的人。那些拿到成果的人,在你低迷的时候,可以轻而易举地传递给你能量。远离那些让你自己感觉不好的事情和人,让你的社交圈层越来越优质。

亲爱的,请记住,你就是自己人生的转化器,你就是财富的转化器,你就是独一无二的瑰宝。既然这样,学会好好地爱自己吧,打造属于你的独一无二的"财富吸金体"。

最后,我把这段文字献给大家,这是我通过美人鱼潜水运动,突破自己对水的恐惧、不断感受水的力量后所感悟到的:**如水在水爱水,做一个如水的女人、一个智慧的女人。**

我们在未出生的时候,最富有安全感的时刻就是在母亲的腹中,被羊水包围着。当我们出生后,就离开了曾经的"舒适区",这会让我们本能地缺失了一种依赖和安全感。美人鱼运动让我们有机会再次感受被水守护的安全感,感受到在水中的自由,体验在水中的放松和治愈。把自己变成童话里的人鱼公主吧,此时的你唯美、独一无二。

当你的闭气时间从 10 秒、30 秒,到 1 分钟甚至更久,这就是生命一次次的重生。

当你的下潜深度从 2 米、3 米,到 5 米甚至更深,这就是生命一次次的升华。

突破恐惧就是一种治愈，学会放松可以最大限度地展现你独一无二的美。

突破恐惧就是一种勇气，勇气是逆境中绽放的光芒，这光芒就是与宇宙最美好的连接。

让体验感、值得感、爱自己成为打造"财富吸金体"的终身功课，挣钱只不过是副产品。

记住我是来自新加坡的钟老师，一个48岁、一直活在勇敢打造自己精彩旅程的美人鱼姐姐。

第五章

有情有爱，温暖余生

雪珺

个人品牌商业教练

静心导师

高情商母亲

扫码加好友

雪珺 BESTdisc 行为特征分析报告
IS 型
8级　工作压力　行为风格差异等级

新女性创造社

报告日期：2022年06月26日
测评用时：04分51秒（建议用时：8分钟）

BESTdisc曲线

自然状态下的雪珺

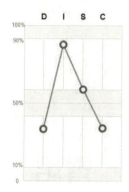

工作场景中的雪珺

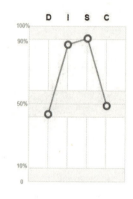

雪珺在压力下的行为变化

D-Dominance(掌控支配型)　I-Influence(社交影响型)　S-Steadiness(稳健支持型)　C-Compliance(谨慎分析型)

　　雪珺天性友好、乐观，散发出热情和动力，适应性强，能坦然接受变化，同时，她会表现出随和、包容，处处顾及他人的需要和感受。她热情的天性加上灵活、婉转的沟通方式，通常能够使别人开放自己和投入参与，甚至最含蓄的人也能如此。雪珺非常善于打开局面，然后再不断地灵活调整，是个优秀的创新开拓者。

从怨妇活成众多宝妈的偶像，我是如何改命的？

从宝妈到个人品牌教练、静心智慧导师，通透的人生，你值得拥有。

七月，广州，幽静的咖啡馆里弥漫着浓浓的咖啡豆香味。我和一位90后宝妈一问一答地聊着天。

简短的几句问答，我从她的表情和言语间读出了焦虑、压抑和对现状的不满。

"你的人生目标是什么？"我问。

"赚钱，向家人证明我的能力。"她无奈地说。

……

这位宝妈是我前几天刚招的私教学员。这段对话，似曾相识，将我拉回到2020年。当年，在薇安老师的高维智慧课堂上，我也曾被问过同样的问题。当时，我脱口而出的答案，和这位学员的回复一模一样。

人们常说，幸福的家庭是相似的，不幸的家庭各有各的不幸，而对于这个时代的全职宝妈而言，幸福的模样各有特色，抑郁的境遇却如出一辙。

多年前，我和她一样，在家全职带娃7年，完全与社会脱轨。毫无价值感的生活，让我一度陷入抑郁。每天除了吃饭、睡觉、带娃，不知道还能做什么，车子、房子、孩子，似乎就是我的一辈子。我时常无休止地抱怨，家庭矛盾接踵而至。当时的我，极度想通过工作赚钱来证明自己。在我看来，全职妈妈之所以不被理解、不自由、不快乐，通通源于手心朝上，没有赚钱能力。

我想象着，有朝一日我有钱了，我和家庭的所有问题都会迎刃而解……

邂逅微商，月入 6 位数，却再度陷入抑郁

机会总是垂青有心人，我很幸运地抓住了微商的风口。

2016 年初夏，我和老公吵完架，满肚子的委屈无处诉说，身心疲惫。这时，我接到一个陌生来电，却传来熟悉的声音："Yoyo，你最近好吗？"

电话那头是多年不见的老朋友。这几年，她的事业做得风生水起，全国各地遍布她的足迹。她对我当时的境遇表示同情，希望帮我找到出路，于是，她向我推荐了一款护肤品，建议我试用。这通 40 多分钟的电话，将我的坏心情一扫而空。

我体验了一周，产品的使用感确实不错，于是，我决定代理这款护肤产品，从此与微商结下了不解之缘。刚开始，我不好意思推荐产品，就在朋友圈分享护肤常识；后来，为了增加朋友圈人数，我到各大商场、游乐园摆摊，一边送东西，一边加微信，慢慢地增加自己的私域流量。短短几个月，我组建了自己的团队，月收入突破 10 万元，收入直线增长。三年的时间，我靠这款产品，买了三套房子。

微商业绩越做越好，我的赚钱能力得到证明。可是，我和家人的矛盾，不仅没有解决，反而越来越糟糕，冲突越发激烈，争吵不断。

记得有一次，我正和团队成员用微信交流，儿子过来问我数学题，我转身对老公说："老公，你数学比较好，教教儿子。"

没想到，他像吃了枪药一般，一边指责我，一边不屑地说："你整天就知道看手机，孩子都不管了。你看看，现在这个家都成什么样了！你除了看手机，还会做什么？"一瞬间，泪水充满了我的眼眶。他的话，深深地刺痛了我。尽管这些年我努力赚钱，改善家庭环境，提高生活质量，却依旧不被重视。

类似的场景，在我的生活中频频出现：老公埋怨我每天看手机，家人不

理解我外出学习，孩子的成长问题不断……一系列家庭矛盾不断涌现。一地鸡毛的生活，让我失去了信心。

虽然微商事业蒸蒸日上，可被世界离弃的感觉深深地包裹着我，我再次陷入抑郁。我的价值在哪？为什么穷的时候，我不快乐；有钱了，却依旧快乐不起来？

当时，很多人觉得我矫情，40多岁的女人，有吃有穿，儿女双全，多幸福啊！哪来这么多抱怨和痛苦呢？

可是，这样毫无价值感地过一生，我不甘心。我奋力向外探寻，却茫然无助。路在哪里？怎样创造人生的价值？我怀揣着一份执念，探寻着。

遇见薇安老师，遇到满心欢喜的自己

痛到极致，便是重生。

2018—2019年这两年间，我如饥似渴地学习。带着对生活的思考和探索，我先后上了100多节课。幸运的是，2020年，我跟随我的人生导师——薇安老师，学习高维智慧课程，我开始向内探寻，竟然遇见了满心欢喜的自己。

其实，早在微商创业之初，我就上过薇安老师的演讲课。当时，我用她教授的演讲方法，把团队从20人发展到150人，第一次享受知识付费所带来的可喜成绩。随后，我学习了薇安老师线上、线下所有的商业课程，利用课程里讲授的营销、私域、社群发售等方法做微商，顺利地赚到了钱，三年内买了三套房子，成为很多宝妈羡慕的对象。

只是当时，我过于专注商业课程，而忽视了内在成长。2020年年初，我带着生活的一地鸡毛，参加了薇安老师在泰国举办的高维智慧课。这次，她从内到外彻底打通了我的卡点。

至今,我仍清晰地记得,在第一堂课上,薇安老师与我的对话。

老师问:"你的人生目标是什么?"

我不假思索地道:"赚钱,实现女性的价值。"

老师说:"赚钱的维度太低了,只赚钱是不够的。如果你的努力,只是为了自己,那么别人不支持你是非常正常的事。"

当时的我,无法理解这段话的深意。直到第二次上高维智慧课,我才真正参透其中的要义,我隐约地看到了美好生活的入口。

两年后,当我和自己的学员重现这段对话时,仿若穿越时空,从更高层面看到了自己与自己的关系、自己与世界的关系。不是经济独立了,就能精神独立;而是精神独立了,找到为之奋斗终生的使命,经济独立自然变得容易。

这次高维智慧课,让我不知不觉地放下了焦虑,看到了人生痛苦的根源。我的生活也随之发生了很大改变,我和老公、儿子的关系逐渐变好。

儿子是一个特别好动的小孩。小时候,他在一个地方待不了3分钟,就会乱动乱打,老师曾多次建议我带他去看医生。上学期间,他几乎每天都被投诉,成了学校的"小名人"。我每次去接他,家长们都会对我指指点点,"哦,原来她就是某某妈妈……"

那时候,我特别难受。由于在意别人的看法,我对儿子格外严厉。每天坐旁边监督他写作业,时常被气到崩溃大哭,我跟老公也常因为孩子的教育而吵架。

在高维智慧课上,老师说:"经营什么,都不如经营一种感觉。父母自己没有获得心灵自由,又怎能给孩子带来美的环境?"

这句话瞬间点醒了我。我意识到,自己太看重别人对孩子的评价,以至于总是指责他、教训他,不断纠正他的行为,却从来没有顾及孩子的感受。

听完这堂课,我彻底改变了说话方式,不断地跟老师、孩子沟通,无论在家里,还是在学校,都会有意识地肯定儿子的表现,而不是盲目表扬。尤其当他有一点点进步的时候,除了口头表扬,我还会给他写信。同时,我意识到,既然课堂学习不是他擅长的,那就支持他参加课外活动,包括省外的比赛,鼓励他见识广阔的舞台,展示自我。结果没有让我失望,他在校外活动中取得了很多好名次。

随着我的变化,儿子和我的关系越来越好。以前,他有什么话只跟奶奶说,从来不主动告诉我;现在,他会主动和我分享自己的秘密和心情,将我当成他最信任的朋友。

我与儿子的相互接纳和爱护,也让我和老公之间少了不必要的争吵和冲突,感情越来越好。我尝试用全新的方式与老公相处,不抱怨,不冷战,关注他,与他深度交流。

渐渐地,我学会了向内探寻,不再一味地向外寻求。薇安老师的高维智慧课,让我遇见满心欢喜的自己。

找到人生使命,帮数百位小伙伴放下焦虑

2020年10月,在武夷山高维智慧课堂上,老师讲到"定能生慧",我心中升腾出一个念头——我要做一门静心的课程,让更多人的心静下来。

这个念头,转变为强烈的使命感。学习回来,我便着手准备课程。因为在至暗的日子里摸爬滚打过,我十分了解身处迷茫的痛苦。我是因为上了薇安老师的高维智慧课程,心才安定下来,人生智慧得以增长,生活的难题随之解开。而我身边的很多朋友没我这么幸运,他们受疫情的影响,生活低迷,内心焦虑。我希望尽自己所能,帮他们走出困境。希望接触高维课程的人,哪怕只是上一堂静心课,也能够将内心求得的能量传递给他人。

薇安老师知道我的想法后,亲自帮我梳理课程,推出我的第一门静心课程,还在薇安成长商学院的公众号为我推广。本来只是一个尝试,没想到竟然大受欢迎。第一期结束后,很多人催我开第二期。我的朋友圈重新引来了很多人的关注,以前微商团队的小伙伴联系我,惊叹道:"Yoyo,你的变化

好大,我想跟着你干。"

我经常将高维智慧课中的内容,分享给静心营的学员们,大家被高维智慧滋养着,静心的效果十分明显。

我有一位曾在外贸行业做高管的同学,在疫情期间失业,心情很差,她经常抱怨陪孩子写作业非常痛苦,而老公对孩子不管不问。当时,我邀请她来静心营,哪怕每天只花10分钟,生活状态都会发生很大的变化。她听了我的话,抱着试试看的态度参与其中,没想到她从每天抄经30分钟,延长到1个小时。渐渐地,她爱上了跟自己独处,抄完经还到楼下跑步,背诵《道德经》,内心的能量很快被激发出来了。更不可思议的是,她跑完步上来之后,孩子独自完成了作业,从来不带娃的老公,陪孩子做游戏。她不止一次地感叹:"太不可思议了!"

伴随着静心营的开展,正向的反馈越来越多。我发现,所有不可思议的改变,都是从向内求开始的。我将这些学员的反馈发给薇安老师,她非常看好静心营的价值和意义,决定赋能我更高价值的内容。

2020年年底,她专门帮助我和晶晶老师梳理了一次静心营,加入了瑜伽静心、音乐静心、赋能量挖掘,以及早冥想、晚抄经打卡的课程,打磨出一套有更高价值的智慧静心营课程,收费699元。更让我感动的是,薇安老师不单帮我梳理课程,还帮我宣传,在视频号直播里帮我们卖课。

薇安老师用言传身教告诉我:修行不能飘在天上,而要落在地上。通透的女人,人生真正的自由是从实现自我价值开始的。

这一次,我不单做出了自己的爆款课程,还找到了价值与使命;我不仅摆脱了焦虑,还带着周围的小伙伴一起摆脱焦虑,活出了真实而绽放的自我。

过去的我,活得浑浑噩噩,虽然赚到了一些钱,但是没有使命感,找不到定位。我想帮助别人,却不知从何入手。自从我跟随薇安老师深度学习后,老师不厌其烦地帮助我、赋能我,尽管我学得慢,但是老师从来没有放弃我。在她的帮助下,我找到了定位——静心智慧导师,也找到人生的使命,帮助更多女性学习高维智慧,安住当下,回归自我,过幸福人生。

人生的每一次成长,除了自己努力,贵人的帮助也非常重要。我上过很多老师的课程,但是从来没有遇到过像薇安老师这样尽心尽力扶持学生的老师,无私地把团队与流量直接给学生。我能够取得今天的成绩,非常感谢我的贵人——薇安老师。

4年持续打造个人品牌,迎来高光时刻

如今,我找到了家庭、事业的平衡点,从一个怨妇,活成了众多宝妈的偶像。身兼多职,在个人品牌教练、咨询师、销售、全职宝妈的身份转换中游刃有余,不仅能够实现在家带两娃,而且每天只工作3~4个小时,就能月入5位数起。

我是怎么做到的?

答案其实很简单,就是靠个人品牌的力量。

没错,打造个人品牌,从内到外打通了我,提升了我的个人价值,还累计帮助1000多位学员通过打造个人品牌,扩大影响力,数百倍地放大个人价值。

商业的底层逻辑是人性,是连结能力,一通则百通。在做全职宝妈之前,我曾在广告公司做过7年市场策划,高强度的工作练就了我的商业洞察力,让我在第一时间发现了品牌这个聚宝盆,个人品牌更是无价的金矿。

在微商红利期,我第一时间抓住了机会。当时,微商在很多人看来是不靠谱的事儿,我敏锐的商业感知力告诉自己:这是风口。于是,我从一个人做到几百人的团队,实现财富指数级增长。

在知识付费的风口期,我认识了薇安老师,了解了高维智慧,开发了自己的爆款课程。当时,直觉告诉自己:在物流、钱流、人流都放缓速度的时候,知识的流动将会越来越快。我的事业重心也因此从原来的微商团队,转

战到知识付费、个人品牌领域，我很快在这条赛道上，赚得了第一桶金，一场 12 小时的直播 GMV 突破了 13 万元。

很多人看来不可能的事情，我借助商业的力量，将其变为可能。然而，商业的力量仅止于此，远远不够，它不能从根本上解决我们与自己的关系，以及自己与世界的关系。那些年，我也因此深陷抑郁之中，活在小我的世界里不能自拔，内心充斥着焦虑、浮躁的情绪，自我价值感很低。

2020 年，我从现实生活的一地鸡毛中苏醒过来，通过学习薇安老师的高维智慧课程，渐渐地觉察到连结自我、连结他人的重要性，并由此打通了人生的"任督二脉"，活出了内外富有、通透的自我。

两年来，我每天花 20 分钟静心打卡，找到了自己原本就有的天赋和优势，家庭、事业、健康都变得越来越好。不仅如此，我还将这种领悟传递给更多人，开设静心营，带他们一起静心、修心，向内探寻自我，帮助上百位同学放下焦虑，遇到心想事成的自己。

连结自我，让我拥有安定的内心。内在坚韧与安定，有力量应对外在世界的瞬息万变，走向更远的理想之地。如果专注于向外探寻，久而久之，生活和工作会呈现失衡的状态。

连结他人，让我开启了丰富而高效的人生。2020 年，我加入薇安成长商学院私董会。在老师与团队成员手把手的帮助下，开始做我的第一个收费社群，成功转型到知识付费赛道。同时，我主动连结私董会成员碧云老师，开始个人品牌教练一对一陪跑，收费突破 5 位数。

不仅如此，我在点亮自己的同时，还成就了身边的人，先后帮助 1000 多名学员放大个人价值，带他们实现了财富和精神的双丰收。

谢医生就是其中之一。他是我的私教学员，一位从业近 20 年的心理咨询师，在广东肇庆颇有名气。然而，令他头疼的是，即使每天工作 10 个小时，也看不完排队咨询的来访者。一年前，他带着困惑找到我，希望我能帮他设计一套诊疗服务模式，可以为更多病人服务。

"不能提价！"我的建议还没说出口，就被他拒绝了。于是，我另辟蹊径，从商业模式、人员培训、产品设计等多方面，为他提供解决方案。

谢医生不仅是全领域的心理专家，还是精神科医生，获得了当地多项殊荣。他有 20 多个治疗长项：焦虑、失眠、抑郁、网瘾、狂躁……就连毒瘾，他都有丰富的经验。这样一位专家，想要打造个人品牌，却无从下手。

个人品牌的首要任务就是聚焦。我用了整整一天的时间，给谢医生梳理定位，从专业度、兴趣度以及市场需求这三个维度帮他锁定了发展方向。

通过个人品牌教练技术，我了解到谢医生 70% 的个案都与沉迷手机有关，而且这部分孩子的家长普遍特别焦虑，付费最爽快，因此，我从 20 多个专长中提炼出最适合做线上的定位——青少年网瘾专研导师，并协助他在当月推出"3 天让孩子放下手机，爱上学习"的网课。这门课程仅通过朋友圈发售，就成交了 60 多单，推出 3 天，便一扫而空。谢医生第一次感受到线上一对多的营销威力，他直言"太不可思议了"！通过正确的方法，他 20 多年的临床经验，利用线上思维，帮助了更多有需要的人。

在交付过程中，谢医生通过网上授课的方式，打通了线上咨询的思维卡点，开始逐渐尝试利用互联网等媒介，让自己"一份时间，多次出售"。

随后，我又帮他规划了 IP 发展方向，优化了诊断体系、服务体系，推出了转型计划、人员培训计划、线上模式等。

如今，他不仅在线上成功打造了个人 IP，还开始培养一支技术过硬的咨询队伍，以团队的力量为更多用户服务，极大地提高了谢医生工作室的诊疗服务效能。

今年 7 月份，我和碧云老师为谢医生重新梳理了产品组合，并协助他举办了人生第一场 12 小时直播，营收突破 30 万元。这次直播，让谢医生不仅进一步打通了成交卡点，也更加坚定了向线上转型的决心，同时，这让诸多传统行业从业者看到了线上转型的路径与模式，为他们打造 IP 提供了参考和借鉴。

在我的私教学员里，类似的成功案例还有很多。因为商业打通了我，让我活出了有价值感的人生，我也致力于将这种商业的力量传递给更多人。

刘女士是我静心营的一位学员。2021 年，她打电话给我，说她为了帮老公还债，她决定从星巴克辞职，转行做保险，可是对销售一窍不通，特别需要我的帮助。

她的故事让我很感动,我想做一些力所能及的事情去帮她。于是,我教给她打造个人品牌中"人在前"的销售心法,她很快地领会了其中的要义,并将个人品牌观念植入到自己的保险销售中。从2021年7月份到现在,她的保险销售业绩一直保持在公司前三名,实现了"不销而销"。

创富营的一位学员张女士,她是直销代理商,做了很多年,业绩还不错。当时,她在创富营设计MVP产品时,思维一直局限在自己的直销产品上。当我了解到这一情况后,与她深聊了一个多小时。之后,她在我的建议和帮助下,尝试推出自己的知识付费课程,实现了从实体到知识产品的转型,人生因此而进阶。

"原来,我还可以这样活,不依赖公司和产品,竟然月入五六位数。谢谢你,让我认识到,我就是自己的超级产品。"张女士在感谢信中写道。

生命就是相互点亮的过程,我坚持以爱交付,为每一位学员送去"生命的礼物",让他们由内到外变得充实而美好。

在前些天的咨询中,我遇到了一位宝妈,她像极了7年前的我:长期在家带娃,与社会脱轨,在家人面前没有话语权。直到2021年,她放弃了休息时间,躬身入局,直播带货,月收入从起初的两三千元,到后来的十多万元。随着收入增多,关注度也随之增长,可她老公极力反对她抛头露面带货,剪断了网线,摔坏了直播支架。于是,她带着孩子回了娘家,坚持直播,就这样,两口子最终分道扬镳。

她和我讲到这些时,几度哽咽,言语间流露着不舍与无奈。"我只是想做点事,不想每天围着孩子、老公、厨房转……可是得不到支持,反而换来这样的结果。"

类似的情况,这些年我遇到很多。我曾是她们中的一员,深知她们的痛苦、焦虑和无助,所以我会耐心地聆听她们的故事,帮助她们挖掘热爱和专长,看到她们的闪光点,觉察内心深处的天赋与使命。有一位宝妈,在做完个人IP定位后,兴奋地感激我:"当我觉得自己一无是处的时候,是你让我看到了希望。"

正因为我比她们幸运,进入了薇安新女性创造社,有名师指路,才有机会找到自己的天赋与热爱,借助商业,放大个人价值。正源于此,我更想像薇安老师一样,尽我所能,去托举更多人。

参悟人生哲学,活出通透的自我

7年来,我的人生发生了一次又一次的迭代:

从手心向上,到月入10万元;

从一味地证明自己的赚钱能力,到向内探寻,帮数百位学员摆脱焦虑;

从一地鸡毛,到生活、事业双丰收……

我的人生角色从宝妈、微商,升级为个人品牌教练、咨询师、静心智慧导师等,活出了通透的人生。

商业放大了我的个人价值。商业背后的哲学思考,让我在觉察中,看到了各个阶段的自己,焦虑的、痛苦的、狭隘的……我一点点走出了低维与狭隘的认知,走向了人生的高维与辽阔。

世间和合无常。感恩所有遇见,感谢曾经痛苦的经历,如今回想起来,它们如同礼物相继出现,教会我用高维的哲学眼光去读懂、去接纳、去跨越。

用哲学的眼光看世界,用商业的手段解决问题。这两年,我带着这样的理念,陪伴新女性一起修行。在我的静心营,她们在每日的静心功课中,与自己深度连结,觉察、接纳、超越自己,越来越多的女性找到了天赋与热爱,活得通透、达观。

这是生命不断悟道的过程,亦是伴随商业的人生修行。此刻,我期待与你一起,走向更精彩的生命旅程。

王茹

深圳如果教育创始人
国家二级心理咨询师
动力提升导师

扫码加好友

王茹 BESTdisc 行为特征分析报告
IDS 型
0级 无压力 行为风格差异等级

新女性创造社

报告日期：2022年06月27日
测评用时：12分47秒 (建议用时：8分钟)

BESTdisc曲线

自然状态下的王茹　　　　工作场景中的王茹　　　　王茹在压力下的行为变化

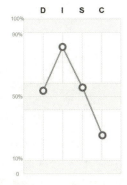

D-Dominance(掌控支配型)　I-Influence(社交影响型)　S-Steadiness(稳健支持型)　C-Compliance(谨慎分析型)

　　王茹天性自信而友好，替人着想、细心周到。她坦率果断，有驱动力和主动开拓能力，也擅长鼓舞、激励他人。她能轻松和别人构筑融洽关系，赢得很多人的尊敬和信任。无论是陈述冷冰冰的数据，还是讨论有争议的热点话题，她都能表达自如。同时，她也不乏内敛和善于深思的一面。

中年叛逆后,我活成了一道风景

做得了职场榜样,经得起重新出发,不要"剧透"的生命,我带万千家庭走出困境。

平静的湖面,练不出精悍的水手。

——列别捷夫

40岁时告别传统媒体和原来的城市,大家都觉得我疯了

坦率地说,自己在40岁之前的生活,算得上是成功的,但只不过是世俗意义上的成功而已:事业有成,家庭幸福,经济独立……

我大学毕业之后,在中国最北方的省份黑龙江的一个地市级传媒集团工作。

从最基层的记者和编辑做起,一干就是近20年,做过采编,也从事过经营,最终成为某报社的社长。做记者时,上过记者光荣榜;当编辑时,做过五星级编辑。最高光的时刻,应该就是把一份报纸的广告收入,用一年的时间,就从上一年的280万元,变成2175万元了。

那一年,刚刚32岁的我,被评为集团"十大功勋员工"之一;那一年,我所在的报社全年的广告任务是800万元,而我带着几个刚毕业的大学生,用半年时间就完成了全年的任务,被誉为"谜一般的奇迹,梦一般的崛起"。

此后,仅仅用了3年,我就带领团队,让一份濒临停刊的地市级都市报进入了全国同行业的第一梯队,成为同行学习的榜样。

在那个城市与我同龄的同学或朋友们中间,我无疑算得上是一个成功者,既有蒸蒸日上的事业,又有幸福美满的家庭,算是事业、家庭平衡好了的新时代女性典范了吧。

我在成功人士的自我感觉良好当中,浑浑噩噩地过了好长一段时间,突然产生了一种奇怪的感觉!

那是一种什么感觉呢?就是那种物质丰足、精神空虚的感觉,总感觉自己每天疲于奔命,做的却不是自己喜欢和热爱的事。同时,当下的稳定也让我生出了些许不安感:如果我安于现状,未来面对突如其来的变动时,我能应付得过来吗?

用我老公的话来说就是,你这是又想要折腾了!你就不能老老实实地多待一会儿,好好享受生活吗?

他说得没错,我确实不是一个愿意老实待着、享受生活的人。我不喜欢我的人生,就像是一本自己特别喜欢读的小说,突然被剧透了结局,就会顿觉索然无味,失去继续阅读下去的兴趣。

我内心深处已经沉睡了很久的"两个打架的小人",又出来活动了。

一个小人说:"省省吧,现在的生活和美安逸,绝对过得去!"另一个小人说:"你闭嘴吧!人生如果没有了梦想,那跟一条咸鱼又有什么区别?"

总之,那一段时间,我一直被两个不停吵架的"小人"折磨,不堪其扰。

一个偶然的机会,我看了一部叫《大鱼海棠》的电影,这部电影的一段台词深深地震撼了我:"人生是一场旅程,我们经历了几次轮回,才换来这个旅程。而这个旅程很短,因此不妨大胆一些,不妨大胆一些去爱一个人,去攀一座山,去追一个梦。很多事情或许我们都不明白,但是我们只相信一件事:上天让我们来到这个世上,就是为了让我们创造奇迹。"

我顿悟了,人生就是在不断地攀登。当你攀上一座高峰,欣赏到了广阔视野下的美景之时,一定会看到还有另一个高峰在等着你去征服,而真正的强者,一定是生命不息、攀登不止的攀登者。在强者的字典里,没有停歇,更不会"躺平"!

是的,十余年在传统媒体中努力奋斗并如鱼得水的我,的确创造了辉煌,但是,这种辉煌并不会让一个一直追求卓越的心灵满溢。

我想起曾经读过高尔基的散文《时钟》,其中有一段话:"在时钟不知疲倦的运动中,没有静止之点,——什么东西可以称作是'现在'呢?第一秒钟刚刚产生,第二秒便随之而来,把第一秒推进到未知数的无底深渊……如果你不想方设法用新的、充满活力的东西来充实你生活中的每一秒钟的话,这痛苦就可能伴你终生……"

已到中年的我,像许多女人一样,在活下去这个基本需求得到满足之后,自我实现的核心心理需求便开始浮出水面了。

仔细回想一下自己的曾经,作为别人的妻子、孩子的妈妈、别人的儿媳……无论是哪一个角色,自己都做得相当不错,我完成了家庭的财富积累,也完成了许多应该完成的任务,唯独没有思考过的就是,这到底是不是我想要的人生。

这让我想到了一个流行词汇——中年叛逆。人到中年的叛逆,本质上是一场关于迷失的自我的找寻之旅。

生命太短,没时间遗憾。若还没到终点,就请微笑着一直向前!确定要叛逆一下的自己,决定完全放弃目前所拥有的一切,从头再来!

于是,38岁时,我萌发了离开报社的大胆想法,我做出了一连串石破天惊的决定。

首先是辞职!放弃这里熟悉的一切!不但如此,还要从中国最北端的黑龙江,去南方的一个完全陌生的城市——深圳,去创业!

许多熟悉我的人认为我疯了,除了几个人向我表达了祝福外,更多的人说出了他们对我的担忧:外面的世界虽然很精彩,但外面的世界也很无奈,你的人脉和资源都在本地,到另一个城市从零开始,太冒险了!再说了,一个年近40岁的女人,体力和心力都不行了,还是算了吧。

我知道所有劝我不要瞎折腾的人都是为了我好,但是,他们不理解我。其实我自己的内心也并不是没有任何担心的,只不过一种强烈的为了自己活一次的信念无比坚定而已。

举家搬迁到深圳,不小心提前实现了梦想

去离家乡4000多千米的地方闯,这是我年轻时想都不敢想的事,要知道,作为家里最小的女儿,我结婚前甚至都没出过省,甚至从未有过任何一次独自出远门的经历。年轻时的我胆子特别小,觉得不熟悉的世界很不安全。

人到中年,第一个变大的竟然是胆子。这时的我,已经去过了一些国家和中国的许多城市,也积累了几年的心理学知识,对陌生的世界虽有恐惧,但更多的是向往。

人类是自然界里唯一一个可以为了一个虚拟的梦想而努力奋斗,并让这个虚拟梦想成为现实的物种。所以,人的每一次进步,无疑都是在拓展了自己的认知边界后的重新出发,同样,人每一次突破自己,也都是在把每一次的不确定性变成可控之后的成功。

人到中年的我,经过了诸多打磨,已经在身上加了一副铠甲——面对任何困难都不服输的勇气。我不再惧怕告别熟悉的领域,更加愿意拥抱不确定性。

来到深圳,我的人脉为零,一个亲人、朋友都没有,还要跨界创业。

初到深圳的一段时间里,在办理创办"深圳如果教育"的各种手续的间隙里,我继续在女性成长、青少年心理、家庭教育等领域学习深耕,每天朝五晚十,像个如饥似渴的孩子般,吸吮着知识的乳汁,一方面是为了加深对这座城市的了解,另一方面是为了在专业领域提升自己,为我的创业打好基础。

如果您问我,你一个"教育小白",想要创办一家专业性很强的教育机构,底气何来?

这确实是一个好问题,我并非一时心血来潮,就来教育领域创业的,其实至少10年之前,我就开始做了相关的准备。我通过学习,考取了国家二级心理咨询师、学习动力提升导师、家庭教育指导师、动力催眠师、情感咨询师、高级绘画投射分析师等一系列证书。

如今,我创办深圳如果教育,已经成功帮助了数千个家庭。

我很喜欢这句话:"生而不搏,无异于提前谢幕。"换了一条新赛道,我的工作热情重新恢复到了从前的状态,甚至比从前还要投入!我会为每个来访者的改变而感到欣喜,为他们量身定做咨询方案,不知不觉工作到超时是常事……

创业成功之后,我的生命重新焕发出了绚丽的光彩,我活得更自我了,也更加从容、洒脱、宁静、喜悦、恣意和畅快。

勇敢和自信,让我活出了自己喜欢和大家羡慕的样子

为什么我这次创业关注的是教育?这还要从10多年前的一个特殊事件说起。

治愈濒临崩溃的学生家长

大约是在2010年,一个朋友在经历了被孩子"逼疯"、几近绝望的时候,向我求助。

这位朋友的事业可以说是非常成功,他在业内非常有名气,甚至还去过不少大学讲课。

不过,让他崩溃的是自己读初中的孩子,他觉得这个孩子是彻底没救了,孩子的学习成绩一直不好,是"学渣"一枚。他也花钱给孩子请来了各科最好的老师,给孩子补课,不过,补课的结果是,孩子的成绩依然稳定地排在班级的末尾,没有任何改变。

更为重要的是,孩子正处于叛逆期,吸烟、喝酒、染黄头发,总之,孩子的每一个行为,都似乎在向世人宣示——他这个成功人士,有一个打他脸的极端失败的儿子!

万念俱灰的他很痛苦,觉得自己的人生,简直失败到了无以复加的地步……

听了朋友夫妻俩近乎崩溃的对儿子的血泪控诉,我开始用心理学所学的知识,引导这对夫妻,了解他们对儿子的教育究竟经历了怎样的过程。

果然不出我所料,这对事业上成功的父母,根本不会跟自己的孩子沟通,他们最习惯的沟通方式都是单向的,即他们只有对孩子的指导或指责,而没有倾听!

家长觉得自己很崩溃,孩子觉得他更崩溃,因为他的父母,根本不了解孩子究竟是怎么想的,不了解孩子喜欢什么,更不了解孩子的情绪。

孩子说,在父母的眼里,只要学习不好,那就是没有任何出息的人。学习不好,做什么都做不好,做什么都是差劲的!所以呢,孩子根本就没有主观上要好好学习的内在动力。在孩子看来,你们不是说我不行吗?我就不好好学习,我就用最差的成绩来打你俩的脸,就让别人看着你俩成为笑话。

记得一本心理专著里有一句非常经典的话:"当孩子感受到(父母的)爱,且有不改变的权利时,(孩子)长久的改变才有可能发生。"

我把这句话分享给朋友夫妇,让他们首先从认可孩子开始,让孩子感受到父母的爱,重新树立起孩子的自信心,激活孩子内心真实的自我。

其次,要努力倾听孩子的声音,了解孩子内心真实的想法,并尊重孩子的想法,不随意否定孩子。做孩子成长的坚强后盾,而不是差评师!

当我了解到,这个孩子特别喜欢街舞时,我开导朋友,"三百六十行,行行出状元",既然孩子对学习那么排斥,不妨另辟蹊径,让孩子在一个他擅长的领域获得成功!

朋友接受了我的建议,尊重孩子的自主选择,把孩子送到了北京,专门学习街舞。后来,这个孩子在北京顺利地考上了大学。

如今,孩子是专业的街舞教师,事业做得非常成功。如今,我经常可以在朋友圈看到这个朋友晒自己孩子的成就。

挽救好友濒临死亡的婚姻

我有一对朋友,他们是堪称楷模的恩爱夫妻。多年来,他们给大家的感觉就是:这夫妻俩感情太好了,不管谁的婚姻出现问题,他俩的婚姻都不会有任何问题。

用他俩自己的话来说就是:我们根本不害怕任何"第三者前来插足",即使第三者插过来的是一条"铁腿",也会被我俩的真感情打折了!

不过,"打脸"的现实非常残酷,妻子偶然注意到丈夫手机上有一条异性发过来的暧昧信息,她发现丈夫竟然出轨了。

妻子越想越气,最终彻底崩溃了,她拿着菜刀,到处寻找丈夫。"只要找到那个负心汉,我一定要把他碎尸万段!"

妻子几天都没有好好吃饭和睡觉,情绪非常不稳定,情况万分危急。她觉得自己这么多年对丈夫言听计从,倾注了自己全部的爱,为他付出得太多了。在这样的情况下,丈夫竟然还出轨!她内心产生了深深的挫败感。

作为他们夫妻的好友,在了解了上述基本的情况后,我首先跟这位妻子共情,接纳她此刻的愤怒和焦虑。在她情绪逐渐稳定下来之后,我与她深入交谈,让她先清楚一个基本道理:你对一个人付出了全部的好,他就一定会爱你吗?

答案无疑是否定的。爱情最不讲道理之处就在于:你爱上一个人,付出了自己的全部,也未必会赢得对方的回馈!否则就不会有那句十分流行的歌词了:"我感动天,感动地,怎么感动不了你!"

经过仔细分析当下的"敌我形势",我帮她梳理出第一个核心问题——你们的婚姻还没有死亡,还有拯救的必要。

如果此刻,这位妻子只是拿着菜刀要拼命,而不是采取理性的行动,这恐怕才是导致婚姻解体的做法。

我帮她梳理出第二个核心问题——你是否还爱他?如果还爱,就努力想办法来挽回这段婚姻。

正如村上春树所说的那样:"如果我爱你,而你正巧地也爱我";也正如希拉里在面对克林顿出轨绯闻时那样,深刻思考之后,她最终决定选择原谅,原因是她知道自己依旧爱着克林顿。

最终,这位妻子接受了我的建议,经过一段时间的情感调整和夫妻感情修复,他们的婚姻恢复了初始的状态,家庭和乐……

拯救崩溃妈妈和"学渣"孩子

如果向一位妈妈提问:"您认为人生当中最让您崩溃的一件事是什么?"

估计大多数妈妈会回答道:"最让我崩溃的,那肯定就是孩子天天不好好写作业啊,考试成绩一团糟最让我崩溃!"

一个来访者,自己的事业非常成功,跟老公的关系也挺好,唯一让她难以忍受的就是自己的孩子,学习太"渣"了。

这个上小学5年级的孩子,各科成绩鲜有超过30分的。更为重要的是,他学习不好也就罢了,只要足够努力学,也能让家长看到希望。可是这个孩子,完全不学习,就连老师每天留的最基本的家庭作业也完不成。更让人崩溃的是,孩子还玩手机游戏上瘾。不给手机,就大哭大闹!给了手机,作业就丢在一边。第二天,老师在微信群里批评没有认真完成作业的孩子,一定会有自己的儿子。为此,这位妈妈几乎每天都要在微信群里给老师道歉。每次给老师道过歉,妈妈必定会积攒更多的愤怒,最终会发泄到孩子身上,气急了就动手打孩子。当然,有时候打孩子也不仅仅是妈妈的"专利",

有时候孩子爸爸也加入"战队",变成"男女混合双打"。

　　打孩子这种方法,初期可能还稍微能有一点儿效果,不过随着孩子心智的成长,他发现,父母打自己,也不能怎么样,打几下屁股,疼那么一会儿就好了。结果就更麻烦了。孩子觉得自己已经受到了惩罚,那么再玩手机游戏,岂不是就更加心安理得啦。

　　打孩子这种教育方式最大的弊端就在这里,一旦打失去了威慑力,实际上就等于教育彻底失败了。

　　这位家长彻底崩溃了,来我这里求助。

　　在了解了孩子成长的情况以及父母的教育方式以后,我诊断这个孩子是学习动力不足。

　　回顾过去,孩子小时候,这对夫妻事业比较忙,孩子是在老人那里养着的。老人教育孩子常常简单粗暴,孩子犯了错,就经常被关"小黑屋"。

　　孩子稍微大一些了,回到父母身边时,又来了新问题,父母给他添了一个小妹妹。为了赢得宠爱,孩子经常与妹妹争宠,可一方面因为年纪比妹妹大,又是个男孩子,所以往往处于劣势。

　　此外,这位妈妈教育孩子或在与孩子沟通的过程中喜欢用绝对化的语言,经常让孩子好不容易形成的一点学习动力又被贴标签所消耗掉。

　　我给孩子做了学习动力提升,也帮助妈妈调整与孩子的沟通方式,孩子产生了可喜的变化:各科成绩都提升上来了,语数外三科成绩从不足 30 分提升至 96 分以上。

　　最重要的是,学习成绩提高以后,第一次站上领奖台,孩子在自己的同学面前也有了自信,进而也有了自己的学习目标,学习的主动性更强了,再也不沉迷于手机游戏了。

消解高知爸妈的"教育威权"

　　如果有人问我,从业这么久,哪一类型的问题家长比例相对高一些?我估计会说高知类型的父母。原因是他们在事业上通常都是非常成功的,因此对孩子的要求会比较高,这样最容易导致孩子的自信心被压制,进而出现教育问题。

比如,某对夫妻都是跨国公司的高级管理人员,两人分别是理工科博士和硕士。负责带孩子的是母亲,她自己就是在严格管控型家庭里长大的,所以管自己的孩子,她依旧沿袭了父母管自己的经验。

这对夫妇对孩子学习的要求也非常之高,从孩子上幼儿园开始,就给孩子报了书法、小提琴等兴趣班,到了孩子上小学,更是给孩子报了几乎所有学习科目的补习班。

在如此重压的补习下,孩子的学习成绩依然不理想:偶尔排名会进入第一梯队,更多的时候是处于中等偏下的位置。

做父母的对此非常崩溃,遥想自己当年,学习成绩在全校范围内始终一骑绝尘,常年是"别人家的孩子",再看自己的"逆子",身上几乎没有一丁点儿爸爸妈妈的学习基因,简直糟糕透了。这个孩子生出来,难道就是专门为了打我们夫妻的脸的吗?

于是陷入恶性循环,调整孩子的补课班,找更好的补习老师,甚至不惜给孩子花高价进行一对一辅导!结果是孩子更加绝望,在他看来,自己无论怎么努力,都达不到父母的要求,更没法超越父母,于是完全放任了自己,开始叛逆,你俩让我干啥,我偏不干!你俩让我好好学习,我偏不学,还迷上了手机游戏。经常是一边妈妈刚刚骂完孩子,另一边,孩子还在偷偷看小说(这是妈妈眼里的闲书)!

越补课,孩子的学习成绩越差,而妈妈也彻底失去了耐心,与孩子之间的关系,也因她经常歇斯底里式的教育而变得异常紧张。

最终,这位妈妈找到我,向我求助的时候,孩子已经被诊断为患上了抑郁症,正在服药治疗。这位妈妈伤心、无奈地问:"我到底该怎么办?"

通过对这对夫妻教养方式的了解,我发现,这对夫妇虽然在各自的专业领域里都是顶尖人才,却非常缺乏人文学科知识的积累。

对孩子的教育,绝不仅仅是关注孩子的学习成绩这一个方面,还应该关注孩子的人际交往能力、人生志向、兴趣爱好、心理健康状况……

通过一段时间的心理咨询,这对夫妇缓解了自己对孩子学习成绩的焦虑,开始关注孩子梦想的培育。首先停掉了所有补课班,也不限制孩子读课外书了。

孩子的个性获得了解放,与父母的关系也好了起来,更让父母高兴的是,他的主动学习能力逐渐加强,学习成绩稳步提升。

如今,这个孩子已经有了初步的梦想,要考取斯坦福大学。他以优异的成绩,考入了一所知名国际高中,正在向自己心中的梦想发起冲锋!

近年来,我积累了太多类似的家庭矫治和学生动力提升的案例,也拯救了太多因孩子的学习问题而濒临崩溃的父母。

有的孩子,平时考试成绩不错,一到大考(重要的考试),成绩必然惨不忍睹,通常因为太过于焦虑了,影响了发挥。

有的孩子,因为与父母、老师或同学的关系不好而辍学或学习成绩直线下滑,这种孩子把更多的精力用在应付紧张的人际关系方面了,没有全身心投入到知识的学习当中,学习成绩自然不会理想。

类似的孩子还有很多,而家庭作为孩子的大后方,如果夫妻关系存在问题,就不能给孩子提供坚实和稳定的后援和支持,也自然会影响到孩子的学习和成长。

面对这些有问题的家庭或孩子,我恰巧有能力帮助他们,帮他们摆脱困境,重塑信心,重启希望。

很多人问我,为什么要创办"如果教育"?答案无非是为了让更多的家庭不再掉进"如果当年……,我们就不会……"的假设中。

这里是学习、实操的练习场,这里是抱团养娃的集合地,这里是让人生减少遗憾的成长营……这,也是我不眠不休、动力满格的秘密。

在过去的一年里,"如果教育"心理咨询和动力提升的小时数达到数千,举办公益沙龙读书会超过60场(包括外出讲课),到访人数越来越多,得到帮助的家庭也越来越多!

2022年,"如果教育"的队伍又壮大了,心理咨询师和动力催眠师的人数已经增加至7人,且还处于增长的态势,越来越多的同道中人还在不断加入。

如今，我每天工作之余的时间都安排得非常有规律，运动、读书、写文章和旅游，每天向世界问早安，动力系统常处于满格的状态，因此不断会有女性朋友告诉我：你活出了我们想要的样子，每天都正能量满满，真的很羡慕你。

感恩时代，感恩有你，让我可以每日活在自己的热爱中，向着帮助10万个家庭过得幸福、和谐的目标大踏步前行！

浅墨

婚姻家庭咨询师
国家心理咨询师
薇安成长商学院私董

扫码加好友

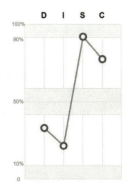

浅墨给人的印象是沉静含蓄，深思熟虑，细致周到和耐心宽容。在通常情况下，她会以自我克制而且切实可行的方式来开展工作。承诺一旦做出了，她就会坚持不懈、排除万难地完成它。她非常善于运用逻辑分析去了解问题和做决定，同时律己甚严。

懂，才是最好的爱

曾为爱绝望，三年后，却活成了婚姻、情感咨询界的一道风景。

情淡了，该散吗？

我是浅墨，出生在西北农村，曾经梦想当一名教书育人的老师，阴差阳错，成了为病患服务的白衣天使。尽管梦想与现实大相径庭，我却非常热爱这份工作。

每当看到患者在我的照顾下摆脱病痛，重获健康时，我的内心便充满了喜悦。生命诚可贵，奉献价更高。我的用心和付出，得到了患者和领导的认可。后来，我成了护士长。

工作带来的成就感，让我内心充实。我把大多数时间和精力放在了病患身上，可万万没想到，此时我的家庭出了状况。

老公嫌我心里只有工作，没时间陪他，渐渐地，回家越来越晚。有一次，直到凌晨都不见他回家，我打电话询问，他阴阳怪气地质问我："你不是很忙吗？你打电话有什么事？"嘲讽过后，他直接挂断了电话。

他的态度，令我既委屈，又生气。半夜，我被窗外的雨声惊醒，身边空空如也，我心里顿时有了不好的预感。给他打电话，关机。我胡乱地套了件衣服出门，漫无目的地穿过一个又一个十字路口，偶尔有车辆在身旁飞驰而过。不知过了多久,天边泛起了鱼肚白,我拖着如灌了铅的双腿,心像被掏空了一般,疲惫无力地回到家,却看到他在洗脸,我怒火中烧:"这一夜,你去哪儿了?!"

他不但不关心我,反而一副冷漠的样子,对我不理不睬。我号啕大哭,内心的委屈和心酸,像放开闸门的水,奔涌而出。面对我歇斯底里的质问,他嫌弃地一瞥,摔门而去。我的愤怒和失望,像一口井,深不见底。

从那天开始,我们三天一大吵,两天一小吵,争吵像家常便饭,最严重的一次,我还动手打了他。

我们曾是一见钟情的甜蜜情侣,谈了两个月恋爱,便定下终生,可现在却成了撕破脸的仇人。我不甘心,可我无力挽回,痛苦像深渊,时刻吞噬着我。或许,情淡了,我们也该散了。

世上所有的关系都是一面镜子

婚姻关系僵到极点时,儿子才四岁。我虽然一周才能看到孩子一次,但是,我的不快乐,他感受得到。

有一天,我陪儿子玩,他突然说:"妈妈,我们班同学说,你和爸爸离婚了。"我惊出一身冷汗,儿子头也没抬地接着说:"我说,'你爸爸妈妈才离婚了呢'!"

听得出,儿子对爸爸妈妈离婚这件事,既敏感,又反感。那一刻,我百感交集。儿子那么小,那么可爱,因为我工作忙,把他送到爷爷奶奶家门口的幼儿园上学,一周只能陪他一次。我给他的爱已经很少了,如果再给他一个不完整的家,那我会更加亏欠他。

我不是一个好妈妈,难道我只能给他这样的家庭吗?我和老公之间的关系,没有挽回的余地吗?难道离婚是唯一的解决方案吗?还有没有别的方法,可以改变我的婚姻状态?

上帝似乎也在帮我。这时,我认识了一位非常厉害的婚姻、情感咨询导师——H老师。

我联系她的时候,是晚上10点多。我把她的朋友圈逐条翻到一年前,内心无比喜悦,我感觉,她就是上帝派来专程拯救我的。

第二天一大早,我给她发了一条消息,想报她的婚姻情感私教课。填写预约沟通时间时,我看了下表,当时是上午10点58分,我迫不及待地把预约时间写成11点。老师打来电话告诉我,她很吃惊,我为什么这么急切?

是的,我的婚姻问题已经折磨我好久了,被痛苦纠缠的感觉太难受了,我一分钟都不想等,想尽快疏通、解决。

幸运的是,我通过了老师的审核,并一步步按照老师教的方法,一点点突破自己。在一次次梳理自己的过程中,我看到了自己性格的缺陷、固化的沟通模式、待人处事的偏见,还有原生家庭的印记和枷锁。

以前的我,总觉得按照自己的方式往前走就不会错,但是,遇见老师后,我发现自己身上还有许多方面需要改变。一开始,我不理解,我做情感咨询是想缓和关系,老师却找出我这么多不足,难道都是我的错吗?

老师说:"世上所有的关系,对方都是我们的影子,对方的样子就是我们自己的样子,我们能改变的只有自己。当自己变得美好时,周边的一切皆美好。"

我半信半疑,但我别无选择,只能听话照做。我从每一件具体却让我痛苦的事情里,寻找自己需要提升的地方,并制订出可落地执行的标准。

当我一件一件梳理了很多事情后,我发现这些事情背后的共同点是我霸道、专制、不会沟通。

老师及时带领我找标准,并一次次为我做咨询。每一次咨询,都有新的收获,每一次都让我豁然开朗。

那段修正自己的过程,就像砍掉身上的一部分,很痛苦,很煎熬,但是,我发现,因为我的改变,我和老公的关系,渐渐地好转了。

让改变先从自己开始

跟老师学习之前,我看到的都是老公的不好:浮夸、懒惰、邋遢……学习之后,我试着发现他身上的闪光点:细心、浪漫、善良……当我看到他身上的优点时,厌恶会慢慢减少,取而代之的是喜悦。

我从刻意练习,到养成习惯,改变了之前的说话方式、思考方式。当我改变了,我发现,老公对我说话的时候,不再漫不经心,他的眼里有光了。我通过不断学习,不仅修正了身心,自我成长,我和老公的关系也变得和谐了。

因为家庭关系的改善,我内心愉悦,在和别人相处时,也比之前顺畅了许多。我不再钻牛角尖、斤斤计较,心里不再只有自我,人际关系相比之前好太多了。

我身边的朋友看到我的改变,遇到情感困惑时,会来咨询我,她们也想像我一样,走出痛苦的泥沼。我刚开始帮她们梳理时,她们持怀疑的态度,因为她们明明是想改善关系,而不是给自己找麻烦。看到她们的不解,我想起当初质疑导师的自己。

一段时间后,她们和家人的关系改善了,和别人相处融洽,终于相信我了。渐渐地,向我倾诉、找我咨询的人越来越多,在我的帮助下,她们走出了情感困惑,找到了幸福。

让更多美好的改变在家庭中发生

我平时喜欢写故事和小说,业余时间写公众号。一位被我治愈的朋友,建议我把她的故事写出来,在公众号上发布。这真是一个好主意。

第一篇故事发表后,陆续有人找我倾诉、咨询。随后,我开始整理她们的故事,发在我的公众号上,这些故事吸引了很多人前来找我咨询。用了两年的时间,因为这些鲜活的故事,我的公众号有了15万人关注,单篇文章的阅读量过万。

我尽自己所能帮助遇到情感问题的读者,看到她们从阴霾中走出来,我的责任感和使命感油然而生。我决定将这件事持续做下去,帮助更多人摆脱婚姻、情感的困惑,收获幸福。

芬是我的学员,一名优秀的企业白领。她从小在干部家庭长大,接受过高等教育,性格独立。在大学期间,她遇见了一个优秀又幽默的男生,两人相爱,毕业后走入婚姻。婚姻的开始都是幸福的,有大房子,有一儿一女,工作得意,无限光彩。

直到二宝出生,出于照顾孩子和改善公婆生活环境的考虑,她把远在北方农村的公婆接到家里。这时,她才发现,生活的冲突浮出了水面。

她从小家境好,又是独生女,骨子里有一丝高傲,而公婆成长环境的不同,带来了生活观、价值观的差异。她无法容忍婆婆的很多习惯,常常产生矛盾,而此时,她的老公并没有维护她,而是避之不及,她看到了他的懦弱后,开始嫌弃他。从语言,到眼神,再到举止,将对老公的嫌弃,表现得清晰而具体。

因为在家庭中找不到地位和价值感,她的老公开始在外面和不同的女人暧昧,让她非常痛苦。

尽管在外人看来,两人是天造地设的一对,然而,只有她心里清楚,老公的行为已经深深地伤害了自己。更让她崩溃的是,和他暧昧的女人,无论是事业、容貌、气质,还是收入,样样都不如她。可就是这些她不屑一顾的女人,老公却为之疯狂。

芬在痛苦中挣扎了一年多,在离与不离的边缘徘徊了很久,直到遇见我。

她报了我的情感咨询私教课,我带着她,从原生家庭到现在的家庭,追溯源头,找到问题的根源。比如,她之所以强势,看不起老公,是因为原生家庭里母亲的引导,因为她的母亲很优秀,却遭到父亲的家暴。遭受痛苦的母亲,一直教导她要强硬,尤其在婚姻里,否则会挨打。

她听从母亲的教导,却忽略了,婚姻里的双方在这段关系中找到价值和认可,才是婚姻牢固的基础。

我连续辅导几个月,一一解决了芬的问题和困惑。她认识到婚姻的本质,更像是双方合伙开公司,两人是利益共同体,只有势均力敌、互相包容、相互扶持,才能正常、有序地运营。

现在的她,不再咄咄逼人,时刻想压人一头;而是温润如水、聪慧又淡定。这样的她,自信、温和,老公反而宠爱、疼惜。

她在结婚纪念日那天,给我发来感谢信,她说:"浅墨老师,是你拯救了我的家庭,挽救了我的婚姻,更新了我的生命。"

婚姻、情感咨询,不只是解决婚姻里表象的外在矛盾,化解烦恼,而是通过5%的外在,找到藏在冰山下的95%的本质问题,再用对症的方法解决,不仅解救婚姻,更多的是让人重获新生。

我是一切问题的解药

我的另一位私教学员丽丽,父亲是厅级干部,母亲做生意,丽丽还有一个哥哥,对她宠爱至极。她在良好的家庭中长大,活得任性自我。

她在大学认识了一个男生,不仅学习好,长得帅,还谦逊、低调。这个男生和她之前处过的男朋友完全不同,她内心欢喜不已,开始主动追求他。

让她意外的是,他拒绝了,他说,自己出身贫寒,母亲过世,父亲再婚,还有弟弟、妹妹……总之,他认为自己配不上丽丽。

丽丽了解他的情况以后,越发执着。她从小想要的东西,家人都会满足她,这次被拒绝,反而激发了她更加猛烈且霸气的追求,男生最终同意了。毕业后,两人留在了同一座城市。

因为条件悬殊,父母反对他们在一起,丽丽却果断地和他领证。婚后,两人恩爱了一段时间,可当爱情的浪漫与现实生活的琐碎碰撞,随之而来的争吵,让她看到了他的无能。

丽丽的母亲希望她找一个家庭完整、经济殷实的人,嫌她丈夫吃饭发出粗鲁的声音,她的父亲看不上他,哥哥嫌他有口音。

当婚姻遇到现实生活中的柴米油盐、锅碗瓢盆时,她似乎理解了家人的反对。她的情绪受到极大的影响,开始看他不顺眼:保守、不知变通、没有情调、没能力、粗俗、小气,她经常双手叉腰呵斥他。

有一次,丽丽和几个闺蜜在外聚餐,老公到家门口发现忘带钥匙,于是给她打电话,想用一下她的钥匙。结果,她当着闺蜜的面,一连串地指责他:"你脑子里装的到底是什么?上周让你帮我闺蜜办事,你说忙忘了。今天又把钥匙落家里,进不了家,干脆别回了。我回不去,你也别来找我拿钥匙,扫兴!"

她和闺蜜吃完饭,又去唱歌,很晚才回家。过了很久,她老公满身酒气地回来了。丽丽看着他醉醺醺的样子,气不打一处来,指着他大吼:"让你下班去兼职,你不去。大钱赚不来,小钱看不上,还长本事了,喝大酒?你说,你还想干啥?"看着她趾高气扬的样子,他一字一顿地说:"我想干吗?我告诉你,我想离婚!"

这个一向顺从她的男人没开玩笑,离婚协议书早就拟好了,时间是几个月前。

虽然丽丽嫌弃她老公,但是当他真的提出离婚时,她拒绝签字。来找我的时候,他们已经分居了。素颜散发的她,一脸憔悴。

我问她:"你怕什么?"

她说:"我怕离婚。"

我问:"你不是挺嫌弃你老公吗?怎么会怕离婚呢?"

她说:"我不想离婚,因为是他提出的离婚,我面子上过不去。"

我又问:"那你为什么嫌弃他?"

说到她老公的缺点,她突然提高嗓门:"他抠门,不爱干净,没有主见。

每次出去玩,去哪里都要我来说。和别人的老公比,赚钱不多也就罢了,还拿不出手,没有魅力……"

等她说完,我让助理扮演她,让她扮演她的老公。

助理面对她,一副颐指气使的姿态,把她对她老公说话的场景模拟了一遍。才开始几分钟,她满脸窘色;大概10分钟后,她突然从凳子上下来,蹲在地上,蜷缩成一团,身子瑟瑟发抖,泣不成声。

等她平静后,我继续与她对话:"刚才哭得那么难过,你看到了什么?"

她低声说:"我看到,我把老公逼到墙角,他无法呼吸;我看到,我的自私、霸道、狰狞、双标……"

"你是什么感受?"我问。

"我受不了,我讨厌这个女人,甚至厌恶,无论如何都要离开她。"

"为什么无论如何都要离开她?"我追问。

"和她在一起的日子,看不到希望,只有欺压,生活绝望。"

回到真实角色里,我问:"现在,你怎么看你们这段关系?"

她低声说:"我做得太过分了,我自己都看不下去了。"

"你曾经爱过他吗?"我问。

她陷入回忆,"当然了,那时候,我爱他的努力、质朴、上进,爱他的勇敢。"

"那为什么现在不爱了?嫌弃他呢?"我继续问。

她说:"可能是我想要的东西太多了,我希望他越来越好,可越这样期待,他越让我失望。"

"你觉得他变成你讨厌的样子了吗?"

"也不是。是我看他的眼光变了,期待变了,导致我看到的只有他的种种不足。"

"你做了什么,让你的丈夫变成了现在的样子?"我建议她好好想想。

她没有回答,而这个问题,不需要她回答,只需要带她进入潜意识里深度思考。

丽丽跟着我进行了几个月的情感咨询。有一天,她对我说,她反思了自己的所作所为,自我是一切问题的根源,自从她减少站在自己的立场看问题,多给予爱和理解以后,很多问题都迎刃而解了。

我亲眼看着她从一个娇气蛮横、眼里无光的怨妇,变成现在内心喜悦、面容红润的娇妻,结果喜人。

她用实际行动,提升了自己,感动了丈夫,两人相约一起为了小家而努力,用双手创造幸福的生活。

美好的婚姻是双向奔赴、共同经营

很多人站在门外憧憬婚姻,当两人组成家庭、面对柴米油盐和各种大事小情时,曾经幻想的美好不复存在,失望填满心房,选择自暴自弃,动辄把离婚挂在嘴边。良好的婚姻是双向成长,要靠双方共同用心经营。

作为一名经验丰富的婚姻、家庭、情感咨询师,我给正在婚姻里或准备走进婚姻的你几个幸福秘籍,愿你拥有人人羡慕的婚姻。

第一,婚姻里,要夫妻同心

俗话说:"夫妻同心,其利断金。"不论是男人当家,还是女人当家,重要的是彼此保持平衡。没有进入婚姻之前,两人的关系是虚幻的;结婚后,关系是现实的。面对困难,要学会磨合,同心同力,感情才会越来越好。

第二,对方是镜子,看到彼此

站在对方的角度看待问题,通过对方,反观自己。你看到的是对方的缺点,那就是你的缺点;你看到对方的优点,则是你的优点。

第三,读懂人心,不要陷在情绪里

吵架时,能量最低。不在气头上口不择言,不能陷在情绪里,要通过问题的本质,顺藤摸瓜找原因。很多时候,我们争吵的不是事情本身,而是诸多积压的情绪一触即发。

第四,体察情绪背后的需求点

如果对方生气或者闷闷不乐,感受他的需求是否得到满足。成年人从原生家庭带来的不满足感积压太久,也会触发情绪开关。学会观察和询问,了解对方真实的需求,而不是停留在情绪表面。

第五,经营婚姻,就是经营公司

在互联网时代,物质生活富足,找对象普遍追求精神世界同频,对于婚姻观、世界观、育儿观、人生观,都会考虑进去。即将走进婚姻的时候,要规划未来,有目标、蓝图。面对生活中遇到的问题,齐心协力去解决,给予理解、包容和支持。一起学习,共同成长。

第六,婚姻中,双方要有耐心

在婚姻里,双方遇到问题,要有足够的耐心,在磨合中解决问题,不要像刺猬一样,彼此伤害。当两人经历考验,难题逐一解决后,双方的默契值增长,步调会越发同频,这是幸福婚姻的基础。

第七，婚姻里没有谁对谁错，谁痛苦，谁改变

婚姻出现问题，就认真寻找原因，不要害怕直面问题。双方都要做自己，让花成花，让树成树。接纳不完美的自己，也接纳对方的不完美。

"家不是讲道理的地方，是讲爱的地方。"不争对错，淡化得失心。爱是一切问题的答案。

走出情感困惑，你一定可以

我在网上看到一则新闻，一位新手妈妈曾经幻想，宝宝出生后会是一个完美的小天使。可没想到，孩子生下来就是兔唇。其实通过手术，孩子的容貌不会有太大的影响。可是，这位妈妈一直担心手术会给女儿留下疤痕，影响女儿的美丽，极度自责，导致患上抑郁症。有一天，她和婆婆拌嘴，夜里抱着出生仅40天的女儿跳楼。

看到这个消息，我内心久久不能平静。无论多么严重的心理疾病，最开始都是小小的不良情绪，这些不良情绪找不到出口，胸中块垒日渐淤堵，就会导致严重的心理疾病。

我做婚姻、情感、咨询师以来，曾帮助很多家庭解决婚姻、情感问题，帮助夫妻共同觉察自己的语言模式、行为模式，找到问题的根源，从根本上解决矛盾，促成幸福。

还有很多人考取了心理咨询师证，却不知如何做咨询。在我的指导下，他们学会了将理论与实战相结合，为别人解决燃眉之急。

我内心无比激动，我决定把自己在婚姻、情感咨询这条路上学到的技

能,教给更多需要的人。

过去的我,婚姻不顺,曾迷茫、绝望过,得益于情感咨询,不断内视,提升自我,形成了正确、舒适的相处之道;如今,我的家庭和谐、美满。我将婚姻、情感咨询当作使命,立志帮助 100 万女性走出情感困惑,抵达幸福的彼岸。

如果你有相关问题,别怕,我帮你打通情感卡点,助你经济独立,越走越顺。我相信,我可以,你也一定行。

红英

智慧妈妈沟通教练
高级家庭教育指导师
薇安成长商学院私董

扫码加好友

红英 BESTdisc 行为特征分析报告 新女性创造社

IC 型

1级　**工作压力**　行为风格差异等级

报告日期：2022年06月27日
测评用时：10分19秒 (建议用时：8分钟)

BESTdisc曲线

自然状态下的红英

工作场景中的红英

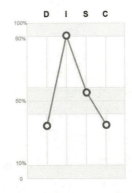

红英在压力下的行为变化

D-Dominance(掌控支配型)　　I-Influence(社交影响型)　　S-Steadiness(稳健支持型)　　C-Compliance(谨慎分析型)

　　红英既有自信、友好、开放的一面，又能遵守标准和规则。她给人的印象是动静皆宜——充满活力，机警灵活，同时细致准确，逻辑清晰。在工作中，她通过影响和说服他人得到支持，受到欢迎，但也注重专业性，人和事都能兼顾。她对工作拥有热忱，擅长描绘愿景、激励他人。

写给智慧妈妈的一封信

6年全情陪伴,我学会爱孩子最好的方式:如其所是,非如我所愿。

亲爱的智慧妈妈:

你好!见字如面。

我是红英,一个很普通的二胎妈妈。

我出生在一座偏远的小山村,从小,父母每天有忙不完的农活,家里兄弟姊妹多,我排行老五,又是女孩,重男轻女的父母并没有把我放在心上。

有件事你一定觉得不可思议——我不知道自己的生日,因为至今没有人记得我是哪天出生的。听我姐说,我是在土楼大堂的地板上长大的,从小就很懂事:5岁扫全堂的地,6岁做全家的饭,7岁洗全家人的衣服……

记得5岁那年,一个冬天的夜晚,我的脚冻得冰冷,翻来覆去睡不着。我小心翼翼地挪动身子,心想:靠近爸妈会暖和一点吧。当我把两个脚丫轻轻地贴在妈妈身上的那一瞬间,竟是这般温暖和舒服,那种从来不曾有过的幸福感溢满我小小的心房。我眯缝着睡眼,贪心地想再靠近一点,却听到妈妈大声呵斥:"凉死了,赶紧拿走!"惊得我一哆嗦,心跳好像漏掉一拍,没等我反应过来,她已经厌恶地一巴掌拍开了我的脚。

这是我童年的一个生活场景,我就是在这种被忽视、不被爱的环境中长大的。尽管我努力又懂事,却始终得不到认可和关注,无力让他们多看我一眼。

熬过了灰色又贫困的童年,我开始走上了求学路。我知道,只有好好读书,才能走出大山,改变命运,按我内心所想去生活,做自己愿意做的事。否则,只能继续待在村子里干农活、伺候人,早早地嫁人生子,重复父母的人生。

有了目标,才有了方向。

我一路从小学,到中学,再到理想的大学,又特别幸运地在大学结识了我的先生。从初恋走入婚姻,陪伴彼此走过风风雨雨。

在得知怀了大宝时,我和先生满心欢喜,充满期待,我甚至早早地请假,独自一人回到先生的老家待产。

本以为会被幸福环绕,可没想到,却一脚踏进了抑郁的旋涡。与公婆朝夕相处,我渐渐地感受到了压抑:不被理解,越来越多的管束和干预……慢慢地,我说话少了,笑容也不见了,甚至一度不想生了,只想回到先生身边。可是,没有人听见我的声音。

儿子的到来,并没有给我带来多大的喜悦,每天依旧面临各种挑剔和指责,这样的家庭环境让我窒息。我完全没有能量排解,在无形之中,又将抑郁的情绪转移给了幼小的儿子。我不喜欢抱他,也不亲他;没有什么值得开心的事,也没心思对他微笑,更别提和他有什么对话和互动。我身体疲惫,情绪焦虑,时常感到无助。

亲爱的智慧妈妈,除此之外,我在儿子的婴幼儿时期,还做了两件非常错误的事情,我一定要告诉你,因为时至今日,我依旧自责、后悔。

第一件事就是暴力断奶。

在儿子6个多月时,婆婆要带他提前回老家,需要提早断奶,然而,我们采取了简单、粗暴的手段。我和儿子不在一个房间,孩子看不到我,听不到我的声音,更得不到我的安抚。

断奶第一天,儿子找不到我,在房间里哭得惊天动地、撕心裂肺,至今想起他的哭声,我仍觉得揪心。毕竟是身上掉下来的肉,听着他哭,我在客厅里也心疼得直掉眼泪。几次走到门口,想推门冲进去抱抱可怜的孩子,最终还是忍住了。渐渐地,哭声越来越弱,直到屋里没了动静,我才进去。看着他因为大哭,头发湿漉漉的,红扑扑、圆鼓鼓的脸蛋上挂着泪痕,我喃喃自语"儿子,对不起",这歉疚显得那么苍白无力。

第二晚,他的哭声不及第一天响亮,哭的时间也没有那么久,哭累了,自己就睡了。我安慰自己,再挺挺,他慢慢就适应了。果然,随后的几天,儿子的反应不大,呜咽几声,到时间就睡了。

直到后来,我听说"母乳是孩子自己带来的口粮"时,我才悔恨莫及。他在那么小的时候,我狠心地、硬生生地断了他的口粮,哪怕他那么小,哭得那么伤心,我都没有停止这样无知的断奶方式。

第二个错误就是,我让儿子成为留守儿童。

这种留守,一方面是指儿子与我们两地分隔;另一方面,是哪怕儿子和我都在家时,却常常几天都见不上一面,即使见面了,我也没有和他互动。

儿子断奶后,我同意婆婆将儿子带回老家,我和先生每隔两周回去陪儿子过周末。于是,就出现了这样的场景:经常在周六的早晨,儿子一觉醒来,突然发现床上多了爸爸和妈妈,而周一早上,又只剩他自己。

婆婆偶尔带儿子来小住几天。每次见面,儿子都开心得不得了;而每一次分别,他都死死地抱住我们,眼泪止不住地流,他不断地和我确认,"妈妈,再过7天就能见到你了,是吗?""下周六,你和爸爸会回来吗?"

北大才女赵婕这样说:"我钦佩一种父母,在孩子年幼时,给予强烈的亲密;又在孩子长大后,学会得体地退出。"而彼时的我,却在儿子最需要我亲密陪伴的时候,亲手将他推了出去。我和当年我的父母,有什么两样?

随着我不断地学习与成长,在养育儿子的过程中,我一直在反思:

父母在孩子年幼时,如何给予强烈的亲密感呢?

孩子想要父母什么样的陪伴?

孩子真正需要的爱是怎样的?

为什么孩子就一定要听我的?我说的就一定对吗?

孩子可以自主地做他想做的事吗?

为什么我明明心里很爱孩子,却一而再,再而三地伤害他,总是说让他不舒服的话,让他做不乐意的事呢?

纪伯伦说:"你的孩子,其实不是你的孩子,他们是生命对于自身渴望而诞生的孩子。"我似乎明白了。

我的二宝大概就是在她对生命极度渴望的情况下到来的,她带着对我极大的爱和信任,来到我身边,降临到我的家庭。

这一次,我告诉自己:把她带到这个世界,是为了付出和欣赏。她来这世间陪我走一段,是疗愈我,修正我,让我学会爱,把爱的种子播撒出去。我一定不让她的童年像我的那样,没有人关注,没有人爱,看不到希望;我也一定不会让她经历像哥哥那种没有安全感和归属感的婴幼儿时期;我要让她度过自主、撒欢的童年,不要她和我们分离。

于是,我从怀孕期间就开始学习,我不仅高效地看了上百本育儿书,从尹建莉,到宗春山,再到樊登;从戈登,到阿黛尔·法伯;从陶行知,到蔡元培,再到张伯苓;从爱利克·埃里克森,到蒙台梭利……我还听了上百堂育儿课,从儿童成长规律,到儿童心理发展;从经典教育理论,到育儿核心基础;从家庭教育的底层逻辑,到亲子沟通;从国内教育,延伸到国外教育……

我不断地调整情绪,让自己每天开心。我开始享受生活,跟自己说,要好好爱自己,才能更好地爱他们。我不仅接送儿子,陪他玩,还为他做可口的饭菜,我们一家人经常周末出游,拍了很多全家福,一起给二宝取名字……我的心情特别愉快,碰到问题不再抱怨,而是去想如何解决。

亲爱的智慧妈妈,你知道我在二宝的婴幼儿时期,是如何给予她强烈的亲密感的吗?

我 24 小时全情地陪伴——她睡觉,我也睡;她醒来,我第一时间笑眯眯地看着她,抚摸她,亲吻她,温柔地和她说话,比如,"豆宝,你醒了啊!""豆宝,你睡得很好哦,我还听到你在睡梦中笑出了声。""豆宝,妈妈好爱你!""豆宝,妈妈看看你拉了没有啊?""哦,豆宝拉大便了,妈妈现在就来给你换纸尿裤啊,换完你会很舒服。"……

我在她要充分感受和体验这个世界的时候,对所有事物都有极强的好奇心的时候,让她可以按照自己的本能去行动,爬行、走路或跑跳。

我默默地保护她、陪伴她,在她全然专注体验的时候,我学会闭嘴。我随时关注她,第一时间看见她,回应她,并尽可能爽快地满足她。在家里和户外,她可以到处爬来爬去,感受不一样的材质,体会不一样的环境,让她在春天的草坪上撒欢打滚，在夏天的泳池里玩到天黑，在秋天的银杏树下捡叶子，在冬天哈着白气，跑得满头是汗……

我让她知道，在她的人生字典里，没有不要、不可以、不行、不能的条条框框，只要她想，就可以。这是她在婴幼儿时期需要练就的内在品质——希望和意志。这是属于她的人生之路，我不仅要全然满足，还要创造条件满足她，我尊重她的独立人生。

在近6年全情陪伴孩子成长的快乐时光里，我收获了一个天使般的二宝——她每天发自心底地笑，如此灿烂。她的笑容，治愈了我；她可以清楚地表达自己的需求，这样自主的人生是我曾经没有的；她每天精神饱满、活力四射，让我看到生命无限的张力；她一直都在做自己，做自己想做又喜欢做的事情。

亲爱的智慧妈妈，这里我想和你分享一件让我感触很深的事：

去年6月，我带二宝到幼儿园转了转，告诉她里面有游乐设施，有很多小朋友可以一起玩耍，老师会讲故事，带大家做游戏……我和她一边说话，一边观察她的表情，她的眼睛炯炯有神，似乎看到了光，脸上洋溢着喜悦。我知道，她对幼儿园很感兴趣，她大声地对我说："妈妈，我想去！"

9月开学，她每天自己穿好衣服和鞋子，主动背上书包。如果是下午去，她不舍得睡午觉，早早地喊我带她出门，即使在幼儿园门口等，也开心得不得了。每天放学回家，小嘴巴说个不停，和我分享幼儿园里的事。

可是，从11月份开始，她不再积极了，虽然还是会去，但我发现，她背着小书包，从幼儿园门口走到教室的过程，慢得像一只背着硬壳的蜗牛。果不其然，我听到她清晰地说："妈妈，我不想去幼儿园了。"我通过录音设备得知原因后，果断退园，我告诉她："宝贝，妈妈相信你的选择，尊重你的决定，你值得拥有一切善意和美好。"

在亲密养育二宝的过程中，我改善并增进了与儿子的关系。我不仅能真正地"看见"他，还会第一时间关注他的感受。我的改变，带动他也发生了变化，比如，他以前吃东西，很少会和我分享，现在他会让我先吃；以前我们很少拥抱，现在他起床要抱抱，上学要抱抱，睡前要抱抱。我们从对方眼里,感受到了爱和真诚,当然还有尊重。现在,我们之间有聊不完的话题。

亲爱的智慧妈妈,我花了大量时间、精力和财力学习育儿知识,付出爱和陪伴,与孩子们双向成长,是值得的。在近6年全情陪伴孩子成长的过程中,我学会了"看见",学会了爱:爱孩子,如其所是,非如我所愿。

我成长了,收获了。我与孩子沐浴在相互滋养的健康关系里,家庭氛围也和谐了,全家被爱环抱。

我的同学、朋友看到我这些年的改变,陆续向我请教、学习。随着一对一咨询工作的展开,我看到很多人备受煎熬。他们深受育儿的困扰,为紧张的亲子关系而痛苦。我的脑海里时常浮现出过去经历的场景:嫌弃、指责、控制、惊吓、打骂……它们提醒我,现在依旧有很多妈妈不知道该如何与孩子正确地沟通和相处,依旧有很多孩子正经历着我或是我儿子的童年。我希望减少类似的悲剧,希望新手妈妈不要重蹈我的弯路,避开我踩过的坑。我想尽我所能,去帮助更多的妈妈。可是,我该怎样找到她们呢?抑或,如何让她们发现我?

尽管迷茫,但我告诉自己:不知道怎么开始时,就把离自己最近的事情做好。我潜心系统地学习高级家庭教育指导师的课程,并接近满分通过考试,拿到证书。

与此同时,我遇到了我的人生导师——薇安老师,报了"21天个人品牌创富营",这是一门行业内的现象级课程。过往,很多学员通过学习这门课,取得了可喜的结果,而我通过学习,再次印证了课程的优质与高效。

在教练和学姐一对一的指导下,我做出了2天父母顿悟营课程,这是我人生中的第一个线上产品,并顺利招募到第一期学员。

短短21天的理论课程,结合落地的实操,果真小有成绩,我果断地升级为薇安老师的私董,由她亲自带教,为我赋能。

薇安老师为我升级了定位,指明了方向;告诉我如何一步一步做,让别人了解真实的我;手把手教我设计私教课程,帮助有需要的妈妈;她还指导我如何营销,让更多的人知道我,并去了解我的课程和价值。

每个人都是带着使命来到这个世界上的,在我心底强烈的使命感的召唤下,我立志做一名智慧妈妈沟通教练。

希望我的经历,能够让更多的妈妈引以为鉴,避免我犯过的错,正确而轻松地育儿;希望用我所学的育儿知识和理念,从专业的角度,为你解答育儿困惑;希望与你分享我接触过的亲子关系案例,启发你在日常生活中与孩子亲密地相处。

我在交付MVP课程的过程中,升级了3天亲子沟通高效提升训练营课程;建了智慧妈妈"夸夸幸福打卡群",带领学员每天从早晨起床到夜晚入眠,花式地夸孩子,让孩子一整天都有一个好心情,通过夸孩子做能做到的事情,鼓励他,给予他正向的能量,让孩子高兴,让妈妈喜悦;我每天一对一与学员交流育儿心得,解决家庭教育的困惑,获得顿悟和成长。

亲爱的智慧妈妈,你知道吗?在赋能学员的过程中,我也收获了爱的回流:

亲爱的红英教练:

2天的顿悟营结束了,收获远比我预期的多得多。2天的直播课,我感受到了红英教练是一个爱意满满的智慧妈妈,带给我温暖和力量。当一个人的内心有爱和能量的时候,才会正向传递给别人,父母教育孩子也是如此。

您在课上提的几个问题,引发了我的思考。是金钱、结果、对错、事情重要,还是亲子关系重要?尽管我能给出正确答案,但在实际行动的时候,还是会背道而驰。原因在于我太关注孩子的表现,关注结果,却忽视了家庭教育的根本——父母的教育,父母的改变。

感谢红英教练分享的3个育儿锦囊,每一点都从根本上点醒了我。每当教育孩子要破功的时候,我都会想一想您的锦囊。

感恩遇到智慧妈妈红英教练,感恩您愿意带领大家共同成为智慧妈妈。

除了收获学员的信任和赞美,我还总结了1条理念、2个逻辑、3个心法、4步沟通、5个关键点和6招秘籍,与你分享。

1 条育儿核心理念

亲爱的智慧妈妈,你可以思考一下:你觉得和孩子之间最重要的是什么?带着这个问题,一起看看下面几个场景。

场景一:

我们一家人去我哥哥家过年,刚好有两个同龄的孩子,他们很快玩在一起,突然"咣"的一声巨响,哥哥家里的那坛泡了多年的酒被打翻在地。我先生正要训斥儿子,我哥哥赶忙说:"人没事就好,酒可以再泡。"我拽了拽先生的衣角,转过身对儿子说:"没事就好,我们现在一起处理干净。"儿子立马拿来拖把和抹布,和大人一起打扫。

此时问问自己:是东西重要,还是与孩子的关系更重要呢?

场景二:

传奇妈妈陈美龄将三个孩子送进斯坦福大学,她分享过一件小事。孩子小时候,有一次,她正在厨房炒菜,孩子"咚咚咚"地跑到她身边,兴高采烈地向正在炒菜的妈妈提了一个问题:"妈妈,为什么天是蓝的?"她一时答不上来,但她既没有叫孩子等待,也没有打断,而是立即关掉煤气灶,大声称赞道:"这个问题问得真好!"然后兴奋地和儿子一起寻找答案。

此时问问自己:是事情重要,还是与孩子的关系更重要呢?

场景三:

快九点了,孩子还没开始写作业,你心里急了,嘴上催促孩子快去写作业。作业是写了,但是完成得不好,不仅有很多错误,书写得也不工整。这时的你,失去了耐心,一通批评、指责,孩子低着头,眼泪在眼眶中打转。

此时问问自己:是结果重要,还是与孩子的关系更重要呢?

亲爱的智慧妈妈,我相信,你已经有答案了,育儿的核心是关系,正所谓"一两关系,胜过一吨教育"。我们每一次与孩子相处的过程,尤其是跟孩子有冲突的时候,优先关注孩子内心的感受,把亲子关系放在第一位,然后再说所谓的结果、对错、事情、金钱、东西……

2个家庭教育的底层逻辑

每时每刻,父母的一言一行,都在为孩子的关爱感、自主感和能力感加分,这样才能收获亲密的、愉悦的、舒服的、自由的、充满爱的亲子关系。

3个亲子关系心法

孩子是独立的个体,你要平等地对待他、尊重他;他是你心尖上的宝贝,需要你的呵护;他是镜中的你,你给予什么,他反馈什么。

4步亲子沟通法

孩子的每一个行为背后,都有他的需求和动机,而且不同时段的需求不同。怎样才能知道他需要什么呢？我们要去观察,去看见,去感同身受,去理解,去提问,去和他耐心地对话,去确认……

好关系,胜过好教育;好沟通,必将助力好关系。要顺畅地沟通,你需要做到：看见、共情、倾听和对话。

5个夸赞孩子的关键点

夸赞孩子，就像拥抱和亲吻一样，永远都不嫌多。你越夸赞，孩子做得越好。越夸赞，越幸福。那么，夸赞的时候，要注意5点：要真诚；描述你看到的、听到的，并表达你的感受；不重复；充分调动你的表情和肢体语言；多表达你的欣赏和爱。

6招让孩子愿意听、主动说的秘籍

如果你想让孩子愿意听，就多用"请"，多对孩子说"谢谢"，多让孩子自己做选择，多用简单、直接的语言，少抱怨，少指责，少唠叨。

如果你希望孩子主动和你倾诉，那么，每次和孩子对话时，放下手中的事情，蹲下来与孩子齐平，全神贯注地听他说话，时不时地回应（"嗯""哦""真的吗""这样啊""是吗"等），孩子和你说完后，记得真诚地夸赞他。

亲爱的智慧妈妈，孩子是人间天使，他带着全然的爱和信任来到你身边，来陪伴你走过一段旅程，每一个孩子都是向善向美、独一无二的。我相信，你也一定是一位超级有爱的妈妈，能给予孩子绵绵无尽的爱和关注。

孩子的成长只有一次，家庭教育非常重要且刻不容缓，失之毫厘，谬以千里，所以，作为一名智慧妈妈，要时刻学习。

为了让你能更轻松、自在地学习育儿知识，我也愿意通过智慧妈妈一对一陪伴私教课，落地式地伴你成长，助你更爱自己，更懂孩子，成为孩子心中最爱的妈妈，在陪伴中滋养，轻松、愉快地育儿。

我是立志陪伴100万女性成长、做智慧妈妈的红英。

让孩子健康、快乐地长大，形成健全、独立的人格，拥有幸福一生的能力，这是上苍赋予我们最光荣的使命，也是我们生命中最重要的事。我真诚地希望能够帮到你，给予你能量。

智慧妈妈沟通教练　红英

2022年11月3日

结束语

所谓经济独立，
是拥有持续赚钱的能力。

——薇安